Kolme Kuukautta Etelävaltioissa huhtikuusta kesäkuuhun 1863

Kääntäjä: Petri Luosto

Kustantaja: BoD · Books on Demand, Mannerheimintie 12 B,

00100 Helsinki, bod@bod.fi

Kirjapaino: Libri Plureos GmbH, Friedensallee 273, 22763 Hampuri, Saksa

ISBN: 978-952-80-4783-4

Petri Luoston tähän mennessä kääntämät kirjat kronologisessa järjestyksessä. Viimeisin teos on lihavoituna:

Luo Guanzhongin Kertomus Kolmesta Kuningaskunnasta Osa 1 / 4; Eunukkeja ja Kapinallisia

Federalistikirjoitukset

Luo Guanzhongin Kertomus Kolmesta Kuningaskunnasta Osa 2 / 4; Punaiset Kalliot

Julius Caesarin sodat

Luo Guanzhongin Kertomus Kolmesta Kuningaskunnasta Osa 3 /4; Kolme Kuningaskuntaa

Thukydidesin Peloponnesolaissota

 Luo Guanzhongin Kertomus Kolmesta Kuningaskunnasta Osa 4/4; Valtakunnan Yhdistäjät

Kautilyan Arthashastra, Legendaarinen Intialainen Opas Valtion Asioiden Hoitamiseen

Niccolo Machiavellin valtiollisia mietelmiä

Snorri Sturlusonin Heimskringla; Saagoja Norjan kuninkaista

Thomas Painen Kootut Teokset

Presidentti Grantin muistelmat, Osa I

Presidentti Grantin muistelmat, Osa II.

Sun Zin Sotataito ja Lionel Gilesin Kommentaari Siihen

Merivoimien vaikutuksesta historian 1660–1783;

Tekijänä A. T. Mahan, D.C.L., LL.D.,

Kolme kuukautta Etelävaltioissa huhtikuusta kesäkuuhun 1863

ESIPUHE

Everstiluutnantti Arthur Lyon Fremantle oli kuuluisa brittiläinen upseeri, joka palveli 1860-luvulla kuuluisassa Coldstream Guards jalkaväkirykmentissä, joka yksikkönä edelleenkin on yksi niistä rykmenteistä, jotka vartioivat Britannian kuninkaallisia. Tuolloin lomallaan vuonna 1863 everstiluutnantti Fremantle matkasi ensiksi Meksikoon ja sieltä Rio de Granden ylitse konfederaation alueelle. Sieltä Fremantle matkasi läpi koko konfederaation tavaten useita sen merkittävimpiä upseereita ja poliittisia johtajia tällä matkallaan. Matkansa ansiosta hänestä tuli yksi ensimmäisistä tunnetuista modernin ajan sotaturisteista.

Heinäkuun alussa 1863 hän päätyi Pennsylvaniassa pikkukaupunkiin, jonka nimi oli Gettysburg todistaen siellä käytyä suurta kolmipäiväistä taistelua. Kyseistä taistelua yleisesti pidetään Yhdysvaltain sisällissodan käännekohtana yhdessä samaan aikaan käydyn Vicksburgin piirityksen kanssa, joka päättyi, kun konfederaation armeija kyseisessä kaupungissa antautui unionin kenraali Ulysses S. Grantille.

Everstiluutnantti Fremantlen alkuperäisessä matkakertomuksessa englanninkielellä hän käytti jatkuvasti sanaa "negro", joka on tässä käännöksessä käännetty mustaksi. On syytä muistaa, että 1860-luvulla kyseisellä sanalla ei ollut sitä stigmaa, joka sillä nyt on. Luultavasti Fremantle ei tarkoittanut sillä mitään pahaa, mutta hänen kanssakäymisensä matkallansa mustien kanssa herättää sen kysymyksen, että kuinka paljon mustat olivat häntä kohtaan rehellisiä ja kuinka paljon he teeskentelivät, sillä heidän näkökulmastansa hän oli heidän isäntiensä vieras.

Käsikirjoittajan huomautus:

Useita muutoksia on merkitty tekstiin ja listattu alle.

Teoksen kirjoittaja everstiluutnantti Arthur Lyon Fremantle, ja kaikki näkemykset hänen näkemyksiään vuodelta 1863 ellei toisin mainita.

Coldstream Guards, brittiläinen kaartin jalkaväkirykmentti

Teoksen alkuperäinen julkaisija: William Blackwood and Sons.

Edinburgh ja Lontoo

MDCCCLXIII (1863)

Tämä teos on saatavilla Project Gutenbergin sivuilla sen englanninkielisellä nimellä *Three Months in the Southern States*.

JOHDANTO

Yhdysvaltain sisällissodan puhjetessa minä niin kuin monet maamiehemme olimme välinpitämättömiä sen suhteen, että kuka sen tulisi voittamaan; mutta jos minulla oli jotain ennakkoasenteita, niin ne olivat pikemminkin pohjoiselle suotuisia johtuen siitä vastenmielisyydestä, jota englantilaiset luonnollisesti tunsivat orjuutta kohtaan. Mutta pian tuntemus suuresta ihailusta etelävaltiolaisten urheutta ja päättäväisyyttä kohtaan yhdessä epäonnekkaan vastakohdan suhteen kuin öykkärimäisesti pohjoisvaltiolaiset käyttäytyivät, niin sai aikaan täydellisen muutoksen tuntemuksissani ja olin kyvytön tukahduttamaan vahvaa halua mennä Amerikkaan ja nähdä jotain tästä mahtavasta kamppailusta.

Toteutettuani onnistuneesti nämä suunnitelmat, niin palasin Englantiin ja huomasin kaikkien ystävieni keskuudessa erittäin suurta halua tietää totuus siitä, mitä oli tapahtumassa etelässä; sillä merisaarron seurauksena totuutta saattoi olla vaikeata saada selville, kun tieto niistä tapahtumista tuli pääasiassa pohjoisista lähteistä, jotka eivät olleet uskottavia; ja tosiasiassa missään ei ollut tietämättömyys etelästä niin syvällistä kuin pohjoisissa osavaltioissa.

Seurauksena halusta, jota usein ilmaistiin, niin julkaisen nyt päiväkirjan, jossa kerron niin hyvin kuin pystyn, kokemuksiani niistä päivistä matkallani konfederaatioon kuuluvissa osavaltioissa. Jälkimmäinen osa tästä päiväkirjasta, jossa viitataan Gettysburgin taisteluun, niin on jo ilmestynyt Blackwoods Magazine-lehdessä; ja siihen kohdistunut mielenkiinto kannusti minua julkaisemaan jäljellä olevan osan kokonaan.

En ole koettanut piilotella mitään outouksia tai puutteita, joita etelävaltiolaisilla on. Monet ihmiset epäilemättä suuressa määrin eivät hyväksy joitakin heidän tapojansa ja toimintamallejansa laajemmassa osassa maata; mutta ajattelen, että antelias mies, oli hänen poliittinen mielipiteensä mikä tahansa, niin ei voi kuin ihailla sitä rohkeutta, energiaa ja isänmaallisuutta, joka on koko väestöllä ja sen johtajien taitoja niin alivoimaisessa taistelussa. Ja minulla on myös, että monet ihmiset ovat samaa mieltä ajatuksieni kanssa, että ihmiset kaikissa sotilasarvoissa, sekä kummankin sukupuolen puolelta osoittavat yhtenäisyyttä ja sankaruutta, jota ei voida koskaan ohittaa maailmanhistoriassa, ja jota kautta tulee olemaan kohtalona ennemmin tai myöhemmin tulla suureksi ja itsenäiseksi valtioksi.

KOLME KUUKAUTTA ETELÄVALTIOISSA;

HUHTI-, TOUKO- JA KESÄKUUSSA 1863;

Maaliskuun 2. 1863; Lähdin Englannista kuninkaallisella postihöyrylaiva Atratolla ja saavuin St. Thomasille 17. päivä.

Maaliskuun 23. Lähdin Havannasta HMS Immortalitén mukana kello 11 aamupäivällä, jolloin se käynnisti höyrykoneensa.

Huhtikuun 1. Alus ankkuroi 8.30 illalla noin 4,5 kilometrin päähän Rio Granden suusta tai Rio Bravo del Nortesta, jonka uskon olevan oikeampi nimi noin seitsemänkymmenen kauppalaivan joukkoon.

Huhtikuun 2. Teksasilainen ja minä lähdimme Immortalitélta sen aluksen veneellä kello 10 aikaan ja ylitimme hiekkasärkän tyylikkäästi. Venettä ohjasi herra Johnston, aluksen käyttäjä ja hyvässä tuulessa etenimme kuin salama ja nousimme maihin surkeaan kylään nimeltä Bagdad [**Suom. huom.** Bagdad, Tamaulipas] Meksikon puolelle Rio Grandea.

Hiekkasärkkä oli onneksi vedenalla noin metrin syvyydessä ja piilossa. Se on usein ylittämätön kymmenen tai kahdentoista päivän ajan: veden syvyys vaihtelee 60 sentistä puoleentoista metriin. Se on hyvin vaarallinen voimakkaiden aaltojen ja pohjavirtausten takia; siellä on myös haita. Veneitä säännönmukaisesti kaatuu ylittäessään sitä ja Orlando-alus menetti sinne miehen noin kuukausi sitten.

Seitsemänkymmentä laivaa on jatkuvasti ankkurissa hiekkasärkän ulkopuolella; niihin tuodaan puuvillalastia hyvin suurien viivytyksien tapahtuessa, mutta kaksi pientä höyrylaivaa Bagdadista auttaa niitä. Näiden höyrylaivojen syväys on vain 60 senttiä vettä ja niistä on suuresti hyötyä.

Bagdad koostuu muutamista surkeista puuhökkeleistä, jotka nousivat pystyyn sodan alkaessa. Silmänkantamattomiin oli näkyvissä loputtomasti puuvillapaaleja.

Heti, kun nousimme maihin, niin McCarthya tervehti hänen veljelliset kauppiasystävänsä. Hän esitteli minulle herra Iturian, joka lupasi viedä minut kärryllään Brownsvilleen Teksasin puolelle jokea, joka oli vastapäätä Matamorosia. McCarthy tulisi menemään illalla Matamorosiin.

Rio Grande oli hyvin työläs ja matala; etäisyys joella Matamorosiin oli noin 104 kilometriä, ja sitä purjehtivat höyrylaivat, jotka joskus tekivät sen matkan 12 tunnissa, mutta useammin siihen meni 24 tuntia, kun ne jatkuvasti ajoivat maihin.

Matka Bagdadista Matamorosiin maitse on noin 56 kilometriä; Teksasin puolelle Brownsvilleen noin 42 kilometriä.

Ylitin joen Bagdadissa herra Iturian kanssa kello 11; ja kun minulla ei ollut passia, niin minut vietiin puolentusinan konfederaation upseerin eteen, jotka istuivat nuotion ympärillä keittäen perunoita. Nämä upseerit kuuluivat Duff´s cavalryyn (Duff oli teksasilainen ystäväni) (**Suom huom.** James Duff komensi Teksasin 33. ratsuväkirykmenttiä. Tämä yksikkö tunnettiin alun perin nimellä Teksasin 14. ratsuväkipataljoona, mutta se laajennettiin ratsuväkirykmentiksi.). Heidän vaatteensa koostuivat yksinkertaisista flanellipaidoista; hyvin vanhoista housuista; saappaista, joista oli valtavat kannukset, ja mustista huopahatuista, joita koristivat "Teksasin yksinäiset tähdet". He näyttivät kovilta ja likaisilta, mutta he olivat minua kohtaan erittäin ystävällisiä.

Päällikkö oli aika kerskailija ja hän jatkuvasti huomautti, "Potkimme heidät helvettiin Mississippi-joelta, helvettiin Sabinesta (lausutaan Sabeen), "ja helvettiin monista muista paikoista."

Hän selitti minulle, että hän ei voinut ylittää jokea tavatakseen McCarthyn, sillä joidenkin miestensä kanssa oli tehnyt tänne hyökkäyksen kolme viikkoa aikaisemmin ja vienyt mukanaan joitakin luopioita "renegadoes", joista yhden nimi oli Mongomety, jolloin he olivat lähteneet tietä pitkin Brownsvilleen;

mutta muiden upseerien hymyistä pystyin helposti arvaamaan, että jotain hyvin epämiellyttävää oli varmasti tapahtunut Mongomerylle. Hän esitteli minut kapteenille, joka oli juuri tullut kuunarillansa, jonka lastina oli puuvillaa, niin Galvestonists ja joka oli siksi hyvin iloinen. Puuvilla maksoi 6 senttiä paunalta Galvestonissa ja täällä sen arvo oli 36 senttiä.

Herra Ituria ja minä lähdimme Brownsvillestä illalla. Kärryt olivat kevyet ja niissä oli neljä korkeata pyörää.

Tie oli luonnontie; maasto oli aika tasaista ja sitä peittivät mesquite-puut, jotka olivat hyvin paljon pippuripuiden kaltaisia. Jokaisella henkilöllä, jonka kohtasimme, oli mukanaan kuudestilaukeava, mutta heillä oli hyvin harvoin tarvetta käyttää niitä.

Sen jälkeen, kun olimme edenneet noin 14 kilometriä, niin kohtasimme kenraali Been, joka komensi Brownsvillen joukkoja. Hän oli matkustamassa Boca del Rioon ambulanssivaunulla, [1] mukanaan majoitusmestari, Majuri Russell. Ojensin hänelle esittelykirjeen kenraali Magruderilta ja kerroin kuka olin.

Silloin hän nousi ambulanssivaunuista ja tervehti minua pihvillä ja oluella avoimesti. Hän oli veli sille kenraali Beelle, joka kaatui Manassasin taistelussa. Puhuimme politiikasta ja keskustelimme hyvin ystävällisesti yli tunnin ajan. Hän sanoi, että Mongomeryn tapaus oli vastoin hänen käskyjänsä ja hän oli siitä pahoillaan. Hän sanoi, että Davis, toinen luopio, olisi myös pistetty hengiltä, ellei hänen vaimonsa olisi puuttunut asiaan. Kenraali Bee palautti Davisin meksikolaisille.

Puoli tuntia sen jälkeen, kun olimme eronneet kenraali Beestä, niin tulimme paikkaan, jonne Mongomery oli jätetty; ja selvästi noin 200 metriä tiestä, niin löysimme hänet.

Hänet oli heikosti haudattu, mutta hänen päänsä ja kätensä olivat maanpinnan päällä niin, että hänen kätensä oli sidottu yhteen, köysi oli yhä hänen kaulansa ympärillä, mutta osa sitä roikkui pienestä mesquite-puusta. Koirat tai sudet olivat luultavasti kaivaneet maata ruumiin ympäriltä ja siellä ei ollut lihaa luiden ympärillä. Sain tästä ensimmäisen kokemukseni lynkkaamisesta kolme tuntia sen jälkeen, kun olin saapunut Amerikkaan.

Ymmärrän, että Mongomery oli mies, joka oli ollut erittäin pahatapainen ja, että hyödyntäen Meksikon maaperän puolueettomuutta, niin hänellä oli ollut tapana pilkata konfederaation sotilaita kaikin tavoin Bagdadin puolelta jokea; ja hänen joukkionsa luopioita olivat myös ylittäneet joen ja tappaneet joitakin aseettomia puuvillan käsittelijöitä, josta oli noussut suuttumus konfederaation puolelta.

Noin 5 kilometriä tästä niin tulimme eversti Duffin leiriin. Hän oli hyvältä näyttävä ja komea skotti, joka otti minut vastaan hyvin vieraanvaraisesti. Hänen rykmenttinsä koostui juuri kootuista vapaaehtoisista; erittäin komeista nuorista miehistä, joita harjoitettiin toimimaan ryhmissä. heidät oli puettu erilaisiin vaatteisiin ja monilla heistä ei ollut takkeja, mutta kaikilla heistä oli korkeat mustat huopahatut. Huolimatta heidän vaatetuksensa outoudesta, niin ei ollut mitään naurettavaa tai halveksittavaa näiden miesten ulkoisessa olemuksessa, sillä he kaikki näyttivät täysin toimeliailta. Eversti Duff kertoi minulle, että monet sotilaista omistivat suuria alueita maata, joilla oli yli sata orjaa ja tulivat erittäin hyvin toimeen. He olivat minua kohtaan mitä kohteliaimpia.

Heidän hevosensa olivat aika romuluisia, mutta kestäviä ja nopeita. Satulat, joita he käyttivät, niin ne olivat melkein kuin meksikolaiset satulat.

Eversti Duff tunnusti, että Mongomeryn tapaus oli hoidettu väärin, mutta lisäsi, että hänen poikansa "tarkoittivat hyvää."

Saavuimme Brownsvilleen kello 5.30 illalla, ja herra Ituria ystävällisesti pyysi minua nukkumaan hänen talossaan sen sijaan, että menisin hotelliin, joka oli täynnä asiakkaita.

[1] Ambulanssivaunut ovat kevyet vaunut ja niissä on yleensä kaksi joustaa takana, ja yksi on toisen päällä edessä. Istuimet voidaan asettaa niin, että kaksi tai kolme henkeä voi maata koko pituudellansa.

Huhtikuun 3. (pitkäperjantai). Kello 8 aamulla sain sotilasluvan ylittää Rio Grande Meksikoon, jonka esitin vartijalle, joka sitten salli minun ylittää joki lossialuksessa.

Vaunujen ei sallittu liikkuvan Meksikossa pitkänäperjantaina, joten minun piti kävellä yli puolentoista kilometrin kuuma pölyinen matka Matamorosiin.

Herra Zorn, joka oli virkaatekevä Britannian konsuli ja hänen liikekumppaninsa herra Behnsen, kutsuivat minut konsulaattiin, kun olin Matamorosissa, ja hyväksyin heidän kutsunsa hyvin kiitollisena.

Minut esiteltiin herra Colvillelle Manchesterista; herra Maloneylle, joka oli yksi tärkeimmistä kauppiaista; herra Bennetille, joka oli englantilainen ja yksi Peterhoffin [**Suom. huom.** ks. USS Peterhoff. Kyseinen alus oli alun perin venäläinen, joka Krimin sodan yhteydessä joutui brittien haltuun ja jota myöhemmin käytettiin saarronmurtajana Yhdysvaltain sisällissodassa.] omistajista, ja joka vaikutti olevansa sangen ilahtunut, kun hän kuuli aluksensa haltuun ottamisesta, sillä hän sanoi tapauksen olevan sellainen, että hallituksemme oli pakko ottaa se puheeksi. Minut myös esiteltiin kuvernöörille, joka oli sangen karkea.

Syötyäni herra Zornin kanssa kävelin takaisin Rio Grandelle, joka minun sallittiin ylittää esiteltyäni herra Colvillen luvan meksikolaisille sotilaille ja nukuin taas herra Iturian luona.

Brownsville on kamppaileva pikkukaupunki, jossa on noin 3000 asukasta; suurin osa taloista on puisia ja sen kadut ovat pitkiä, leveitä ja suoria. Siellä on noin 4000 sotilasta kenraali Been komennossa aivan sen läheisyydessä. Sen vaurautta vahingoitti paljon, kun Matamoros julistettiin vapaasatamaksi.

Ylitettyäni Rio Granden leveä pölyinen tie, joka oli noin puolentoista kilometrin mittainen, niin johti Matamorosiin, joka on meksikolainen kaupunki, jossa on noin 9000 asukasta. Sen talot eivät ole paljoa parempia kuin Brownsvillen talot, ja niissä on monia merkkejä useista vallankumouksista, joita siellä on tapahtunut jatkuvasti. Jopa Britannian konsulaatti on saanut osumaa useista luodeista, joita ammuttiin vuosina 1861 ja 1862.

Meksikolaiset näyttivät hyvin paljon intiaaniesi-isiltänsä heidän kasvojensa ollessa äärimmäisen tummia, ja heidät hiustensa ollessa mustia ja suoria. He käyttivät hattuja, joissa oli valtavat lierit ja iloisesti suojasivat heidän takkinsa ja koristeelliset nahkaliivinsä.

Jotkut naiset olivat sangen hyvännäköisiä, mutta he voitelivat päänsä rasvalla ja meikkasivat kasvojansa aivan liikaa. Heidän vaatteensa olivat aikalailla kuin andalusialaisia. Kun menin katedraaliin, niin huomasin, että se oli täynnä polvistuneita naisia; Vapahtajamme nukke oli otettu pois ristiltä ja laitettu kultaiseen arkkuun, jolloin pappi kertoi heille kaiken aikaa Hänen kärsimyksistänsä, ja kaikki naiset ulvoivat mitä masentuneimmin aivan kuin heitä olisi lyöty.

Matamorosissa oli silloin sellainen määrä juutalaisia, joiden liiketoiminta pilasi sinne asettuneiden kauppiaiden toimintaa jälkimmäisen suureksi raivoksi.

Se paikka kärsi kuivuudesta ja siellä ei ollut satanut viimeiseen yhteentoista kuukauteen.

Minulle kerrottiin, että oli yleistä Meksikossa, sillä täsmällisyys saapua päämäärään kaihtimet alhaalla. Tämä oli varma merkki siitä, että matkaajat, niin miehet kuin naiset, olivat joutuneet ryöväreiden riisumina melkein alastomiksi. Tietty määrä vaatteita sitten tietenkin heitettiin heille ikkunasta, joka mahdollisti heidän tulemisensa ulos. Herra Behnsen ja herra Maloney kertoivat sitten minulle, että he olivat nähneet tämän tapahtuvan useita kertoja ja herra Oetling julisti, että hän itse kolmen naisen kanssa saapui tässä tilanteessa Mexico Cityyn.

Huhtikuun 4. (lauantai) Olin ylittänyt joen kello 9 ja olin saanut vaunut Meksikon puolelle viemään matkatavarani ja minut konsulaattiin Matamorosiin. Kuljettaja kohteli huonosti puoliksi nälkänäkeviä eläimiänsä. Meksikolaiset ovat jopa pahempia kuin espanjalaiset tässä asiassa.

Minut kutsuttiin herra Oetlingin, Preussin konsulin luokse, joka oli yksi rikkaimmista ja vauraimmista kauppiaista Matamorosissa ja erittäin mukava mies.

Illallisen jälkeen menimme katsomaan fandango-tanssia tai ulkoilmajuhlaan. Noin 1500 ihmistä oli siellä harrastamassa uhkapelejä ja tanssimassa matkien huonosti eurooppalaisia tansseja.

Huhtikuun 5. (sunnuntai) Herra Zorn tai Don Pablo, niin kuin häntä siellä kutsuttiin siellä, oli hänen majesteettinsa virkaatekevä varakonsuli, joka oli erikoislaatuinen ja mitä hyvätapaisin pieni mies; preussilainen syntyperänsä suhteen. Hänet oli yllättänyt suuri tärkeys, jonka hän oli saanut virkansa kautta ja siihen kuuluva työmäärä (josta hän ei saa palkkaa); brittiläisen konsulin virka oli ollut aika lailla suojatyöpaikka ennen sotaa.

Herra Behnsen oli yritysjohtaja. Hänen pääasiallinen liiketoimintapaikkansa oli San Luis Potosi, joka oli huomattava kaupunki Meksikon sisämaassa. Kaikki ulkomaiset kauppiaat valittivat katkerasti vainoa ja kiristystä, jota he joutuivat sietämään hallitukselta, joka oli epäilemättä mitä ärsyttävintä; mutta joka tapauksessa he näyttivät rikastuvan Meksikon alueella.

Ylitin joen Brownsvilleen tavatakseni kenraali Been, mutta hän ei ollut palannut Boca del Riosta.

Nautin päivällisen herra Oetlingin kanssa. Meitä oli siellä neljätoista henkeä, joista pääosa oli saksalaisia muodostaen erittäin iloisen joukon. Herra Oetlingin oletettiin ansainneen yritykselleen miljoona dollaria rohkealla puuvillakeinottelulla sitten sodan alun.

Menimme kaikki teatteriin myöhemmin. Näytös oli hyökkäys ranskalaisia ja etelän instituutioita vastaan.

Huhtikuun 6. (maanantai) Herra Behnsen ja herra Colville lähtivät kohti Bagdadia sinä aamulla ambulanssivaunulla, jota veti neljä eläväistä muulia.

Keskipäivällä ylitin joen Brownsvilleen ja vierailin kapteeni Lynchin, majoitusmestarin, luona, joka avasi suuren laatikon ja antoi minulle matkaa varten konfederaation huopahatun. Sitten hän vei minut varuskuntaan ja esitteli minut everst i Buchelille, joka komensi Teksasin 3. jalkaväkirykmenttiä ja hän oli syntyjään saksalainen, mutta hän oli palvellut Ranskan armeijassa; ja hän valmisteli cocktailit mitä tieteellisimmin. Palasin Matamorosiin kello 2.30 iltapäivällä.

Kapteeni Hancock ja herra Anderson (kassanhoitaja) saapuivat Bagdadista mitä surkeimmalla kulkuneuvolla kello 4. He olivat pölyn peitossa ja olleet seitsemän tuntia tien päällä sen jälkeen, kun heidän veneensä melkein kaatui hiekkasärkän luona.

Siellä oli paljon tulitusta aseilla ja sähikäisillä sen seurauksena, että ranskalaiset olivat kärsineet 8000 miehen menetykset vankeina ja 70 tykin menetykset. [**Suom. huom.** Ilmeisesti everstiluutnantti Fremantlelle on annettu tässä ranskalaisten ja meksikolaisten tappioista väärää tietoa. Vuoden 1862 Pueblan taistelu oli meksikolaisten voitto, mutta siinä ranskalaiset menettivät yhteensä 476 miestä ja meksikolaiset 351 miestä. Vuoden 1863 Pueblan piiritys, joka päättyi toukokuussa, oli Ranskan suuri voitto, jossa he menettivät yhteensä noin 1150 miestä, kun taas meksikolaiset menettivät kuolleina ja haavoittuneina noin 2000 miestä ja heitä otettiin vangeiksi noin 12500 miestä.]

Don Pablo, joka viattomasti nosti Britannian lipun kapteeni Hancockin kunniaksi, niin häntä syytettiin kauppiasveljiensä toimesta näytöstoimesta ranskalaisia vastaan.

Illallisen jälkeen meidät kutsuttiin herra Maloneyn luokse, jonka koti oli kauniisti sisutettu ja jolla oli kaunis vaimo.

Huhtikuun 7. (tiistai); Herra Maloney lähetti meille vaununsa kapteeni Hancockin, herra Anderssonin ja minun käyttöömme Brownsvillessä.

Ensimmäiseksi kutsuimme everstit Luckett ja Buchel: ensimmäinen näistä oli komea mies, joka oli ammatiltansa lääkäri ollen hyvin perillä asioista ja sopuisa, mutta mitä katkerin jenkkejä kohtaan.

Istuimme puolisentoista tuntia keskustellen näiden 13 upseerin kanssa ja juoden loputtomasti cocktaileja, jotka olivat sangen hyviä, ja niiden tekemiseen vaadittiin viittä tai kuutta eri alkoholijuomaa.

Sitten lähdimme heidän luotansa tapaamaan kenraali Beetä, jonka kanssa meille oli toinen pitkä keskustelu, ja jonka luona keskustelimme lisää nauttien cocktaileja.

Kenraalin luona meille esiteltiin hyvin pukeutunut englantilainen herrasmies, herra X, joka kuitenkin sanoi meille, että hän oli kiistänyt kansalaisuutensa, kunnes Iso-Britannia toisi oikeutta Etelälle. [2] Kaksi vuotta sitten tämän yksilön talo oli poltettu; ja pari päivää sitten tapahtui niin, että yksi polttajista Meksikon puolella jokea kerskaili tuolla teolla, niin hän itse souti sinne, ampui tuon miehen ja souti takaisin. Minulle kerrottiin myöhemmin, että riippumatta tuntemuksista, joita hän oli osoittanut edessämme, niin herra X oli tiukka britti, jolla oli aina kuudestilaukeava hetkessä käytettävissään, jos joku loukkasi Englannin kuningatarta.

Meille myöhemmin esiteltiin sangen synkän näköinen herra, jolla oli pitkä keltainen tukka olkapäillensä asti. Joukkionsa hänen oletettiin hirttäneen Mongomeryn.

Meitä kohdeltiin kaikkien upseerien toimesta mitä huomaavimmin ja meille osoitettiin maihinnousupaikassa suurta huomiota. Eversti Luckett sanoi, että minun ei pitäisi lähteä Brownsvillestä enne kuin kenraali Magruder [**Suom. huom.** luultavasti kenraali John B. Magruder (1807–1871)] saapuisi. Hänen odotettiin saapuvan niinä päivinä.

Herra Maloney kertoi myöhemmin meille, että nämä upseerit, jotka olivat antaneet kaikkensa maallensa, niin useat heistä elivät suuressa köyhyydessä. Hän epäili, että oliko heillä olemassa toisia pareja saappaita; mutta hän lisäsi, että brittiläisten upseerien kunniaksi he keräisivät raaka-aineita cocktaileille läpi Brownsvillen.

Kello kolme iltapäivällä söimme lounasta herra Maloneyn luona, joka oli tärkeimmistä ja yritteliäimmistä brittiläisistä kauppiaista Matamorosissa ja nautimme hänen vieraanvaraisuudestansa kello 9.30:een asti. Hänen viininsä oli hyvää ja hän sai meidät juomaan sitä paljon. Herra Oetling oli myös siellä ja hänen tarinansa maanrosvouksesta ja hänen matkoistansa olivat mitä viihdyttävimpiä.

Kello 10 illalla herra Oetling vei meidät suureen tanssijuhlaan (fandango), joka pidettiin sen kunniaksi, että oli ilmoitettu saavutetun suuri voitto ranskalaisista.

Meksikolainen fandango muistuttaa ranskalaista ducasse-juhlaa, jossa lisää jännitystä tuo uhkapeli. Se alkaa 9.30 illalla ja jatkuu päivän sarastukseen. Juhlapaikkaa valaisee suuri määrä erivärisiä paperilyhtyjä. Useita penkkejä on laitettu niin, että ne muodostavat suuren neliön, jonka keskellä tanssiminen tapahtuu, ja niin miehet kuin naiset polttavat paljon koko ajan. Penkkien ulkopuolella on reitti, jonka varrella on niin uhkapelipöytiä kuin juomapaikkoja. Tällä kertaa siellä täytyi olla kolme- tai neljäkymmentä uhkapelipöytää, joista jotkut pienemmät olivat vanhoille naisille ja toiset pienille pojille.

Monté on suosikkipeli ja pienintä hopeakolikkoa voidaan käyttää panoksena taikka sitten kourallista dubloneita. Useissa näistä pöydistä kaikkien yhteiskuntaluokkien jäsenet ovat tarkoituksenaan haudanvakavilla naamoillaan valtavien hattujensa alla. He eivät koskaan liikuta lihaksiaan riippumatta siitä, että voittivatko vai hävisivätkö he.

Vaikka ihmisten määrä näissä juhlissa on hyvin suuri, niin silti koko asia tehdään järjestyksessä ja sääntöjen mukaan, joille ei ole vertaa suuressa osassa Euroopan yläluokkaa. Jos siellä oli koskaan ongelmia, niin niitä aiheuttivat poikkeuksetta teksasilaiset Brownsvillestä. Nämä riitaisat ihmiset vangittiin heti ja pistettiin jäähtymään selliin.

[2] Hän näytti olevan hirveän ärsyyntynyt tapahtuneesta Peterhoffin välikohtauksesta.

Huhtikuun 8. (keskiviikko) Don Pablo-parka oli ”sairastunut” aamiaisella ja oli joutunut menemään sänkyyn. Meillä oli paljon huolta hänen sairaudestansa, joka toi huolta yhteyksistä hänen virallisiin velvollisuuksiinsa; ja tapaan, jolla häntä häiritsivät englantilaiset ja ”sininenäiset” [3] kipparit, niin se oli riittävää ärsyttämään ketä tahansa.

Herra Behnsen ja herra Colville palasivat Bagdadista tänä aamuna ollen hyvin järkyttyneitä sen kaupungin vetonauloista.

Kenraali Been palvelija joutui hyökkäyksen kohteeksi Matamorosissa luopion toimesta, jolla oli kuudestilaukeava. Nämä olosuhteet estivät kenraalia tulemasta Matamorosiin niin kuin hän oli aikonut.

Kello viisi iltapäivällä kapteeni Hancock ja minä ylitimme joen Brownsvilleen ja meidät vietiin hyvin tyylikkäillä ambulanssivaunuilla kenraali Been asuintaloon ja myöhemmin näimme 3. Teksasin jalkaväen juhlaparaatin.

Everstiluutnantti Buchel oli joukon työmies, sillä hän oli ammattisotilas. Miehet oli hyvin puettu, vaikka heidän univormunsa vaihtelivatkin paljon. Jotkut komppaniat pukeutuivat sinisiin vaatteisiin, toiset harmaisiin, joillakin oli ranskalaiset képit, toisilla leveät ja meksikolaiset hatut. He olivat hieno joukko sotilaita, ja todella epätavallisen hyvin harjoitettuja. He menivät läpi eräänlaisen kaartin paraatin mitä uskottavimmalla tavalla. Noin sata heidän tuhannesta miehestänsä olivat asevelvollisia. [4]

Paraatin jälkeen menimme juomaan eversti Luckettin luokse 3. rykmentin menestykselle.

Meillä oli myöhemmin hyvin sopuisa lounas kenraali Been kanssa; everstit Luckett ja Buchel söivät siellä myös. Jälkimmäinen heistä oli tavallinen palkkasoturi. Hän oli palvellut Ranskan ja Turkin armeijoissa kuin myös karlistien sodissa [**Suom. huom.** Espanjassa] ja Meksikon sodissa, ja minulle kerrottiin, että hän oli ollut keskeinen toimija monissa kunniaan liittyvissä asioissa; mutta hän oli hiljainen ja vaatimaton pieni mies ja vaikka hän olikin vilpitön etelävaltiolainen, niin hän ei ollut läheskään niin väkivaltaisesti jenkkejä vastaan kuin Luckett.

Kello 10 illalla kapteeni Hancock ja minä menimme tanssiaisiin, jonka paikalliset viranomaiset järjestivät nimellä "Heroica y invicta ciudas de Matamoros" (niin kuin he sitä kutsuivat), ranskalaisista saavutetun voiton kunniaksi. Kenraali Bee ja eversti Luckett myös menivät tähän juhlaan, sillä kutsu oli ensimmäinen kohteliaisuus, jonka he olivat saaneet sen jälkeen, kun he olivat loukanneet Meksikon maaperää Davis-Mongomery:n välikohtauksessa. He olivat pukeutuneet siviilivaatteisiin ja kantoivat piilotettuja pistooleita varmuuden vuoksi.

Me kaikki ajoimme Brownsvillestä konsulaattiin ja saavuimme tanssihuoneeseen yhtenä joukkona.

Kaupungintalon ulkopuoli oli valaistu jonkinlaisella loistolla ja siihen oli kiinnitetty suuri kyltti, johon oli kirjoitettu ystävällinen asenne, "Muera Napoleon; viva Mejico!" Puoliksi onnekkaat sähikäiset ja ilotulitteet räjähtelivät väliajoin. Torilla oli myös riemukaari, johon oli kirjoitettu vaikutus, että "aikansa eläneet Euroopan kansakunnat tulevat vapisemaan". Sain hyviä ystäviä kuvernööristä ja hallinnoitsijasta, joka houkutteli minut tanssiin, mutta väistin sen sillä tekosyyllä sanoen, että eurooppalaiset eivät pysty tanssimaan hienovaraisen meksikolaisesti. Kapteeni Hancock oli hyvin järkyttynyt rasvanaamaisesta kuvernööristä (joka piti pientä kauppaa) ilmoittaen, että halustansa vierailla Immortalitélla kuuden ystävänsä kanssa ja nukkuakseen siellä yön tai kaksi.

Tanssit olivat eräänlaista hidasta valssia ja tanssien välissä tytöt laitettiin seinää vasten, ja he eivät saaneet puhua kenellekään. He olivat pääasiassa koruttomia, huonosti meikattuja ja naurettavasti pukeutuneita.

[3] nova-scotialaisia

[4] Koko matkani ajan etelässä en koskaan nähnyt rykmenttiä, joka oli niin hyvin vaatetettu tai niin hyvin harjoitettu kuin tämä, joka ei ollut koskaan ollut taistelussa tai altistunut paljoakaan vaikeuksille.

Huhtikuun 9. (torstai) Kapteeni Hancock ja herra Anderson lähtivät Bagdadista herra Behnsenin vaunuilla keskipäivällä.

Ylitin joen Brownsvilleen kello 11.30 ja söin lounaan everstien Luckett, Buchel ja Duff kanssa noin kello yhden aikaan. Kun me kaikki olimme everstejä ja jokainen meistä kutsui toisiamme eversteiksi kohteliaasti, niin oli vaikeata ymmärtää, mitä tarkalleen ottaen tarkoitettiin. He joutuivat myöntämään, että Brownsville oli Teksasin kurittomin kaupunki, joka taas oli konfederaation vähiten laillinen osavaltio; mutta he julistivat, että he eivät olleet koskaan nähneet viattoman miehen joutuneen loukkausten tai ärsytyksen kohteeksi, vaikka ampumisia ja lynkkaamisia tapahtuikin siellä paljon sen ollessa vain vähän asutettu osavaltio, jolle oli tullut desperadoja sivistyneemmistä maista.

Eversti Luckett antoi minulle kirjeen kenraali Van Dornille, jota he pitivät ideaalina ratsuväensotilaana. He sanoivat, että ikimuistoisista ajoista lähtien etelävaltiolaiset olivat halveksineet jenkkejä, joita he pitivät ihmisinä, joilla oli vähemmän rohkeutta ja kunniantuntoa kuin heillä.

Kello kolme eversti Buchel ja minä ratsastimme eversti Duffin leiriin, joka oli noin 21 kilometrin päässä. Minulle annettiin meksikolainen satula, joka pakotti istumaan melkein seisoma-asennossa. Jalustimet olivat hyvin pitkät ja suoraan alla, joka pakotti pitämään jalat suorassa.

Duffin rykmenttiä kutsuttiin nimellä Partisan Rangers. Vaikka he olivatkin hieno joukko miehiä, niin he eivät näyttäneet hyvältä jalkaväkiparaatissa johtuen siitä, että heitä oli sitä varten harjoitettu vain vähän ja heidän vaatteidensa värit olivat hyvin sekavat. Heillä oli aseinaan karbiinit ja kuudestilaukeavat.

Näin joidenkin miesten tulevan skalppeerausretkeltä intiaaneja vastaan noin 500 kilometrin päästä. He kertoivat minulle, että heillä oli yleensä tapana skalppeerata intiaani, kun he saivat sellaisen kiinni ja he eivät olleet koskaan säästäneet yhtään heistä, koska nämä olivat niin kesyttämätön ja raivokas ihmisryhmä. Toinen tapa, jonka he olivat oppineet intiaaneilta, oli kyykistyä kantapäillään mitä omituisemmalla tavalla. Se oli naurettavaa ja erityisen vaikuttavaa nähdä heitä joukon kyykistyvän rivissä tai ympyrässä.

Rykmentti oli sijoitettu torjumaan vastavallankumousta Teksasin unionistien toimesta. Mikään ei voinut ylittää kaunaa, jolla he puhuivat luopioista, niin kuin he näitä kutsuivat, jotka olivat pääasiassa saksalaista syntyperää.

Kun ehdotin muutamalle teksasilaiselle, että he voisivat haudata Mongomeryn ruumiin hieman paremmin, niin he eivät olleet kanssani samaa mieltä, vaan sanoivat, että sitä ei olisi pitänyt haudata alkuunkaan, vaan se olisi pitänyt jättää roikkumaan varoitukseksi muille pahantekijöille.

Koskien heidän orjiensa kohtelua, niin eversti Duff sanoi, että se suuri määrä, mikä heillä oli, niin niiden piti vain ylittää joki, jos he tahtoivat vapauteen.

Eversti Buchel ja minä nukuimme eversti Duffin teltassa ja yöllä meille laulettiin. Upseerit ja miehen lauloivat erittäin hyvin ja he lopettivat lauluun "God save the Queen!"

Eversti Duff on kotoisin Perthistä. Hän oli yksi Teksasin itsenäistymisen johtohahmoja; ja hän sanoi, että hänen veljensä oli pankkiiri Dunkeldissä.

Huhtikuun 10. (perjantai) Heräsimme auringon noustessa ja pian sen jälkeen eversti Duff piti paraatin joidenkin parhaiden miestensä kanssa näyttääkseen teksasilaista ratsumiestaitoa, josta he olivat hyvin ylpeitä. Näin heidän lassoavan karjaa ja ottavan sitä kiinni hännästä täydessä laukassa ja heittävän niitä siten ympäri. Tätä kutsuttiin nimellä tailing. He ottivat maasta pieniä esineitä täydessä laukassa omalla kummallisella tavallansa, joka osoitti heidän olevan taitavia ratsastajia; mutta he tunnustivat minulle, että he eivät pysty ratsastamaan englantilaisella satulalla ja eversti Duff kertoi minulle, että he eivät pysty ollenkaan hyppäämään aitojen ylitse. He kaikki olivat erittäin innokkaita kuulemaan ajatukseni heidän esityksestänsä ja heidän hyvät mielipiteet heistä itsestänsä olivat mitä huvittavimpia.

Kello yhdeksältä eversti Buchel ja minä ratsastimme takaisin Brownsvilleen; mutta eksyimme kahdesti ja jouduimme ratsastamaan pölypilven keskellä, joka ei ollut kovinkaan mukavaa ratsastamista. Kapteeni Hancockin raukan täytyi olla viettämässä aikaansa Bagdadissa, sillä tuolla tuulella hiekkasärkän täytyi olla ylittämätön jopa rohkeimmille merimiehille.

Illalla herra X, teksasilainen unionisti, tai luopio, antoi meille tuntemuksiaan konsulaatissa, ja joi suuren määrän brandya. Hän lopetti kuitenkin maljaan, "Ne, jotka haluavat taistella, niin antaa heidän taistella; minä en halua taistella."

Huhtikuun 11. (lauantai) Herra X, unionisti, tuli luokseni tänä aamuna ja sanoi katuvalla tavalla, "Toivon, että en sanonut brandyn höyryjen vaikutuksesta mitään loukkaavaa eilisiltana." Vakuutin hänelle, että hän ei ollut sanonut. Minä olin nyt sangen tottunut ja hyväksynyt tarpeen kätellä ja juoda brandya jokaisen kanssa. [5]

Ambulanssivaunut palasivat Bagdadista tänään. Kapteeni Hancock oli onnistunut ylittämään hiekkasärkän herra Oetlingin höyrylaivalla tai kevyemmällä aluksella, mutta se oli melkein kaatunut.

Menin suurelle aterialle, jonka herra Oetling piti herra Hillin lähdön kunniaksi Mexico Cityyn. Tämän näytti olevan maan tapa.

[5] Tarvetta tähän ei ollut muualla kuin Teksasissa.

Huhtikuun 12. (sunnuntai) Tein tunteikkaan vierailun Don Pablon, Behnsenin, Oetlingin ja muiden luona, jotka olivat sangen huonossa kunnossa johtuen eilisen päivän suuresta ateriasta.

Loistava Maloney vaati voivansa antaa minulle säilytettyä lihaa ja brandya matkaa varten Teksasin läpi. Olin erittäin kiitollinen näiden kaikkien herrasmiesten ystävällisyydestä, jotka osoittivat sitä saaden oleskeluni Matamorosissa olevan hyvin miellyttävä. Hotelli olisi ollut sietämätön paikka.

Ylitin joen Brownsvilleen kello kolme, jossa minut otti vastaan ystäväni Ituria, joka tunnusti tehneensä paljon rahaa äskettäin puuvillakeinottelulla. Osallistuin iltapäivän paraatiin, ja näin kenraali Been, sekä everstit Luckettin, Buchelin, Duffin ja erään herran. Jälkimmäinen näistä (joka hirttu Mongomeryn), paransi tuttavuutta. Kenraali Bee otti minut mukaansa ambulanssivaunuunsa ja esitteli minut majuri Leon Smithille, joka oli kaapannut laivan Harriet Smith. Jälkimmäinen painosti minua mitä voimakkaimmin odottamaan, kunnes kenraali Magruder saapuisi ja hän lupasi, että jos teen niin, silloin minut lähetettäisiin San Antonioon ensiluokkaisilla ambulanssivaunuilla. Majuri Leon Smith oli ammatiltansa merenkulkija ja kenraali Magruder oli laittanut hänet komentamaan yhtä pienistä höyrylaivoista, jotka olivat kaapanneet Harriet Lanen Galvestonissa, kun höyrylaivojen miehistöt olivat koostuneet teksasilaisista ratsuväkisotilaista. Hän kertoi minulle, että vastarinta alukseen nousemisen jälkeen oli vähäistä; ja hän sanoi, että jos jäljelle jääneet jenkkien alukset eivät olisi epäreilusti paenneet tulitaukolipun alla, niin myös ne olisi otettu.

Harriet Lanen kaappauksen jälkeen sitä tulittivat muut alukset; ja majuri Smith kertoi minulle, että suutuksissaan hän lähetti Harriet Lanen entisen päällikön kommodori Renshawin luokse mukanaan viesti, että ellei tulitus lakkaa, niin hän tappaa vangitun miehistön. Kuultuaan tämän kommodori Renshaw räjäytti aluksensa itsensä ollessa sen mukana sen jälkeen, kun hän oli antanut muille luvan poistua. [**Suom. huom.**

Tässä oli kyse Galvestonin toisesta meritaistelusta, joka käytiin
tammikuun 1. päivä 1863. Unionin laivastoa johti kommodori
William B. Renshaw (1816–1863), joka kuoli tuossa taistelussa
aluksellaan USS Westfield.]

Huhtikuun 13. päivä (maanantai) Söin aamiaista
kenraali Been luona ja lähdin tapaamaan kaikkia Brownsvillen
ystäviäni.

McCarthy antoi minulle yhden suhde neljää
rahoistani konfederaation seteleitä. [6]

Lähdimme Brownsvillestä San Antonioon kello 11.
Kulkuneuvomme oli tilava, mutta sangen ylilastatut vaunut,
joissa oli neljä pyörää, kangaskatto, ja joita veti neljä muulia.
McCarthyn lisäksi siellä oli kolmas matkustaja nuoren kauppiaan
muodossa, joka oli uskonnoltansa juutalainen. Meille oli annettu
kaksi hevosta, joiden tehtävä oli auttaa meitä ylittämään syvä
hiekka.

Maaseutu lähdettyämme Brownsvillestä, oli aika
tasaista tien ollessa luonnollinen, jolloin se oli tehty hiekasta ja
oli hyvin pölyinen, sekä sen varrella oli paljon pieniä puita, jotka
olivat pääasiassa mesquite-puita. Sen jälkeen, kun olimme
matkanneet noin 11 kilometriä, niin pysähdyimme juottamaan
muuleja.

Kello kaksi uusi hahmo ilmestyi maastoon
eteemme vanhemman kovapintaisen, likaiselta näyttävän
miehen muodossa ratsain, jonka ratsuna oli vanha ja surkea
kaakki. Yllätyksekseni häntä puhutteli McCarthy käyttäen
"tuomarin" titteliä, ja kysyi, mitä hän oli tehnyt 25 muulle
hevoselle. Tuomari vastasi, että ne olivat murrettu ja jätetty

jälkeen. McCarthy sanoi minulle, että tämä henkilö oli todella oman alueensa hallinnoitsija tai jonkinlainen tuomari; mutta nyt hän näytti toimivan muulinkuljettajan avustajana ja siten hän teki itsestänsä yleisesti hyödyllisen. En voinut tuntea muuta kuin suurta huvittuneisuutta tällaista teksasilaista tuomaria kohtaan. Lähdimme liikkeelle taas noin kello kolme iltapäivällä ja pian eteemme tuli suuria mesquite-pensaita avoimella preerialla, joka oli noin 13 kilometrin mittainen, hyvin tyhjä ihmisistä, ja joka ei tuottanut mitään muuta kuin jonkinlaisia kasvituotteita; sen jälkeen tulimme paikkaan, jota ympäröivät kreosoottipensaat tai paksut mesquite-puut ja korkeat okaiset päärynäpuut. Nämä olivat tien vierillä ja niitä peittivät puuvillan palaset loputtomasta kuormastosta puuvillavankkureita. Kohtasimme useita näistä vankkureista. Yleensä siellä oli kymmenen härkää tai kuusi muulia vetämässä vankkureita, jotka kantoivat kymmentä puuvillapaalia, mutta syvässä hiekassa useammat eläimet olivat tarpeen. Ne matkasivat hyvin hitaasti kohti Brownsvilleä paikoista Teksasin sisämaasta ainakin yli 800 kilometrin päästä. Veden puute ja muut syyt saivat kuljettajat ja eläimet menemään läpi kovien koettelemusten.

Tuomari ratsasti edellämme hänen 'Rosinantellaan' kannustaakseen muuleja. Hänen selkänsä muistutti meitä naurettavalla tavalla Dr. Syntaxista. [**Suom huom.** Doctor Syntax oli sarjakuvahahmo, jonka loivat William Combe ja Thomas Rowlandson 1800-luvun alun Britanniassa.]

Herra Sargent, meidän tukeva kuljettajamme kannusti eläimiään jatkuvasti toistaen lausetta, "Nouskaa nyt ylös te pitkäkorvaiset hemmetin nartun pojat."

Kello viisi saavuimme kaivon luokse, jonka läheisyydessä oli maa- tai karjatila. Pysähdyimme sinne yöpymistä varten. Puuvillakuormastoa oli leiriytynyt lähelle meitä ja puolialaston kuljettaja ilmoitti meille, että kolme hänen härkäänsä oli varastettu viime yönä.

Tehdäksemme nuotion jouduimme menemään kreosoottiopensaikkoon, ja toimiessamme niin saimme useita piikkejä jalkoihimme, jotka ärsyttivät meitä suuresti myöhemmin, kun ne märkivät, jos niitä ei heti vedetty pois.

Vesi kaivolla oli hyvin suolaista ja siitä tehtiin mitäänsanomatonta kahvia. McCarthy kutsui sitä "ikävimmäksi pysähtymispaikaksi, jonka kohtaisimme."

Kello kahdeksalta McCarthy levitti härännahkamaton hiekkaan lähelle vaunuja, jonka päällä nukkuisimme hyvin mukavasti, jos ei olisi ollut piikkejä, kirppujen toimintaa ja villien sikaeläinten hyökkäyksiä. Herra Sargent ja tuomari suurella mielenrauhalla olivat leiriytyneet noin 70 metrin päähän ja jättäneet meille velvollisuuden ajaa pois nämä porsaat. Kaksi kertaa minut herätti yksi näistä likaisista eläimistä hengittämällä kasvoilleni.

Olimme matkanneet sinä päivänä noin 34 kilometriä.

[6] Konfederaation paperirahan arvo oli sitten laskenut. Charlestonissa minulle tarjottiin yhden suhde kuutta suhteessa rahoihini ja Richmondissa yhden suhde kahdeksaa.

Huhtikuun 14. päivä (tiistai) Kun nousimme ylös kello neljä, niin huomasimme, että vaatteemme olivat kastuneita voimakkaan aamukosteuden takia; sen lisäksi huolimatta ponnisteluistamme siat olivat hotkineet suurimman osan vuohenlihastamme, joka oli ainoaa mukanamme ollutta tuoretta lihaa.

Sen jälkeen, kun vuohet oli ruokittu intiaanien viljalla, jota oli mukanamme ja olimme juoneet hieman suolavedestä tehtyä kahvia, niin tuomari "nousi ylös" ja lähdimme liikkeelle noin kello 5.30 aamulla. Maasto oli samanlaista kuin eilen; paljon hiekkaa, mesquite-puita ja ohdakkeisia päärynäpuita.

Kello 7.30 saavuimme "Leatham´s ranchille" ja juotimme muulimme. Kun kerran siellä vesi oli siedettävää, niin täytimme vesitynnyrimme. Pesin myös kasvoin, jonka tapahtuman aikana herra Sargent ilmaisi suurta ihmetystä, jonka kanssa oli halveksuntaa.

Leathamin luona kohtasimme vauraan teksasilaisen keinottelijan ja rakennuttajan majuri tai tuomari Hartin.

Sain selville, että tuomarimme oli myös parlamentin jäsen ja, että hänen toimissaan Teksasin lainsäädännössä hän oli oikeutettu puhuteltavaksi kunnianarvoisaksi herraksi.

Kello 9 pysähdyimme keskelle preeriaa, jossa oli hieman ruohoa muuleille, ja valmistauduimme syömään. Keskellä ruuanlaittoamme kaksi peuraa tuli aika lähelle meitä ja olisimme voineet helposti tappaa ne kivääreillä.

Näimme useita rottien pesiä, jotka olivat kuin suuria myyränkoloja, jotka oli rakennettu lehmän ulosteesta, tikuista ja maasta rottien toimesta.

Herra Sargent, kuljettajamme, oli hyvin karkea; hän oli lihava keski-ikäinen mies, joka ei koskaan puhunut kiroilematta tiukan amerikkalaisesti luonteensa mukaan. Hän ja tuomari olivat aina ärisemässä toisillensa ja kumpikin heistä oli hyvin persoja alkoholille.

Elimme pääasiassa pekonilla ja kahvilla, mutta niin vesi kuin pekoni kumpikin olivat hyvin suolaisia, joka oli hyvin epämukavaa. Meillä oli mukanamme jonkin verran kuivaa punaviiniä ja paljon brandya.

Keskipäivällä herra Sargent pysähtyi tapansa mukaan jäähdyttelemään riisumalla housunsa, ja ahmittuaan ruokansa hän asettui makuulle ja antoi käskynsä muuliensa kohtelusta tuomarille.

Kello 2.30 iltapäivällä muulit sidottiin taas kiinni ja 2.45 saavutimme meren suolavetisen lahden, jonka nimi oli "Aroyo del Colorado", joka oli noin 80 metriä leveä, jonka ylitimme lossilla. Puoli tuntia myöhemmin "kohtasimme vettä" taas, joka oli parempaa kuin Leathamin vesi, joten täytimme sitä mukaamme.

Olimme jatkuvasti sivuuttaneet puuvillakuormastoja matkalla Brownsvilleen ja ohittaneet hallituksen vankkureita, jotka kuljettivat huoltotarvikkeita sisämaahan. Melkein jokainen kaivo oli pienellä maa- tai karjatilalla, jonka pientä puista rakennusta ympäröi pieni viljelmä. Kaikki alkuasukkaat puhuivat espanjaa ja heillä oli meksikolaiset vaatteet.

McCarthy oli hyvin ylpeä tiedoistansa maasta huolimatta siitä, että hän oli usein väärässä laskelmissaan. Yksi polku oli niin samanlainen toisen kanssa, että niiden suhteen saattoi helposti erehtyä.

Kello 4.45 pysähdyimme paljon parempaan paikkaan kuin eilen. Jouduimme pysähtymään paikkaan, jossa oli hieman ruohoa muuleillemme.

Heti, kun olimme tehneet valmistelut yöpymistä varten, niin kuusi Texas Rangeriä "Woodin" rykmentistä ratsasti meitä kohti. He olivat hyvin maalauksellisia hahmoja; pitkiä, laihoja ja rähjäisiä, mutta tavoiltansa he olivat hyvin herrasmiesmäisiä.

Nukuimme aina avomaastossa, kunnes saavuimme San Antonioon ja huomasin, että turkkilainen lyhtyni oli mitä hyödyllisin yöllä. [7]

[7] Lyhty kynttilää varten, joka oli tehty pellavasta ja naruista, joka voitiin laittaa kasaan, kun sitä ei käytetty. Niitä käytetään aina Konstantinopolin [**Suom. huom.** Istanbul] kaduilla. Teksasilaiset ihailivat sitä suunnattomasti.

Huhtikuun 15. (keskiviikko) Nukuin hyvin viime yön huolimatta silmien nykimisestä, ja kirpuista ja lähdimme liikkeelle aamulla kello 5.30. Ohitettuamme kuolleen kalkkarokäärmeen, joka oli yli kahden metrin mittainen, saavuimme veden ääreen kello seitsemältä.

Kello 9 aikaan näimme kenraali Magruderin kulkueen ohittavan meidät kulkien rinnakkaista polkua noin 800 metrin päässä. McCarthy ja minä hyppäsimme pois vaunuista ja juoksimme preerian poikki pysäyttämään hänet, jonka onnistuimme tekemään lainaamalla varahevosta kuormastomme viimeiseltä mieheltä.

Laukkaisin eteen ja löysin kenraalin ratsastamassa naisen kanssa, joka esiteltiin minulle olevan rouva X, joka oli kiistämättä kaunis nainen ja Magruderin esikunnan upseerin vaimo ja hän oli luonnollisesti kaikkien komeiden upseerien, jotka olivat kenraalin kanssa, huomion kohde, kun he kulkivat tuon aavikon poikki.

Kenraali Magruder, joka komentaa Teksasia, on hyvä sotilaallinen mies, joka oli iältänsä noin 55-vuotias, ja jolla oli leveät olkapäät, punakka olemus ja kirkkaat silmät. Hänellä oli pulisongit ja viikset englantilaiseen tapaan, ja hän oli pukeutunut konfederaation harmaaseen univormuun. Hän oli riittävän ystävällinen pyytämään, että kääntyisin ympäri ja liittyisin hänen kiertueeseensa ympäri Teksasia. Hän oli kuullut saapumisestani ja oli täysin päättäväinen, että minun pitäisi toimia tuolla tavalla. Hän kyseli useiden rykmenttini upseerien perään, joista hän oli kuullut, kun hän oli ollut Kanadan vastaisella rajalla. Hän oli Virginiasta, vilkas puhuja ja hän oli aina ollut merkittävä ystävä englantilaisille upseereille.

Hän pyysi, että McCarthy ja minä kääntyisimme ympäri luvaten meille hevoset, joilla saisimme kiinni herra Sargentin.

Sen jälkeen, kun olimme suostuneet tähän, niin minulla oli pitkä ja sopuisa keskustelu kenraalin kanssa, joka puritaaneista suurella inholla ja heidän ensimmäisestä saapumisestaan ”vitsausmaisena Mayflowerin miehistönä;” mutta hän ei missään mielessä ollut kaunainen yksittäisiä jenkkejä kohtaan. Hän puhui hyvin myötämielisesti McClellanista, jonka hän tiesi olevan herrasmies, älykäs ja henkilökohtaisesti rohkea, vaikka häneltä saattoikin puuttua moraalista rohkeutta kohdata vastuu. Magruder oli komentanut konfederaation joukkoja Yorktownissa, jossa hän oli vastustanut McClellanin etenemistä. Hän kertoi minulle erilaisista juonista, joita hän oli käyttänyt sokeuttaakseen ja hämätäkseen tätä hänen (Magruderin) miesvahvuudesta; ja hän puhui suuresta helpotuksesta ja huvittuneisuudesta, jota hänellä oli ollut nähdessään McClellanin mahtavan armeijansa kanssa alkavan hajota mitättömien linnoitteiden edessä, joita puolusti 8000 miestä. Hooker oli hänen rykmentissään ja oli tosiasiassa "ilkeä mies ja valehtelija." Leestä ja Longstreetistä hän puhui mitä ihailevimmin.

Magruder oli tykkimies ja oli ollut paljon Euroopassa; ja tultuaan sijoitetuksi pitkäksi aikaa Kanadan vastaiselle rajalle, niin hän oli oppinut tuntemaan useita brittiläisiä upseereita, etenkin niitä, jotka kuuluivat 7. husaarirykmenttiin ja kaartiin.

Hän oli saanut paljon tunnustusta aikaisemmasta menestyksestänsä Galvestonissa ja Sabine Passissa, jossa hänellä oli ollut rohkeutta hyökätä vahvasti aseistautuneita sota-aluksia vastaan surkeilla jokihöyrylaivoilla, joiden miehistönä oli teksasilaisia ratsumiehiä.

Hänen tärkein syynsä vierailla Brownsvillessä oli ratkoa puuvillakauppaan liittyviä asioita. Hän oli antanut määräyksen, että puolet vientiin menevän puuvillan arvosta käytettäisiin tuontiin oman maan (hallituksen varastojen) hyväksi. Presidentti oli tuominnut sellaisen käskyn laittomaksi ja itsevaltaiseksi.

Magruderin esikunnan upseerit olivat erittäin komeita ja herrasmiesmäisiä miehiä. Heidän nimensä olivat

majuri Pendleton, majuri Wray, kapteeni de Ponté, kapteeni
Alston, kapteeni Turner, everstiluutnantti McNeil, kapteeni
Dwyer, tohtori Benien, luutnantti Stanard, luutnantti Yancey, ja
majuri Magruder. Jälkimmäisin näistä oli kenraalin veljenpoika ja
erittäin komean näköinen nuori mies. He kaikki olivat erittäin
hyvissä väleissä päällikkönsä kanssa ja erittäin mukavaa seuraa.
Lounaalla minut laitettiin kunniavieraan paikkaan, josta oli aina
kamppailtu kovalla katkeruudella eli rouva X:n oikealle puolelle.
Lounaan jälkeen lauloimme useita lauluja. Niin kenraali kuin
hänen veljenpoikansa lauloivat; niin teki myös kapteeni Alston,
jonka pullea keho oli kuitenkin liikaa heikolle leirin tuolille, joka
sai aikaan hänen yllättävän poistumisen laulusta kovalla
mätkähdyksellä. Kapteeni Dwyer soitti viulua erittäin hyvin ja
ikääntynyt, sekä hieman ylennetty nostoväen kenraali pui nyrkkiä
ja piti useita "tyylikkäitä" puheita. Jälkimmäinen oli
kovakasvoinen vanha sankari ja hänet tunnettiin nimellä
McGuffin. Näissä juhlallisissa tapahtumissa kenraali
Magruderilla oli punainen villalakki ja hän täytti presidentin viran
suurella taidolla.

Kello oli 11.30 ennen kuin pystyin poistumaan
tästä ystävällisestä joukosta; mutta vaikutin poistumiseeni
keskellä ystävällisiä ilmaisuja ja lisättynä suurella määrällä
esittelykirjeitä.

Huhtikuun 16. (torstai) Nyt alkoivat vaikeutemme.
Istuessamme meksikolaisissa satuloissa ja luisevien mustangien
selässä, joiden energisyyttä oli hyvin paljon heikentänyt
kuukauden tasainen liikkuminen huonolla ruualla, niin McCarthy
ja minä jätimme vieraanvaraisen kokousteltan suunnilleen
keskiyöllä ja aloitimme herra Sargentin ja hänen kärrynsä
etsimisen. Meillä oli oppainamme kaksi Teksas rangeria.

Päivän sarastaessa ratsastimme saaden näkyviin
"Los Anomosin", kurjan maatilan, jonka ympäristössä herra
Sargentin oletettiin yöpyneen; mutta mistään emme löytäneet
mitään jälkiä hänestä.

Olimme nyt saavuttaneet ankean alueen, jonka
laajuus oli melkein sata kilometriä, ja joka tunnettiin nimellä
"The Sands", johon verrattuina preeria ja chapparal-kasvillisuus
olivat ylellisyyttä.

Hiekka oli syvää ja tuuli oli kova, joten emme
pystyneet jäljittämään kärryjä; mutta niin pian olimme saaneet
varmuuden, että meidän petollinen ajomiehemme oli purkanut
leirinsä jättäen meidät jälkeensä.

Kuljeskelimme hiekassa kiroten huonoa
onneamme, kiroten herra Sargentia ja jopa hyvää Magruderia,
joka oli epäsuorasti vastuussa kurjuudestamme. Tilanteemme
oli tosiaan riittävän surkea. Olimme ilman ruokaa tai vettä
keskellä aavikkoa; niin olivat myös hevosemme, jotka olivat
melkein kulutettuja loppuun. Luillemme aiheuttivat kipua
meksikolaiset satulat; ja täydentääkseen kurjuuttamme kaksi
rangeria alkoivat tulla levottomiksi ja puhua palaamisesta
hevosten kanssa. Tässä kurjuutemme huipentumassa
onneksemme kohtasimme meksikolaisen, joka antoi meille
tietoa vaunuistamme; ja uusiutuneella hengellä, mutta hyvin
huterilla hevosilla lähdimme takaa-ajoon.

Mutta koskaan eivät herra Sargentin muulin
kävelleet sellaista vauhtia ja ennen aamu yhdeksän aikaa
saavutimme ne. Eläimeni oli ollut kahdesti naamallaan ja
McCarthy oli vihreä kasvoiltansa väsymyksestä ja raivosta. Herra
Sargent otti meidät vastaan mitä ystävällisimmin; ja olimme

riittävän järkeviä, että emme riidelleet hänen kanssaan, vaikka McCarthy oli tehnyt monia vihjauksia, että olisi viisasta ampua hänet.

Olimme olleet yhdeksän ja puoli tuntia satulassa ja olimme hyvin väsyneitä. Meidän nyrpeät teksasilaiset oppaamme tyydytettiin pekonilla, kahvilla ja viiden taalan kolikolla.

Pysähdymme kello kahteen asti ja sitten jatkoimme kamppailuamme mennä läpi hiekkaisen erämaan; mutta vaikka tuomarin hevosen apua käytettiin, niin emme pystyneet etenemään kuin kolmisen kilometriä tunnissa.

Muulien ajaminen on taito itsessään ja herra Sargent pitää sitä oikeutetusti ammattinaan.

Hän oli aina huutamassa; yleensä kiroten puoliksi vakavasti ja puoliksi koomisesti. Hän harvoin piiskasi muulejaan; mutta kun yksi niistä sai aikaan hänessä suuttumusta laiskuudellansa, niin hän huusi, "Tule tänne tuomari ison nuijan kanssa ja piiskaa sitä hemmetisti." Kun eläin sai sellaista kuritusta, jolloin tuli tuomarin ideana helvetillisiltä alueilta, niin herra Sargent yleisesti huomautti, "Toivon, että olisit setä Abe, jolloin laittaisin sinut liikkumaan, sinä Jumalan hylkäämä nartun poika." Hänen ajatuksensa täydellisestä tyytyväisyydestä näytti olevan herrojen Lincoln ja Seward [**Suom. huom.** William H. Seward (1801–1872) oli presidentti Lincolnin ulkoministeri ja myöhemmin vuonna 1867 hän oli vastuussa Alaskan ostamisesta, jota kutsuttiin Sewardin pakastimeksi.] laittaminen aisoihin kirjaimellisesti. Muulit kulkivat paljon paremmin, kun toiset muulit ovat niiden edessä; ja toinen keino, johon herra Sargent jatkuvasti turvautuu, on lyödä kärryjen yläosaa ja potkia astinlautaa, joka saa aikaan meteliä ja ilahduttaa muuleja niin paljon kuin niiden nuoleminen. Herra Sargent koskien hänen inhimillisyyttänsä sanoi, "On huonoin idea maailmassa nuolla mustia tai muuleja, sillä mitä enemmän nuolet niitä, niin enemmän ne pitävät siitä."

Olimme saavuttaneet tai "iskeneet" veteen kello 5.30 iltapäivällä; mutta huolimatta tuon veden hyvästä maineesta se oli niin suolaista, että se oli tuskin juotavaa. Useita puuvillavankkureita ja kolmet vaunut, jotka kuuluivat herra Wardille, niin olivat myös leiriytyneet kanssamme.

Sinä päivänä matkasimme vain noin 25 kilometriä.

Huhtikuun 17. (perjantai) Vietettyäni viime yön meksikolaisessa satulassa meidän härännahkamattomme hiekassa vaikutti mitä ylellisimmältä sängyltä.

Heräsimme kello viideltä ja saavuimme veden luokse kello yhdeksältä, jolloin vaikka vesi vaikutti mutaiselta, niin se ei ollut niin pahanmakuista juoda.

Kävelin edellä tuomarin kanssa, joka kun oli selvä, niin oli hyvin perillä asioista ja oli hyvin järkevä mies. Herra Sargent ja minä olemme hyviä ystäviä ja vaikka hän onkin karkea, niin tulemme toimeen hyvin yhdessä.

Herra Ward kolmen kärryn kanssa; joka on herra Sargentin kilpailija; matkusti kanssamme. Hän ajoi kärrynsä puuta päin, jonka seurauksena se kaatui, jolloin tämä ilahdutti suuresti jälkimmäistä.

Söimme aamiaisemme vaikeissa olosuhteissa. Tuuli oli kova, jolloin se ajoi hiekkaa ylös pilviksi ja pilasi ruokamme.

Matkakumppanimme, herra X; oli surkea ja heikko pieni juutalainen, mutta hyvin kohtelias, vaikka hän puhuikin kauhealla jenkkikorostuksella, josta herra Sargent ja tuomari olivat vapaita.

Menimme takaisin kello kaksi. Minulla oli ollut pitkä keskustelu mulattiorjanaisen kanssa, joka ajoi yhtä Wardin vaunuista. Hän kertoi minulle, että hänet oli kasvatettu Tennesseessä ja kolme vuotta sitten hänet oli otettu omistajaltansa pahan velkaantumisen takia. "Kumpikin", nainen sanoi, "itki katkerasti erossa." Hän ei pitänyt San Antoniosta yhtään, "liian paljon hirttäjäisiä ja murhia minulle," hän sanoi. Hän oli nähnyt miehen tulevan hirtetyksi keskellä päivää juuri hänen ovensa edessä.

Herra Sargent osti kaksi kanaa ja joitakin munia maatilalta, mutta toinen kanoista pääsi ylös puuhun ja sen sai kiinni syöden sen Wardin porukka. Leirimme sinä iltana näytti hyvin kauniilta nuotioiden valossa.

Huhtikuun 18. (lauantai) Aamulla huomasimme kauhuksemme, että kolme muuleistamme oli poissa; mutta tunnin etsinnän jälkeen tuomari toi ne takaisin voittoisasti.

Tämä viivytti lähtöämme kello puoli seitsemään aamulla.

Kävelin edellä taas tuomarin kanssa, joka selitti minulle, että hän oli "senaattori" tai Teksasin ylähuoneen jäsen; "juuri niin kuin teidän ylähuoneenne", hän sanoi. Hän sai viisi taalaa päivässä ollen virassaan ja hänet oli valittu neljäksi vuodeksi. [8]

Tulimme veden ääreen kello 8.30 ja ostimme lampaan dollarilla. Saimme myös jonkin verran pihvilihaa, joka tässä maassa oli kuivattua suikaleina auringossa sen jälkeen, kun se oli leikattu härältä, ja sitä oli pidetty hyvin eri mittaisina. Sen keittämiseksi suikaleet heitettiin muutamaksi minuutiksi kuumiin kekäleisiin.

Yhtä muuliamme potkaistiin viime yönä. Herra Sargent hieroi haavaa brandylla, joka paransi sitä paljon.

Pian lähdettyämme tältä kaivolta herra Sargent huomasi, että seuraamalla herra Wardin vankkurien jälkiä hän oli joutunut eksyksiin. Hän kirosi pelottavasti ja lohdutti itseään ginillä niin paljon, että kun saavuimme Sulphur Creekiin kello 12.30, niin hän ja tuomari olivat heidän omien tunnustuksiensa mukaisesti aika juovuksissa.

Pysähdyimme, söimme jonkin verran suolattua lihaa ja kylvimme tässä purossa, joka oli noin nelisenkymmentä metriä leveä ja metrin verran syvä.

Herra Sargentin äärimmäinen ”humala” sai hänet vaipumaan uneen vaunussaan, kun lähdimme taas liikkeelle, mutta kokeneempi tuomari ohjasi muuleja.

Merkit poispääsemisestä hiekka-alueelta alkoivat nyt olla selviä; ja kello viisi pystyimme pysähtymään hyvin mukavaan paikkaan, jossa oli ruohoa, mutta ei vettä. Kärsimme siellä vedenpuutteesta, sillä varastomme oli melkein kulutettu loppuun.

Herra Sargent, joka oli nyt sangen selvä, niin tappoi lampaan mitä tieteellisimmin kello 5.30 iltapäivällä; ja kello 6.30 olimme tosiasiassa syömässä sitä ja huomasimme, että se oli erittäin hyvää. Herra Sargent keitti sen yksinkertaisesti paistamalla se paistinpannulla, mutta meillä oli juuri riittävästi vettä toimia niin.

[8] Myöhemmin kerrottiin, että tuomarin virkakausi oli päättynyt. El Paso oli ollut hänen vaalipiirinsä.

Huhtikuun 19. (sunnuntai) Kello yksi sinä aamuna untamme härkämatolla häiritsi yllättävä ja mitä voimakkain ukkosmyrsky. McCarthy ja minä ehdimme juuri ajoissa ryntäämään vaunuun ja laittamaan tavaramme sen alle, kun alkoi sataa rankasti.

Menimme sisään pienen juutalaisemme kanssa (joka oli hyvin huolissaan ukkosesta); kun taas herra Sargent ja tuomari ryömivät vaunun alle.

Sade kesti kaksi tuntia, ja päivänvalossa pystyimme virkistäytymään juomalla vettä lammikoista ja tekemään lähtöä.

Mutta kohtalo oli vastoin etenemistämme. Heti, kun olimme päässeet pois hiekasta, niin törmäsimme mutaan, joka oli vielä pahempaa.

Kamppailimme siinä kello 11.30 asti, jolloin olimme päässeet ”King´s Ranchin” luokse, josta oli kuullut päivien ajan puhuttavan eräänlaisena paratiisina, kun se merkitsi hiekan loppumista ja suhteellisen sivistyksen alkamista.

Pysähdyimme talon eteen, ja sen jälkeen, kun olimme tehneet ruokaa ja syöneet, niin kävelin "ranchille", joka oli mukava ja hyvin varustettu puinen rakennus.

Herra ja rouva King olivat menneet Brownsvilleen; mutta meidät otti vastaan rouva Bee, joka oli Brownsvillen kenraalin vaimo, ja joka oli kuullut, että olin tien päällä.

Hän oli eloisa pieni nainen, kuuma etelävaltiolainen, joka iloitsi siitä tosiasiasta, että hänellä ei ollut pohjoisia sukulaisia tai ystäviä, sekä siitä, että hän oli Englannin kirkon jäsen.

Herra King tuli ensimmäisenä Teksasiin höyrylaivan kapteeniksi, mutta nyt omisti valtavan laajan maa-alueen, jolla oli 16000 päätä karjaa, joka oli kuitenkin sijoitettu villille ja melkein asuttamattomalle alueelle. King´s Ranch oli Brownsvillestä vain noin 200 kilometrin päässä ja olimme käyttäneet kuusi päivää päästäksemme sinne.

Sen jälkeen, kun olimme kuivanneet vaatteemme viime yön sateesta, niin lähdimme taas liikkeelle kello 2.30.

Saavuimme nyt rajattomalle ja mitä viljavimmalle preerialle, jossa niin pitkälle kuin silmä kantaa, niin oli karjaa laiduntamassa.

Härät ja lehmät, hevoset ja tammat tulivat katsomaan meitä, kun ohitimme ne. Ne kaikki näyttivät hoikilta ja hyväkuntoisilta, silti ne eivät saaneet mitään muuta kuin mitä preerialta löysivät.

Näin miehen hevosen selässä tappavan jäniksen revolverillaan. Näin myös skorpionin ensimmäistä kertaa.

Pysähdyimme kello 5.30 iltapäivällä ja teimme nuotiomme pääasiassa lehmänlannasta, sillä puu oli hyvin harvinaista tällä preerialla.

Luovutimme tuomarin hevosen King´s Ranchille. Lainsäätäjä ratsasti sen jälkeen vaunussa herra Sargentin kanssa.

Huhtikuun 20. päivä (maanantai) Nukuin hyvin viime yön huolimatta useista kojooteista, jotka olivat ympärillämme pitäen mitä kurjinta metakkaa.

Juutalainen oli taas sairaana, mutta niin herra Sargent kuin tuomari olivat hänelle hyvin ystävällisiä; niin myös oli McCarthy, joka sanoi, että sellainen henkilö oli kykenemätön puolustamaan itseään ja oli sairaana, niin kuin tämä pieni juutalainen, niin sai aina ystävällistä kohtelua ja myötätuntoa jopa Teksasin villeimmissä osissa.

Lähdimme liikkeelle aamulla kello viisi ja jouduimme menemään läpi jonkin verran hirvittävää mutaa; herra Sargent oli todella huonolla tuulella ja käytti pelottavaa kieltä.

Meitä paljon viivästytti tämä epäonninen sade, joka oli muuttanut hyvät tiet jorpakoiksi. Huomasimme kalkkarokäärmeen ryömivän siellä sinä aamuna, mutta niitä ei ollut tässä osassa maata enää niin paljoa kuin niitä oli ollut aikaisemmin.

Pysähdyimme kello 9 ja teimme nuotion ruuanlaittoa varten asettaen rottien keon tuleen, joka syttyikin hyvin; mutta yksi iso rotta, jota ärsytti toimemme, niin tuli nopeasti ulos pesästänsä ja melkein hyppäsi paistinpannulle.

Kaksi Texas rangeriä, jotka kuuluivat Taylorin rykmenttiin, niin ratsastivat luoksemme, kun olimme nauttimassa aamiaistamme. Näillä rangereillä oli valtavimmat kannukset, mitä olin koskaan nähnyt.

Jatkoimme matkaamme kello 12.30 ja saavutimme puron [9], joka oli nimeltänsä "Agua Dulce" kello 2. McCarthy ja minä menimme edeltä keräämään ruokaa joistakin majoista läheltä. Keräsimme kaksi tusinaa munia ja jonkin verran ihraa, mutta palatessamme tielle huomasimme, että herra Sargent oli toiminut itselleen tavanomaisella tavalla jättäen meidät pulaan.

Pystyin onneksi saamaan kiinni meksikolaisen pojan ja ratsastaman puron ylitse hänen ratsunsa takaosissa. McCarthy pakotti mustan laskeutumaan ratsailta ja niin pääsimme ylitse.

Pysähdyimme iltapäivällä kello viisi.

Pimeyden jälkeen McCarthy ylitti preerian vieraillakseen eräiden ystäviensä luona, jotka olivat leiriytyneet alle kilometrin päähän. Hän eksyi paluumatkalla ja vaelteli ympäriinsä useita tunteja. Tuomari suurella mielenrauhalla piti yllä tulta ja hän löysi lopulta meidät.

Kuumuus kello yhdeksältä kahteen oli aika ankaraa, mutta Teksasissa on yleensä viileä merituuli, joka tekee siitä siedettävää.

[9] Kaikkia puroja tai jokia kutsutaan sanalla creek ja se lausutaan "criks."

Huhtikuun 21. päivä (tiistai) Lähdimme liikkeelle kello viisi aamulla ja saavuimme kylään nimeltänsä "Casa

Blanca" kello kuusi. Hankimme nuoren vuohen, jonkin verran maissia ja kaksi kukkoa tästä ympäristöstä.

Olimme nyt päässeet pois tasaisesta maastosta ja olimme tulleet kumpuilevaan tai "aaltoilevaan" maastoon, joka oli täynnä kunnioitettavan kokoisia eläviä tammia ja olimme myös pois mudasta.

Herra Sargent ja tuomari olivat taas päissään noin kello kahdeksan, jolloin kuitenkin sillä oli suotuisia vaikutuksia nopeuteemme. Laskeuduimme kukkuloilta kovaa vauhtia tai niin kuin herra Sargent ilmaisi asian, "Mennen kuin helvettiin kuumentamaan puun tuohta."

Me "saavuimme" pienelle purolle; ja ylitettyämme sen, niin herra Sargent ja tuomari laittoivat ruokaa toisilleen, jolloin herra Sargent tappoi ja keitti vuohen käyttäen veistäni siihen toimeen. Vaikka hänessä oli vikansa, niin hän oli varmasti taitava teurastaja, kokki ja muulinajaja. Hän piti hyvää huolta eläimistänsä ja oli huolellinen ilmoittaessaan meille nopeuden kasvamisesta, jotta emme nauttisi giniä.

Hän oli hyvin kohtelias minulle, sillä toimin avustavana kokkina ja teurastajana.

Herra Wardin ryhmä ohitti meidät noin kello yksi iltapäivällä. Hänen kärrynsä eturenkaiden tultua murskatuiksi niin se oli yhden hänen vankkurinsa perässä.

Meillä oli aika hyvä iltapäiväajo läpi tammisen metsän, jossa näimme toisen kalkkarokäärmeen, jota koetimme ampua.

Pysähdyimme Spring Creekille kello 6.30; vesi oli aika lailla murtovettä, eikä siellä ollut mitään ruohoa muuleilla.

Tuomari kertoi meille joitakin kokemuksiaan jarrutuspuheistaan politiikassa. Hän sanoi, että hyvin keitetty haisunäätä on yhtä hyvää syödä kuin sika ja, että paistettu kalkkarokäärme ei ole niin pahaa kuin voisi olettaa. Teksasilaiset kutsuivat meksikolaisia "rasvaajiksi" [**Suom. huom.** englanniksi greaser], kun taas nämä kutsuivat teksasilaisia "gringoiksi".

Elimme nyt ylellisesti munilla ja vuohen lihalla; ja luulen, että etenimme noin 51 kilometriä tänä päivänä.

Huhtikuun 22. päivä (keskiviikko) Lähdimme liikkeelle kello viisi aamulla, jolloin muulit näyttivät aika pahanilkisiltä siksi, että ne eivät olleet saaneet ruohoa.

Kello kahdeksan saavuimme Nueces-joelle, jonka rannat olivat aika jyrkät ja jonka rantoja rajasivat kauniit vyöhykkeet tammimetsää, joita peittivät mustangiköynnökset [**Suom. huom.** Vitis mustangensis].

Toisella puolella Nueces-jokea oli "Oakville", joka oli surkea kylä, jossa oli noin kaksikymmentä puista mökkiä. Ostimme sieltä jonkin verran voita ja saimme kiinni Wardin vankkurit. Naiset Oakvillessä olivat mitä innokkaimpia ostamaan nuuskaa. Näytti siltä, että teksasilaisilla naisilla oli tapanaan kastaa nuuskaa; joka tarkoittaa sitä, että he laittoivat sitä suuhun nenän sijaan. He hieroivat sitä hampaitaan vastaan tylsällä tikulla.

Saavuimme ruohon ääreen noin kello kymmenen ja olimme siellä keskipäivän, sillä sää oli hyvin koettelevaa; hyvin helteistä ilman auringonpaistetta tai tuulta.

Jatkoimme kello 1.15; Wardin vankkurit olivat edessämme ja ranskalaisen neljän hevosen tiimi takanamme. Kello neljä saavuimme "Weedyn" luokse, jonka puro oli suruksemme täysin kuivunut. Jatkoimme matkaa seitsemään asti ja pysähdyimme jonkin hyvän ruohon luokse. Siellä oli ilmoitus vedestä läheisyydessä, jolloin herra Sargent, tuomari, Ward ja ranskalaismies alkoivat etsiä; ja kun he lopulta löysivät, niin kyseessä oli pieni mutainen kuoppa ja tästä näytti syntyneen katkera riita vedestä, jolloin tuomari palasi luoksemme mutaisena ja hänen olemuksensa oli hyvin allapäin. Pian tämän jälkeen herra Sargent ilmaantui niin pahantuulisena, että hän kieltäytyi keittämästä, juomasta tai tekemästä mitään muuta kiroili ankarasti.

Tämän oikuttelun takia meiltä evättiin vuohenliha, jolloin jouduimme syömään vanhaa kinkkua ja hyvin pilaantunutta leipää.

Kohtasimme useita puuvillakuormastoja ja hallituksen vankkureita tänään ja luulen, että etenimme noin 54 kilometriä.

Huhtikuun 23. (torstai) Ovela herra Sargent ajoi eläimensä alas mutakuoppaan viime yönä ja niin otti varaslähdön suhteessa Wardiin.

Vuohemme liha oli pilaantunut, joten heitimme sen pois aamulla. Lähdimme liikkeelle kello 5.30 ja saavutimme "Rockyn" kello 7.30, mutta ennen sitä kaksi Wardin hevosta olivat "romahtaneet", joka täysin palautti kuljettajamme hyväntuulisuuden.

Rocky koostui kahdesta mökistä keskellä kivistä maastoa; ja noin mailin päästä siitä saavutimme lammikon, jossa juotimme muulejamme ja täytimme tynnyrimme. Vesi oli hyvin mutaista katsoa, mutta se ei ollut pahaa juoda.

Muulit olivat laiskoja tänään; ja herra Sargent oli pakotettu täyttämään ämpärinsä kivillä ja satunnaisesti heittelemään kohti johtomuuleja.

Kello kahdeksalta saavuimme avoimelle kumpuilevalle preerialle ja pysähdyimme kello 10.30. Herra Sargent ja minä tapoimme ja keitimme kaksi kukkoamme.

Hän oli tehnyt minulle kunniaa kutsuessaan minua ”oikein hyväksi kumppaniksi tiellä.” Hän myös kertoi minulle, että yhteen aikaan hän piti hotellia El Pasossa; eräänlaista puolimatkan krouvia mantereen poikki menevällä reitillä Kaliforniaan; ja oli nopeasti rikastumassa, kun sota täysin sai hänet vararikkoon. **[Suom. huom.** Ensimmäinen rautatie mantereen (eng. First Transcontinental Railroad) poikki Kaliforniaan valmistui 1869 ja se oli paljon pohjoisempana kuin Teksasissa.] Tästä johtui hänen vihamielisyytensä ”setä Abea” kohtaan. [10]

Lähdimme taas liikkeelle kello 3 ja mentyämme läpi jonkin verran syvää hiekkaa, niin pysähdyimme yöksi vain 38 kilometrin päähän San Antoniosta. Ei ollut maissia tai vettä, vain paljon ruohoa, ruokamme myös oli nyt täysin kulutettu. Herra Ward kamppaili kello 8.15 epätoivoisesti pysyäkseen mukanamme, ja tämä kilpailu Sargentin ja hänen välillään oli hyvästä palvelusta.

Tämä oli viimeinen yömme leiriytyessä ja tunsin melkein olevani pahoillani siitä, sillä olin nauttinut matkasta huolimatta sen vaikeuksista. Maasto, jonka läpi olimme kulkeneet, niin oli mitä hedelmällisintä ja tuottavinta (ainakin viimeisen 240 kilometrin matkalta), jos ei olisi ollut suurta epäsäännöllisyyttä vuodenajoissa. Joskus siellä tuskin satoi kahteen tai kolmeen vuoteen.

[10] Kenraali Longstreet muisti niin Sargentin kuin tuomarin erittäin hyvin, ja hän oli hyvin huvittunut kokemuksistani näiden herrasmiesten kanssa. Kenraali Longstreet oli ollut majoitettuna Teksasin rajamaille pitkän aikaa, kun hän oli vanhassa armeijassa. (elokuussa 1863) [**Suom. huom.** Kenraali James Longstreet (1821–1904) oli palvellut Teksasissa vuosien 1846–1848 Meksikon sodan jälkeen huoltopäällikkönä kymmenkunta vuotta.]

Huhtikuun 24. (perjantai) Lähdimme liikkeelle kello 4.15 ja McCarthyn avustamana onnistuimme eksymään; mutta kello 6.15 kuulimme kovan huudon kuskinpukilta, "Eläköön helvetisti! Kuka pelkää tulta?" huusi herra Sargent, joka oli saanut näkyviinsä Greyn ranchin.

Ostettuamme jonkin verran munia ja maissia sieltä, niin ylitimme San Antonio-joen syvän pohjan. Sen rannat olivat hyvin jyrkät ja kuvaukselliset.

Pysähdyimme heti sen jälkeen antaaksemme muuleille tunnin aikaa syödä. Nainen oli murhattu läheisellä ranchilla jonkin aikaa sitten, ja viisi pahantekijää oli teloitettu San Antoniossa oman käden oikeuden kautta epäilyksien perusteella.

Ylitimme Selado-joen kello 11 ja keskipäivällä olimme sen läheisyydessä.

Herra Sargent ja tuomari joivat ginin loppuun; ja aikaisempi heistä ollen aika juovuksissa viihdytti meitä kuvaillen yksityiskohtaisesti, miten hän kohteli itsepäistä mustaa tyttöä, joka hänen oman kuvauksensa mukaan täytyi olla hyvin ankaraa. Tämä kertomus suuresti inhotti McCarthya. [11]

Kylvettyämme Selado-joessa herra Sargent päättäväisenä voittaa Ward meni kohti San Antoniota; ja saavuimme Mengerin hotellin eteen kello kolme, jolloin muulit ovat melkein kuolemanväsyneitä; kuljettajamme oli täyttänyt lupauksensa "saada pitkäkorvaiset hevosensa ulvomaan."

Myöhemmin päivällä kävelin katuja pitkin McCarthyn kanssa hänen kauppaansa, joka oli hyvin suuri rakennus, mutta nyt hylätty, sillä kaikki oli myyty pois. Hän tietenkin tervehti lukuisia ystäviänsä, ja heidän joukossaan näin mustan tulevan hänen luoksensa, kättelevän häntä ja toivottavan hänet takaisin.

Minut esiteltiin eversti Duffin veljelle, joka oli myös hyvännäköinen mies; mutta hän ei heittänyt pois Britannian kansalaisuutta ja tullut "kansalaiseksi."

Etäisyys Brownsvillestä San Antonioon on 528 kilometriä ja olimme kulkeneet sen 11 päivään ja neljään tuntiin.

[11] Kuitenkin orjien onnellisuus ja hyvinvointi saattoi olla yleinen sääntö, mutta silti oli useita tapauksia (niin kuin herra Sargent) huonosta kohtelusta ja julmuudesta. Herra Sargent oli syntyjään pohjoisesta ja hänellä ei ollut mitään

tuntemuksia mustia kohtaan, joita oli melkein aina
etelävaltiolaisilla. (heinäkuu 1863)

[**Suom. huom.** Orjien kohtelussa tulee kiinnittää
huomiota siihen, että suositeltiinko sen olevan pääsääntöisesti
ystävällistä ja hyvää siksi, että olivat ihmisiä vai siksi, että he
olivat arvokasta omaisuutta omistajillensa.]

Huhtikuun 25. (lauantai) San Antonio sijaitsee
kauniisti samannimisen joen kummallakin rannalla. Sen
asukasmäärä oli 10000, jonka ansiosta se oli suurin paikka
Teksasissa pois lukien Galveston.

Talot olivat hyvin rakennettuja kivitaloja ja ne olivat
yleensä vain yhden tai kaksi kerrosta korkeita. Kaikilla niistä oli
verannat etupuolella.

Ennen sotaa San Antonio oli hyvin kukoistava ja se
kasvoi nopeasti, mutta kaupankäynti oli nyt melkein
pysähdyksissä. Koko miesväestö, joka oli iältänsä alle 40-
vuotiasta, niin oli sotilaspalveluksessa, ja monista tarpeellisista
tuotteista oli kovat hinnat. Kahvi maksoi 7 taalaa paunalta.
[**Suom. huom.** Tuossa oli luultavasti kyse hinnasta
konfederaation dollareissa. Yksi pauna on noin 0,454 kiloa. Tästä
voidaan laskea, että kahvi maksoi noin 15,4 dollaria kilolta.
Viitteessään numero 6 Fremantle kertoo punnan vaihtosuhteesta
ja konfederaation dollarin heikkenemisestä.]

Mengerin hotelli on suuri ja näyttävä rakennus,
mutta sen omistaja (saksalainen siviili) oli harkitsemassa sen
sulkemista.

Aamulla vierailin eversti Bankheadin, joka oli pitkä ja herrasmiesmäinen virginialainen, ja joka komensi joukkoja siellä. Hän kertoi minulle paljon Teksasin historiasta, jesuiittojen lähetysasemista, ja Louisianan ostamisesta; ja hän sai aikaan minut huolestumaan epäilemällä, että pystyisinkö ylittämään Mississippi-joen, jos Banks **[Suom. huom.** Nathaniel P. Banks (1816–1894) olisi pystynyt valloittamaan Alexandrian.

Tapasin myös majuri Minterin, toisen virginialaisen, joka oli palvellut Yhdysvaltain vanhan armeijan 2. ratsuväkirykmentissä. Seuraavat upseerit konfederaation armeijassa olivat tuosta samasta rykmentistä; kenraali A.S. Johnston (kaatui Shilohissa), kenraali Lee, kenraali Van Dorn, kenraali Hardee, kenraali Kirby Smith ja kenraali Hood. [12]

McCarthyn neuvon mukaisesti lähetin matkalaukkuni ja joitakin muita raskaita esineitä myytäväksi huutokaupalla, sillä minulla ei ollut mahdollisuutta kantaa niitä mukanani.

Hankin paikkani vaunuissa Alleytoniin (Houston), se maksoi 40 taalaa; vanhoina aikoina hinta oli 13 taalaa.

Söin päivällisen McCarthyn ja nuoren Duffin kanssa kello kolme. Jälkimmäinen ei halunnut minun maksavan osaani kustannuksista matkasta Brownsvillestä. Rouva McCarthy tuli niin jännittyneeksi ja iloiseksi saatuaan kirjeen äidiltänsä, joka oli jenkki. Teksas oli ollut eristettynä, joten hän oli saanut vain yhden viestin useiden kuukausien aikana.

Eversti ja rouva Bankhead kutsuivat minut ambulanssikärryynsä kello viisi ja he ajoivat minut katsomaan

San Antonion alkulähteitä, joka oli mitä kaunein puhdas lähde, jonka olin koskaan nähnyt. Näimme myös laajat perustukset nahkatehtaalle, joka konfederaation hallitus rakennutti.

Maa oli hyvin kaunista ja sitä kasteltiin epäsäännöllisellä tavalla käyttäen ojia, jotka oli kaivettu joelta kaikkiin suuntiin. Siten se oli itsenäinen suuressa määrin sateista.

San Antonion lähteen luona meitä viihdytti majuri Young, joka oli pieni laivastoupseeri; en saanut selville miksi hän oli majuri.

Rouva Bankhead oli kiivas etelävaltiolainen. Hänet oli kaksi kertaa määrätty poistumaan Memphisistä liittovaltion joukkojen toimesta hänen aviomiehensä periaatteiden takia; mutta hän sanoi, että häntä kohdeltiin kohteliaasti ja ystävällisesti liittovaltion joukkojen kenraali Shermanin, **[Suom. huom.** William T. Sherman (1820–1891) oli yksi sisällissodan legendaarisimpia kenraaleita ja hän toimi Memphisin kuvernöörinä vuonna 1862.] joka toteutti hallituksensa käskyjä katuen niitä.

Kukaan etelän ihmisistä, jonka kanssa keskustelin, niin ei elätellyt toiveita sodan nopeasta päättymisestä. He sanoivat, että sen pitää kestää koko Lincolnin presidenttikauden ja kenties pitkälle sen jälkeenkin.

San Antonion ympäristössä noin kolmannes väestöstä oli saksalaisia ja monet heistä eivät olleet mitenkään uskollisia konfederaatiolle sodassa. He vastustivat asevelvollisuutta ja jotkut jopa vastustivat aseiden voimalla;

mutta nämä kiistat nopeasti ratkaisi Duffin rykmentti, ja sanottiin, että ne oli ratkaistu nyt uuden hallinnon toimesta.

Matkalaukkuni, mikä sen arvo sitten olikaan; sillä annoin pois osan matkatavaroistani, jotka myytiin 323 dollarin hintaan. Sen arvo Englannissa ei voinut olla enempää kuin 8 tai 9 puntaa. Matkalaukku itse oli vanha, joka vietiin pois 51 dollarilla; hyvin vanha pari teurastajan saappaita 32 dollarilla; viisi paitaa 42 dollarilla ja vanha päällystakki 25 dollarilla.

[12] Myös liittovaltion kenraalit Thomas ja Stoneman olivat tästä rykmentistä. [**Suom. huom.** George H. Thomas (1816–1870) oli alun perin Virginiasta, mutta hän päätti pysyä liittovaltion puolella ja sisällissodassa hän oli yksi liittovaltion parhaita kenraaleita esimerkiksi estäen liittovaltion kärsimän Chickamaugan taistelun syyskuussa 1863 muuttumasta katastrofiksi ja murskaamalla konfederaation armeijan Nashvillen taistelussa joulukuussa 1864. Hänet tunnettiin lempinimillä Chickamaugan alasin ja Nashvillen moukari.]

Huhtikuun 26. (sunnuntai) Kello 11.30 McCarthy ajoi minut kärryillään katsomaan San Pedron lähdettä, joka oli vähäisempi kauneudessaan kuin San Antonion lähde. Joukko teksasilaista ratsuväkeä oli kokoontunut sinne.

Myöhemmin ajoimme "lähetysasemille", joiden nimet olivat San Jose ja San Juan, sekä jotka olivat noin 10 kilometrin ja noin 14 kilometrin päässä kaupungista. Nämä olivat linnoitettuja luostareita intiaanien käännyttämiseksi, ja jesuiitat olivat rakentaneet ne noin 170 vuotta aikaisemmin. Ne olivat nyt raunioina ja arkkitehtuuri oli ollut hyvin kastilialaista tyyliltänsä omaten yksityiskohtaisia koristeita. Nämä lähetysasemat olivat hyvin mielenkiintoisia ja siellä oli kaksi muutakin, joita en nähnyt.

Iltapäivällä näin useita mies- ja naispuolisia mustia kulkevan sunnuntaivaatteissaan; jotka olivat silkkiä ja krinoliinia ollen paljon tyylikkäämpiä kuin omistajansa.

Kello viisi iltapäivällä söin illallista eversti Bankheadin kanssa, joka viihdytti minua tavalla, jonka näinä kovina aikoina täytyi maksaa paljon rahaa. Noin neljätoista tärkeintä upseeria oli kutsuttu; yksi heistä oli kapteeni Mason (Lontooseen lähetetyn edustajan serkku), joka oli palvellut Stonewall Jacksonin alaisuudessa Virginiassa. Hän sanoi, että tuo upseeri ei ollut mitenkään suosittu aluksi. Vietin hyvin viihtyisän illan ja kuulin monia kertomuksia sodasta. Yksi upseereista lauloi orjuudenpoistajien laulun ”John Brown”, yhdessä siitä tehdyn parodian kanssa, ”I'm bound to be a soldier in the army of the South”, joka oli konfederaation marssilaulu, ja toisen parodian jenkkien marssilaulusta, jonka nimi oli ”We'll hang Jeff Davis on the sour-apple tree.”

Milloin tahansa söinkin illallista konfederaation upseerien kanssa, niin he melkein aina ehdottivat nostettavaksi maljaa kuningattaren terveydelle ja eivätkä koskaan jättäneet sanomatta mitä suurimpia kohteliaisuuksia hänen majesteetistansa.

Huhtikuun 27. (maanantai) Eversti Bankhead antoi minulle suosituskirjeet kenraali Braggille ja kenraali Leonidas Polkille ja useille muille.

Kello 2 tulin rouva Bankheadin luokse sanoakseni hänelle näkemiin. Hän kertoi minulle, että hänen miehellänsä oli kaksi veljeä pohjoisen palveluksessa; joista yksi palveli armeijassa ja toinen laivastossa. Kaksi armeijaveljeä oli kohdanneet toisensa Shilohin ja Perryvillen taisteluissa vastakkaisilla puolilla. Laivastossa palveleva Bankhead oli komentanut USS Monitoria, kun se oli uponnut.

Herra X esitteli minut saksalaiselle nostoväen kenraalille oluttuvassa sinä iltapäivänä. Näille kahdelle oli tullut pientä kiistaa siitä, että jälkimmäinen ei ollut hyväksynyt "salaisia tai yöllisiä lynkkauksia."

Äskettäinen temppu, jonka oli tehnyt kapteeni Penaloso, niin se oli hyvin paljon tuomittu San Antoniossa. Tämä henkilö (aikaisemmin teurastaja) oli hirttänyt yhden sotilaansa vähän aikaa sitten omalla vastuullansa karkuruudesta ja musketin varastamisesta. Tämä tapahtui kello 12 päivällä kaupungin päätorilla. Puu oli kaadettu osoittamaan kaupunkilaisten tuntemuksia.

Ei ollut epäilyksiäkään siitä, että asevelvollisuuden toimeenpaneminen yleisenä sääntönä oli ollut erittäin helppoa läpi koko konfederaation (paitsi saksalaisten keskuudessa); mutta olin kuullut monien ihmisten välttelevän sitä hankkimalla itsellensä jonkinlaisen työn hallituksen palveluksessa, joita olivat urakoitsijat, asiamiehet tai kuljettajat Rio Granden luona. Äärimmäisen suureksi ikäväkseni jätin tänä iltana ystäväni McCarthyn, jonka vieraanvaraisuutta ja ystävyyttä en tule koskaan unohtamaan.

Lähdin San Antoniosta vaunuilla kello yhdeksän illalla. Vaunut olivat vanhat kärryt, joiden sisään ängetty yhdeksän henkilöä kolmelle poikittaiselle penkille, jonka lisäksi monia muita oli katolla. Minut laitettiin keskipenkille, joka oli äärimmäisen kapea, ja minulla ei ollut selkääni tukemassa mitään muuta kuin hihna. Äärimmäisen lihava saksalainen oli kasvokkain minuun ja pitkäjalkainen konfederaation upseeri oli takanani.

Ensimmäinen vetoryhmä koostui neljästä muulista; myöhemmin saimme hevoset.

Matkatoverini olivat joko sotilaita tai heillä oli yhteyksiä hallitukseen.

Vain viisi yhdeksästä jauhoi tupakkaa yön aikana; mutta he tähtäsivät ikkunoihin suurella tarkkuudella eivätkä osuneet minuun. Se määrä unta, jonka nukuin, niin se luonnollisesti oli hyvin vähäistä.

Huhtikuun 29. päivä (tiistai) Ylitimme Guadalupe-joen kello 5 aamulla ja vaihdoimme hevosia.

Saimme erittäin hyvän aamiaisen Seguinissa kello 7, joka oli alkujaan hyvin toimeentuleva paikka ennen sotaa.

Saguinissa alkoi satamaan, joka teki tiestä hyvin epämääräisen ja ärsytti suuresti ulkopuolisia.

Keskustelu kääntyi hyvinkin sotilasasioihin ja me kaikki olimme samaa mieltä siitä, että upseerien valinta vaaleilla oli osoittautunut suureksi virheeksi. Heidän omien kertomuksiensa mukaan kurin oli täytynyt olla ensiksi erittäin lievää, mutta nyt se on paranemassa. He olivat mitä innokkaimpia kuulemaan mitä heidän syistään taistella ajateltiin Euroopassa; ja kukaan heistä ei näyttänyt olevan tietoinen siitä suuresta sympatiasta, jota he saivat urheudellaan ja päättäväisyydellään Englannista huolimatta orjuudesta.

Söimme päivällisen pienessä puisessa kylässä, jonka nimi oli Belmont ja vaihdoimme taas hevoset.

Maasto, jonka lävitse olimme matkanneet, niin oli pääasiassa viljelysmaata ja siellä oli lukuisia maatiloja. Näin puuvillapeltoja ensimmäistä kertaa.

Viihdytimme itseämme ampumalla revolvereillamme kohti valtavia mustahäntäjäniksiä, jotka olivat tulleet tuijottamaan vaunujamme.

Iltapäivällä tupakan jauhamisesta oli tullut yleistä ja sen sylkeminen oli joskus hieman villiä.

Oli tapana ulkopuoliselle istua vaunun huipulla roikottaen jalkojansa (niin kuin äänettömät ihmiset ruumisvaunuissa palatessaan hautajaisista). Tässä tavassa oli tullut vaaralliseksi laittaa pää ulos ikkunasta siksi, että siitä saattoi tulla potku kantapäältä tai suihku tupakan mällejä etelävaltiolaisesta ritarillisuudesta vaunut katolta. Huolimatta heidän oudoista tavoistansa hirttää ja ampua, niin näytti olevan luonnollista ihmisille, jotka elävät villissä ja harvaanasutussa maassaa, niin siellä olevat ihmiset muistuttivat niitä, joiden kanssa matkustin. He olivat kaikki ystävällisen rehellisiä ja suorapuheisia, luonnollisen kohteliaita ja erittäin hyväluonteisia, joka oli kaikki hyvin sopuisaa. Vaikka he kaikki olivatkin olleet hyvin innokkaita puhumaan eurooppalaiselle, joka näinä saarron aikoina oli harvinainen näky, niin silti heidän uteliaisuutensa ei koskaan ollut loukkaavaa tai epäsopuisaa.

Mitkä tahansa epäilykset henkilökohtaisesta turvallisuudestani, joita saattoi tulla esiin, kun alussa näin Lynchin lain toteutumista, niin oli pian laitettu unholaan, sillä pian huomasin, että jos joku siellä ärsyttäisi minua, niin muut pitäisivät puoliani kunniallisesti.

Söimme illallista pienessä kylässä nimeltänsä Gonzales kello 6.30.

Lähdimme sieltä kello 8 illalla toisissa kärryissä, joita veti kuusi hevosta, jotka olivat isoja ja vahvoja.

Teiden ollessa hiekkateitä, niin ne olivat kärsineet paljon vahinkoa sateista.

Olimme kaikki aika lailla inhoa täynnä, kun kuulimme huonoja uutisia Gonzaleissa, että Banks oli edennyt ja Alexandria oli luultavasti sortunut.

Ahtaus oli todella hirveää, mutta en kärsinyt siitä samalla tavalla kuin lihavat tai pitkäjalkaiset ihmiset. He kaikki kestivät koettelemuksensa mitä leppoisimmalla ja hyvätuulisimmalla tavalla.

Minua kasvokkain ollut lihava mies (epätoivoisesti) vaihtoi paikkoja kanssani, kun taas vierustoveriani olivat paljon laihempia kuin hän ja hyödyin paljon vaihtaessani paikkani takapenkille.

Huhtikuun 29. päivä (keskiviikko) Niin väsynyt kuin olinkin, niin onnistuin nukkumaan hyvin viime yönä. Söimme aamiaisen paikassa, jonka nimi oli Hallettsville kello 7 ja vaihdoimme taas kärryjä.

Siellä otimme mukaamme neljä muuta konfederaation sotilasta ulkopuolelle ja meitä oli sitten kaikkiaan kahdeksantoista. Missään muualla kuin tässä maassa sitä ei olisi sallittu.

Huolimatta sen suuresta yläpainosta, niin kärry huojui kuin laiva kovassa merenkäynnissä ja sen pelastuminen kaatumiselta oli melkein ihme. Sanottiin, että Teksasin matkan jälkeen ei esitetty kysymystä, että "Järkytyikö?", vaan "Kuinka monta kertaa järkytyit?"

Mustien arvoa, jotka työskentelivät pelloilla, niin sitä matkatoverini jatkuvasti arvioivat; ja näytti sitä, että Teksasissa hyväkuntoisen miehen sai 2500 dollarilla, kun taas taitavan ompelijattaren arvo oli 3500 dollaria.

Kaksi matkatovereistani oli käyneet läpi äskettäisen kovan sotaretken New Mexicoon, mutta he pitivät kahden päivän suljettua vaunumatkaa kovempana koettelemuksena kuin mitä tahansa heidän sotilaallisista kokemuksistansa.

Ohitimme monia puuvillapeltoja ja kauniita maissipeltoja, mutta jälkimmäiselle olivat raesateet tehneet suurta vahinkoa.

Minulle kerrottiin, että kolmannes maasta oli aikaisemmin omistettu puuvillalle, jolloin sitä yhä kylvettiin ja muu osa oli maissia. [13]

Menimme myös läpi eräitä erittäin kauniita alueita, jotka olivat täynnä valkotammea **[Suom. huom.** Quercus stellata] ja kapokkipuita ja kohtasimme useita meksikolaisia puuvillaryhmiä; joissakin oli vankkureita yhdessä neljäntoista härän tai kahdentoista muulin kanssa, joita niiden ajajat kohtelivat julmasti.

Ylitimme useita jokia, joilla oli jyrkät ja vaikeat rannat ja söimme päivällistä maatilalla 2.30 iltapäivällä.

Olin jo havainnut, että suoraan kellojen soittamisesta oli tarpeellista rynnätä syömään ja mennä niin nopeasti kuin oli mahdollista ilman mitään seremonioita tai viivytyksiä, sillä muuten se kaikki katoaisi niin ahneesti ja saaliinhimoisesti, kun paikalliset söivät aterioitansa matkan aikana. Ateria sellaisissa olosuhteissa ei kestänyt kuin 7 minuuttia.

Saavuimme Columbukseen kello 6 iltapäivällä ja pääsimme eroon puolesta matkustajistamme. Nämä teksasilaiset kaupungit koostuivat yleensä yhdestä suuresta torista, jonka yhdellä puolella oli hyvin rakennettu kaupungintalo ja sitä vastapäätä hotelli, kun taas sivuja käyttivät puiset varastorakennukset. Kaiken niiden alkavan kukoistuksen oli täysin sota pysäyttänyt; mutta kaikki odottivat suurta muuttoaaltoa Teksasiin rauhan tekemisen jälkeen.

Ylitimme Colorado-joen ja saavuimme Alleytoniin kello 7 iltapäivällä.

Pieni puinen kylä oli syntynyt viimeisen kolmen vuoden aikana johtuen siitä, että se oli rautatien pääteasema. Se oli täynnä matkustavia ihmisiä ja puuvillakeinottelijoita; mutta erityisenä suosionosoituksena lihavalle saksalaiselle ja minulle annettiin sänky meille. Heittäydyin sängylle vaatteet päälläni ja olin unessa viidessä minuutissa. Samassa huoneessa oli kolme muutakin sänkyä, joilla jokaisella oli kaksi ihmistä.

Etäisyys San Antoniosta Alleytoniin on noin 224 kilometriä ja siihen kului aikaa 46 tuntia.

[13] Vain Teksasissa yhä kasvatetaan niin paljon puuvillaa.

Huhtikuun 30. päivä (torstai) Sain tänään ensimmäiset kokemukseni teksasilaisista rautateistä.

Tässä maassa, jossa jokainen valkoinen mies on yhtä hyvä kuin toinen (teoriassa) ja jokainen valkoinen nainen on kohteliaisuuden kautta lady, niin on olemassa vain yksi luokka. Juna Alleytonista koostui kahdesta pitkästä vaunusta, joista kummassakin oli noin viisikymmentä henkeä. Niiden sisällä oli käytävä kuin kirkossa niin, että siellä oli kaksitoista penkkiä kummallakin puolella jokaisen niistä ollessa kahdelle henkilölle. Penkit olivat mukavasti täytettyjä ja ne näyttivät olevan ylellisiä vaunumatkan jälkeen.

Ennen liikkeellelähtöä veturi yskäisi ennenaikaisesti kaksi kertaa, jotka yhdessä virallisen "kaikki mukana" varoituksen kanssa ilmoittivat matkustajille pitämisestä kiinni; sillä niitä seurasi pian valtava nytkähdys, joka laittoi vaunut liikkeelle.

Jokaisen matkustajan oli sallittua omalla harkinnallaan altistaa kätensä, kaulansa tai jalkansa murtumiselle ilman, että rautatieviranomaiset siihen puuttuisivat.

Ihmiset hyppivät jatkuvasti kyytiin ja sieltä pois, vaikka juna oli jo liikkeessä ja siirtyivät yhdestä vaunusta toiseen. Siellä ei ollut minkäänlaista aitaa tai muuta estettä estämästä "ihmisiä" tai karjaa tulemasta junanradalle.

Lähdimme Alleytonista kello 8 ja saimme surkean aterian Richmondissa kello 12.30. Siinä pikkukaupungissa minut esiteltiin rähjäiseltä näyttävälle miehelle, jolla oli mustat vaatteet ja silinterihattu. Tämä oli tuomari Stockdale, josta luultavasti tulisi Teksasin seuraava kuvernööri. Hän oli sopuisa mies ja keskustelu hänen kanssaan oli paljon parempaa kuin hänen vaatetuksensa. Kilpaileva ehdokas oli kenraali Chambers (luulen), josta oli tullut hyvin suosittu johtuen seuraavasta lauseestansa julistuksessa: "Mielestäni naimisissa oleville sotilaille tulisi antaa tilaisuus tavata perheensä ainakin kerran vuodessa, jolloin heidän paikkansa rivistöissä ottaisivat naimattomat miehet. Ei tulisi sallia väestön kärsimistä."

Richmond oli Brazos-joen varrella, joka ylitettiin oudolla tavalla. Rinne muuttui tasoksi johtaen matalalle, huteralle puusillalle ja samanlainen rinteen muuttuminen tasoksi oli myös vastarannalla. Veturi keräsi kaiken höyrynsä ja sai tarpeeksi voimaa mennä alas ensimmäisestä rinteestä mennäkseen sillan poikki ja ylös toista rinnettä. Mutta jopa Teksasissa tätä tapaa ylittää joki pidettiin sangen turvattomana.

Ylitettyämme joen tällä tavalla juna matkasi jollekin hyvin viljavalle maalle, joka kuului edesmenneen eversti Terryn tiluksiin. Siellä oli enemmän kuin kaksisataa mustaa peltotöissä. Jotkut pelloilla istuttivat puuvillaa ja maissia sekaisin niin, että oli kolme rivistöä ensimmäistä niin, että ne olivat kahden jälkimmäisistä koostuvan rivistön välissä. Näin myös peltoja, joissa oli sekaisin puuvillaa ja sokeriruokoa.

Vaihdoimme vaunuihin Harrisburgissa ja suoritin loppuun matkani Houstoniin puuvillavaunuissa.

Maasto Houstonin lähellä oli hyvin kaunista ja siellä oli valkoisia puuhuviloita, joita oli sinne maastoon ilmestynyt ryhmittäin kuin heinäpaaleja. Saavuimme Houstoniin kello 4.30 iltapäivällä ja ajoimme Fannin House hotellin luokse.

Houston oli paljon parempi paikka kuin odotin sen olevan. Pääkadulla oli useita hyvin rakennettuja taloja tiilistä ja raudasta. Se oli hyvin täynnä, sillä silloin siellä oli myös kaikki pakolaiset äskettäin hylätystä Galvestonin kaupungista.

Sen jälkeen, kun olimme saaneet hyvin suppean iltapalan, niin minut esiteltiin luutnantti Leelle, haavoittuneelle sankarille, joka oli menettänyt jalkansa Shilohissa; siellä oli myös eversti Pyron, joka oli hyvin kunnostautunut upseeri komentaen rykmenttiä, joka oli nimetty hänen mukaansa.

Lihava saksalainen, herra Lee ja minä menimme myöhemmin teatteriin.

Suurena suosionosoituksena brittiläisiä ennakkoasenteitani kunnioitettiin ja minun sallittiin saada sänky itselleni; mutta neljässä muussa sängyssä samassa huoneessa oli kaksi käyttäjää. Kapteeni, johon olin tutustunut vaunuissa, niin nukkui sänkyni viereisessä sängyssä. Heti, kun olimme saapuneet, niin sinne tuli musta, joka kyykistyi sänkyjemme väliin ja alkoi puhdistamaan saappaitamme. Etelävaltiolainen osoitti orjaa ja sitten sanoi seuraavaa: "No niin britti, tiedän, että teillä on palvelijoita maassanne, mutta ei tämän värisiä. Nyt herra, tämä on aito afrikkalainen. Hän on onnellinen päivät pitkät; ja jos hän olisi sokeriplantaasilla, niin hän tanssisi puolet öistä; mutta jos kokoat heitä tuhat yhteen ja heität sinne yhden sähikäisen, niin he kaikki juoksevat hemmetin lujaa." Musta virnisti ja vaikutti hyvin imarrellulta.

Toukokuun 1. päivä (perjantai) Minut kutsuttiin kenraali Scurryn luokse ja huomasin, että hän kärsi vakavasta silmätulehduksesta. Kun esittelin kenraali Magruderin kirjeen, niin hän vaati, että tulisin hänen luoksensa asumaan niin kauan kuin pysyisin siellä. Hän myös lähetti Galvestoniin sähkeen höyrylaivalle viemään minut sinne ja takaisin.

Söimme päivällisen kello 4 ja joukkomme koostui eversti ja tuomari Terrillistä (joka oli älykäs ja sopuisa mies), eversti Pyronista, kapteeni Whartonista, majoitusmestari majuri Watkinsista (joka oli komea mies ja Sabine Passin tapauksen sankari) ja eversti Cookista, joka komensi tykistöä Galvestonissa (aikaisemmin Yhdysvaltain laivastossa, ja joka omasi maineen olla innokas metodisti ja uhkarohkea upseeri). Jälkimmäinen kertoi minulle, että hän tuskin ymmärtää miten voin olla englantilainen, kun lausuin kaikki h-kirjaimeni oikein. Kenraali Scurry itse oli hyvin viihdyttävä ja taitava matkimaan. Hänen lukuisat kertomuksensa sodasta olivat hyvin mielenkiintoisia. Rauhan aikana hän oli ollut lakimies. Hän oli vapaaehtoisjoukkojen majuri Meksikon sodassa ja oli kunnostautunut hyvin paljon myöhemmillä sotaretkillä New Mexicoon ja Arizonaan, ja Galvestonin takaisinvalloittamisessa. [**Suom. huom.** Kenraali William R. Scurry (1821–1864) kaatui seuraavana vuonna Jenkins' Ferryn taistelussa. Etelävaltiolaiset hävisivät tuon taistelun osittain sen vuoksi, että he tekivät koordinoimattomia hyökkäyksiä linnoittautuneita pohjoisvaltiolaisia vastaan.]

Lounaan jälkeen ehdotettiin maljaa kuningattaren terveydelle; ja aterioijat ilmaisivat mitä suurinta ihailua Hänen Majesteetillensa ja kunnioitusta Britannian hallintojärjestystä kohtaan. He kaikki sanoivat, että yleinen äänioikeus ei tuottanut etelässä niin surkeita tuloksia kuin pohjoisessa, sillä etelän väestö oli hyvin hajanaista ja valkoiset olivat ylivoimainen ihmisrotu, sillä he muodostivat eräänlaisen aristokratian.

He kaikki tahtoivat minun pysyä paikoillani maanantaihin asti, kunnes menisin Galvestoniin, sillä joitakin naisia saattaisi tulla mukaan; mutta olin väsymätön, sillä tavoitteeni oli ylittää Mississippi-joki viivytyksettä.

Kaikki nämä upseerit halveksivat sapeleita, ja pitivät kaksipiippuisia haulikoita ja revolvereja parhaina aseina ratsuväelle.

Toukokuun 2. päivä (lauantai) Kun höyrylaiva ei ollut saapunut aamuun mennessä, niin lähdin rautateitse Galvestoniin. Kenraali Scurry vaati lähettämällä palvelijansa odottamaan minua varten, jotta saattaisin tutustua "aristokraattiseen mustaan." "John" oli hyvin älykäs kaveri, ja ensisilmäyksellä hän näytti melkein yhtä valkoiselta kuin minä.

Junanvaunuissa minut esiteltiin kenraali Samuel Houstonille, Teksasin itsenäisyyden perustajalle. Hän kertoi minulle, että hän syntyi Virginiassa 70 vuotta aikaisemmin, hänestä tuli Yhdysvaltain senaattori 30-vuotiaana ja Tennesseen kuvernööri 36-vuotiaana. Hän muutti Teksasiin 1832; johti Teksasin kapinaa ja löi meksikolaiset San Jacintossa 1836. Sitten hänestä tuli Teksasin tasavallan presidentti, joka sitten liitettiin Yhdysvaltoihin 1845. Osavaltion kuvernöörinä vuonna 1860 hän oli vastustanut eroliikettä Yhdysvalloista ja hänet oli syösty vallasta. Hän oli selkeästi huomattava ja älykäs mies, mutta hän oli äärimmäisen itsekäs ja turhamainen, ja hyvin pettynyt siihen, että hän oli menettänyt aikaisemman suuruutensa. Houstonin kaupunki oli nimetty hänen mukaansa. Hän oli pitkä ja komea vanha mies, joka paljolti tupakan jauhamisesta ja nenänsä rykimisestä sormiensa avustuksella. [14]

Minut myös esiteltiin toisella "henkilölle", kapteeni Chubbille, joka kertoi minulle, että hän oli syntyjään jenkki ja palvellut perämiehenä Yhdysvaltain aluksella nimeltänsä Java vuonna 1827. Hänet oli myöhemmin pidätetty Bostonissa epäiltynä osallisuudesta orjakauppaan; mutta hän oli paennut. Tämän sodan alussa hän oli joutunut jenkkien vangiksi, kun hän oli ollut komentamassa konfederaation höyrylaiva Royal Yachtia, ja hänet oli viety New Yorkiin kahleissa, jossa hänet oli sitten

tuomittu hirtettäväksi merirosvona; mutta hänet oli lopulta
vaihdettu toiseen sotavankiin. Minulle myöhemmin kerrottiin,
että orjakauppaepisodi, josta häntä oli syytetty, niin johtui siitä,
että hän oli Bostonissa värvännyt värillisen miehistön ja kylmästi
myynyt heidät pois Galvestonissa.

Kello yksi saavuimme Virginia Pointiin,
sillanpääasemaan mannermaan äärilaidassa. Sinne oli Batesin
patteri leiriytynyt; sitä myös kutsuttiin termillä "swamp angels"
[**Suom. huom.** suoenkelit], siksi heidän alueensa oli soinen, ja
heillä oli saalistavia ja epäsäännöllisiä tapoja.

Sieltä rautatie kulku matalaan laguuniin
(nimeltänsä Galveston Bay) puusillalla, joka oli noin yli 3
kilometriä pitkä; joka johti toiseen sillanpääasemaa Galveston
Islandille ja muutaman minuutin päästä päästiin kaupunkiin.

Junassa, jolla olin saapunut, niin sain seuraavan
viestin eversti Debraylta, joka komensi Galvestonissa,
lennättimen välityksellä: "Voisiko eversti Fremantle nukkua yön
saarretun kapinallisen talossa?" Vastasin, "Mielelläni", ja minut
otti pääteasemalla vastaan kapteeni Foster esikunnasta, joka
sitten vei minut ambulanssivaunuilla päämajaan, joka oli
roomalaiskatolisen piispan talo. Siellä minut ottivat vastaan
eversti Debray ja kaksi hyvin herrasmiesmäistä ranskalaista
piispaa.

Istuimme alas lounaalle kello 2, mutta meidät pian
keskeytti suuttunut vaununajaja, joka tuli valittamaan
sotilaallista suuttumusta. Näytti siltä, että heti, kun olin lähtenyt
vaunuista, niin puoliksi juopunut teksasilainen Pyronin
rykmentistä oli halunnut tämän ajajan pysähtyvän, jolloin

jälkimmäinen oli siitä kieltäytynyt, jolloin teksasilainen oli ampunut hänen suuntaansa viisi kertaa "kuudestilaukeavallaan" ja viimeisellä laukauksella oli tappanut kuljettajan hevosen. Kapteeni Foster (joka oli louisianalainen, niin oli hyvin sarkastinen Teksasista) sanoen, että rykmentti luultavasti hirttäisi sotilaan, joka oli ollut niin häpeällisen epätarkka.

Aterian jälkeen eversti Debray vei minut observatorioon, josta oli hyvä näkymä kaupunkiin, satamaan ja lahdelle.

Galveston sijaitsi lähellä itäistä päätä saaressa, jonka pituus oli noin 48 kilometriä ja leveys puolet siitä. Sen talot olivat hyvin rakennettuja; kadut olivat pitkiä, suoria ja niitä varjostivat puut; mutta kaupunki oli nyt hylätty, saarron kohteena ja siellä vallitsi sotalaki. Suurin osa taloista oli tyhjiä ja monissa muissa oli jälkiä epätarkasta liittovaltion alusten tulituksesta tammikuun 1. päivän yöltä.

Koko Galvestoninlahti oli hyvin matala paitsi kapea väylä, joka oli noin 100 metriä leveä suoraan nyt hylättyjen laiturien edessä. Suuaukko tähän väylään on saaren koillispäässä ja sitä puolustavat uudet linnoitteet, joita sinne nyt tehdään. Se on myös tukittu kivikasoin, miinoin **[Suom. huom.** Tuolloin miinoja kutsuttiin torpedoiksi]** ja muita esteitä käyttäen.

Saartajat olivat selvästi näkyvissä noin kuuden ja puolen kilometrin päässä maasta; niiden vahvuus oli kolme tykkivenettä ja ruma siipirataslaiva, sekä kaksi huoltoalusta.

Konfederaation puuvillahöyrylaiva Neptunen hylky (joka tuhoutui hyökätessään Harriet Lane-laivaa vastaan), oli lähellä yhtä laitureista. Westfieldin hylky (jonka jenkkikommodori oli räjäyttänyt), niin oli Pelican Islandin edustalla.

Tammikuun 1. päivän yönä kenraali Magruder oli yllättäen saapunut Galvestoniin laittaen kenttätykkinsä linjaan laitureille ja odottamatta avannut pimeässä tulen kohti jenkkien sotalaivoja noin sadan metrin etäisyydeltä, mutta niin kiivas (vaikkakin huonosti johdettu) oli vastaus laivoilta, että kenttätykit piti vetää pois. Hyökkäys, jonka eversti Cook johti Massachusettsin rykmenttiä vastaan, joka oli linnoittautunut laiturin päähän, niin se myös epäonnistui ja konfederaation sotilaat ajattelivat, että "heidät oli lyöty pahasti." Mutta aamun sarastuksen jälkeen Harriet Lanen onnekas antautuminen puuvillavene Bayou Citylle ja poikkeuksellinen toiminta kommodori Renshawilta muuttivat konfederaation katastrofin Galvestonin takaisinvalloitukseksi. Kenraali Magruder varmasti ansaitsee valtavasti tunnustusta hänen rohkeasta hyökkäyksestänsä vahvasti aseistautunutta laivasto-osastoa vastaan muutamalla kenttätykillä ja kahdella höyrylaivalla, joissa suojaa tarjosivat puuvillapaalit, ja joiden miehistöinä toimi teksasilaiset ratsuväen sotilaat.

Ratsastin eversti Debrayn kanssa tarkastelemaan Fort Scurryä, Fort Magruderia, Fort Bankheadia ja Fort Pointia. Nämä linnoitteet oli nerokkaasti suunnitellut eversti Sulokowski (joka oli aikaisemmin palvellut Itävallan armeijassa), ja ne olivat hyvin rakennettuja 150 valkoisen miehen ja 600 mustan miehen toimesta upseerien valvonnassa ja mustien ollessa lainattua työvoimaa läheisiltä plantaaseilta.

Vaikka saartajat voivat helposti lähestyä viiden kilometrin päähän linnoitteista ja vaikka yksikin ammus voi aina saada aikaan "sekasorron" mustien keskuudessa, niin he eivät ole ampuneet mitään pitkään aikaan. [15]

Eversti Debray on leveähartiainen ranskalainen ja erittäin mukava mies. Hän kertoi minulle, että hän muutti Amerikkaan 1848; hän kokosi komppanian 1861, jossa hän oli vain sotamies; hänet seuraavaksi nimitettiin Teksasin kuvernöörin adjutantiksi, joka oli prikaatikenraalin arvoinen asema; sitten hänet alennettiin jalkaväen majuriksi, josta hän myöhemmin nousi ratsuväen everstiluutnantiksi ja on nyt eversti.

Kapteeni Foster on asianmukaisesti Magruderin esikunnasta ja on erittäin hyvää seuraa. Hänen omaisuutensa New Orleansissa tuhoutui jenkkien toimesta.

Illalla menimme tansseihin, jotka järjesti eversti Manly, joka oli erittäin mukavaa. Tanssin amerikkalaisen tanssin rouva Manlyn kanssa; se oli hyvin vauhdikas esitys, enkä ole koskaan aikaisemmin kokenut mitään vastaavaa. Herrasmies seisoo siinä noudattaen huutojen perusteella erilaisia suoritettavia asentoja ja joka kerran tottelee käskyjänsä hyvin vakavasti ja energisesti. Eversti Manly on hyvin herrasmiesmäinen karolinalainen; naiset olivat kauniita ja ottaen huomioon saarron, niin hyvin pukeutuneita.

Kuusi karkuria Banksin armeijasta saapui tänne tänään. Banks näyttää etenevän vakaasti ja voittavan vastustuksen, jota hänellä tarjoaa kourallinen konfederaation sotilaita Teche-maassa.

Banks itse on sotilaana paljon halveksittu ja
konfederaation miehet kutsuvat häntä herra komissaari
Banksiksi johtuen siitä tehokkaasta tavasta, jolla hän hoiti sitä
virkaa konfederaation virginialaiselle "Stonewall" Jacksonille.
Upseeri, jonka oletetaan todella komentavan eteneviä
liittovaltion joukkoja, on Weitzel [**Suom. huom.** Godrey Weitzel
(1835–1884)]; hänet on täällä kaikkien toimesta tunnustettu
kyvykkääksi mieheksi, hyväksi sotilaaksi ja hän tuntee maaston,
jossa hän liikkuu, hyvin.

[14] Hänen ilmoitettiin kuolleen elokuussa 1863.

[15] Sellainen sekasorto tapahtui, kun saartajat
ampuivat kaksi tai kolme ammusta. Kaikki mustat juoksivat
näyttäen kaikki merkit suuresta tyrmistyksestä, ja kaksi heistä
peloissaan juoksivat mereen ja epäonneksi hukkuivat sinne. Nyt
on kuitenkin liian myöhä laivoille koettaa tätä, sillä asemissa on
joitakin järeitä tykkejä. Tarkkaa kuvaus eri linnoitteista tietenkään
ei ole täällä.

Toukokuun 3. päivä (sunnuntai) Tein pitkän
tapaamisen herra Lynnin kanssa, joka oli Britannian konsuli, ja
joka kertoi minulle, että hänellä oli suuria vaikeuksia pitää yllä
yhteyksiä ulkomaailmaan ja hän ei ollut nähnyt brittiläistä
sotalaivaa sitten Immortalitén.

Kello 1.30 näin Pyronin rykmentin lähteneen
liikkeelle mennäkseen Niblitt´s Bluffiin kohdatakseen Banksin.
Tämä yksikkö oli nyt jalkautettua ratsuväkeä ja tuo prosessi oli
ollut hassunkurinen. Ensimmäisenä tulivat kahdeksan tai
kymmenen mittalaitetta, joita tuotiin hevosen avulla
ristiriitaisesti hirnuen, jonka jälkeen tuli valtava konfederaation

lippu, jota seurasi noin neljäsataa miestä liikkuen neljän miehen yksiköissä, sekä ollen pukeutuneina mitä erilaisimmilla tavoilla ja aseistettuina hyvin erilaisilla aseilla; siellä oli noin kuusikymmentä Enfield-kivääriä; muut kantoivat mukanaan haulikoita (linnustusaseita), karbiineja tai pitkiä kivääreitä, jotka olivat omituisia ja kauan aikaa sitten valmistettuja. Kenelläkään ei ollut miekkoja tai pistimiä; kaikilla oli kuudestilaukeavia ja Bowie-veitsiä. Miehet olivat hienoja ja päättäväisennäköisiä; ja näin heidän joukossaan lyhyen tukevan pojan, joka oli 14-vuotias ja oli palvellut läpi Arizonan sotaretken. Näin monien sotilaiden ottavan lakkinsa päästään ranskalaisten pappien edessä, joita kohtaan tunnettiin suurta kunnioitusta Galvestonissa. Tätä rykmenttiä pidettiin täällä alhaalla erittäin hyvänä, ja sen everstin puhuttiin olevan yksi armeijan urheimpia upseereita. Rykmentille tulisi saarnaamaan Vanha Houston ennen kuin se lähtisi liikkeelle. [16]

Noustessani vaunuihin palatakseni Houstoniin jouduin melkein astumaan kuolleen hevosen ruhon ylitse, jonka sotilas oli ampunut eilen ja jonka poistamista viranomaiset eivät olleet pitäneet tarpeellisena.

Palasin kenraali Scurryn taloon Houstonissa kello 4.30. Kenraali vei minut ajelulle hänen ambulanssivaunuillaan ja näin lukemattomia mustia miehiä ja naisia kulkemassa kaduilla mitä vaikuttavimmissa ja upeimmissa vaatteissaan; silkkiä, satiinia, krinoliinia, sulkahattuja, pitsitakkeja etc. muodostivat absurdin vastakohdan heidän omistajattariensa yksinkertaisille hameille. Monet ajoivat heidän omistajiensa vaunuja tai ratsastivat hevosilla, joita heille usein lainattiin sunnuntai-iltoja

varten; kaikki näyttivät olevan hyvin onnellisia ja tyytyväisiä
itseensä.

Herra X kertoi minulle, että Sam Houston oli elänyt
useita vuosi cherokee-intiaanien keskuudessa, jotka olivat
kutsuneet häntä "Korpiksi" tai "Isoksi Juopoksi." Hän oli mennyt
naimisiin intiaaninaisen kanssa, kun hän oli ollut heidän
keskuudessaan.

Eversti Ives, presidentin adjutantti, oli juuri
saapunut Richmondista ja hän näytti olevan hyvin perillä asioista
ja olevan hyvin sopuisa mies.

Olin päättänyt lähteä huomenna matkaan kohti
Shreveportia, sillä oli epävarmaa, että tulisiko Alexandria
sortumaan vai ei.

[16] Sodan alussa huomattiin, että jalkaväen
kokoaminen Teksasissa oli hyvin vaikeata, sillä kukaan
teksasilainen ei kävelisi metriäkään, jos hän saisi päättää. Monia
ratsurykmenttejä siellä sitten koottiin ja myöhemmin ne
jalkautettiin.

Toukokuun 4. päivä (maanantai) Kenraali Scurryn
palvelija "John" oli ollut mitä tarkkaavin siitä, kun hänelle oli
kerrottu lähdöstäni. Tein hänelle lahjan iltavaatteistani, jonka
hän otti vastaan äärimmäisen kiitollisena; ja kättelin häntä
erotessamme, joka näytti olevan aika tavanmukaista. Etelän
herrasmiehet pystyvät varmasti kohtelemaan orjiansa
äärimmäisen tuttavallisesti ja ystävällisesti. John kertoi minulle,
että kenraali antaisi hänen ostaa vapautensa, jos hän niin
päättäisi. Hän oli ammatiltansa parturi ja oli ansaitsemassa

paljon rahaa, kun hän halusi liittyä herraansa ja mennä mukaan sotaan.

Lähdin Houstonista junalla Navasotoon kello 10 aamupäivällä. Kapteeni Andrews oli tullut mukaani sinne asti; hän oli menossa ratsujoukkojen kanssa laittamaan plantaasien mustia työskentelemään hallitukselle Galvestonissa, kun plantaasien omistajat olivat tulleet hakemaan takaisin väkeään.

Junaa saapui Navasotoon (112 kilometriä) kello 4, josta otin vaunut Shreveportiin (400 kilometriä). Lähdin liikkeelle 4.30 iltapäivällä sen jälkeen, kun minulle oli ollut pieni kiista miehen kanssa kulmaistuimella ja voitettuani hänet.

Se oli samanlainen ajoneuvo kuin San Antonion vaunut; siellä oli kahdeksan ihmistä sisällä. Yön aikana oli ukkosmyrsky.

Toukokuun 5. päivä (tiistai) Söimme aamiaista Huntsvillessä kello 5.30 aamulla. Liittovaltion upseerit, jotka oli vangittu Harriet Lane-laivalta, niin oli laitettu sinne vankilaan ja heitä ei kohdeltu sotavankeina. Näytti nyt olevan tämä toimintatapa sen jälkeen, kun pohjoisvaltiolaiset olivat alkaneet värvätä mustia.

Matkatoverini olivat joko vanhempia plantaasinomistajia tai lainsäätäjiä, ja siellä oli yksi tuomari Louisianasta. Yhdellä heistä oli saapaspari, joka oli maksanut hänelle 100 dollaria; toinen näytti minulle tavallista leveälieristä hattua, joka maksoi hänelle 40 dollaria. Houstonissa näin itse englantilaisten sääntöjen mukaisen jalkaväenmiekan myynnissä hintaan 225 dollaria (45 puntaa).

Kun sotilaallinen puoli ei ollut hallitseva, niin matkakumppanini puhuivat yhdessä hävityksen kauhuista, joita tässä osassa maata tekivät heidän omat joukkonsa marssiessaan.

Menimme hyvin metsäisen alueen poikki, jossa oli mäntyjä ja tammia **[Suom. huom.** Amerikkalaisia Quercus stellata-tammia.] tien ollessa huonokuntoinen; ylitimme Trinity-joen kello 12 iltapäivällä, ja söimme talossa, joka kuului huonomaineiselta näyttävälle henkilölle, jota kutsuttiin Campbellite papiksi kello 4.30. Ruoka koostui melkein poikkeuksetta pekonista, maissileivästä ja piimästä; aterian hinta oli yksi dollari.

Saavuimme Crockettiin kello 9.30 illalla, jonne pysähdyimme muutamaksi tunniksi. Likainen vuode annettiin louisianalaiselle tuomarille ja minulle. Seuraten esimerkkiäni hän otti pois saappaansa ja huomauttaen, kun hän teki niin mustalle palvelijalle, että "ne olivat hemmetin paljon puhtaammat kuin sänky."

Ennen saapumistamme Crockettiin olimme menneet läpi Phillippsin teksasilaisen rykmentin leirin ja koimme paljon vinoilua. He olivat matkalla taistelemaan Banksia vastaan.

Toukokuun 6. päivä (keskiviikko) Jätimme kaikki matkustajat paitsi louisianalaisen tuomarin, valtion virkailijan ja Harriet Lanen entisen perämiehen, kun se alus oli tullut konfederaatio käyttöönottamaksi sen kaappauksen jälkeen; mutta sitä oli sitten purettu ja sen miehistö oli marssitettu

Shreveportiin raudalla panssaroituun Missouri-alukseen, jota siellä rakennettiin.

Ruoka, jonka saimme tienpäällä, oli riittävää ja sitä oli tarpeeksi elääksemme; se koostui sianlihasta tai pekonista, sekä maissileivästä, ja oudosta sekoituksesta, jota kutsuttiin konfederaation kahviksi ja joka oli tehty ruuista, viljanjyvistä, maissista tai makeista perunoista. Kahvin menettäminen vaikutti enemmän konfederaation ihmisiin kuin vain hengen menettäminen; ja he kehittivät nerokkuuttansa kehittäessään korvikkeita, jotka eivät olleet yleensä kovinkaan onnistuneita.

Samanlaista maastoa kuin eilen, eli hyvin suuria mänty- ja tammimetsiä ja satunnaisia maissipeltoja, joiden puut oli tapettu leikkaamalla ympyrä lähelle juuria.

Kello 3 iltapäivällä otimme mukaamme neljä matkustajaa lisää. Yksi heistä oli majuri X, joka oli sen herran lanko, joka oli hirttänyt Mongomeryn Brownsvillessä. Hän puhui sukulaisensa teosta jollain ylpeydellä. Hän kertoi minulle, että kolme hänen veljeänsä olivat jokainen menettäneet kätensä sodassa.

Saavuimme Ruskiin kello 6.30 ja vietimme siellä muutaman tunnin; mutta ei ilman kerskailtua loistoa koskien Cherokee Hotelin sänkyjä ja vaikka majuri X:n vaikutuksesta sainkin yhden itselleni, niin en pitänyt sitä riittävänä syynä houkutella minut riisumaan vaatteeni pois.

Toukokuun 7. päivä (torstai) Lähdimme taas liikkeelle kelo 1.30 aamulla pienemmillä vaunuilla, mutta pienemmällä määrällä matkustajia, joita olivat louisianalainen tuomari (joka oli myös lainsäätäjä), mississippiläinen viljelijä, perämies, hallituksen virkailija ja kapteeni Williams Texas Rangereistä.

Ennen kuin aamu sarasti, niin olimme saapuneet sillalle, sen nimisen virran kuin Mud Creek ylitse, jolloin silta oli niin rappeutuneessa kunnossa, että kaikkien ihmisten piti tulla ulos ja peittää suurimmat reiät lankuilla.

Hallituksen virkailija ilmoitti meille, että hän toimi edelleen adjutanttina herra X:llä. Jälkimmäinen näytti olevan jotain sissisotilaan ja hevosvarkaan välissä ja jopa adjutantin kertomuksien mukaan hän näytti olevan kumpaankin työhön yhtäläisen hyvä. Kertomukset hänen sotaretkistänsä Arkansasiin olivat hyvin viihdyttäviä, mutta vahvasti maustettuja oikeille sotilaille.

Tuomari oli hyvin herrasmiesmäinen mukava vanha mies. Niin hän kuin adjutantti olivat hyvin väsyneitä matkalla; mutta virvoitin ensimmäisen näistä viimeisillä Immortalitén rommeilla. Jälkimmäinen oli hyvin heikko terveydeltänsä ja hänen ei odotettu elävän enää pitkää aikaa; mutta hän toivoi kiivaasti tuhoavansa vielä muutamia "sinitakkeja" [17] ennen kuin hän menisi "mullan alle."

Mississippiläinen viljelijä oli hylännyt tilansa Vicksburgin läheisyydessä ja vetäytynyt jäljellä olevien orjiensa kanssa Teksasiin. Tuomari oli myös menettänyt omaisuutensa New Orleansissa. Tosiasiassa jokainen muu mies, joka kohdattiin, niin sota oli enemmän tai vähemmän raunioittanut häntä, mutta he kaikki puhuivat menetyksistänsä mitä suurimmalla tyyneydellä.

Kapteeni Williams oli pitkä ja kalmankalpea takametsien mies, joka oli menettänyt terveytensä sodassa. Hän puhui liittovaltion kenraali Rosecransistä **[Suom. huom.** kenraali William Rosecrans (1819–1898)] suurella kunnioituksella ja hän antoi suuren seuraavan ylistyksen luoteisille liittovaltion joukoille Rosecransin komennossa.

"He ovat tavallisia todella suuria hemmetinmoisia puhisijoita, samaa lajia kuin me. He eivät halua juosta perään, he eivät halua. He eivät ole hollantilaista ratsuväkeä [18]; siitä voit olla varma!" **[Suom. huom.** Yhdysvaltalaiset sekoittivat usein englanninkielisen sanan Dutch and saksankielisen sanan Deutsch keskenään luulleen hollantilaisia saksalaisiksi tai päinvastoin.]

Yllätyksekseni koko joukko oli suostuvainen yksituumaisuuteen, että muutamia vuosia aikaisemmin oppineimmat miehet etelässä pitivät orjuutta epäonnena ja eikä sillä ollut oikeutusta, vaikkakin se oli välttämätöntä johtuen olosuhteista. Mutta sekaantuminen, sekä pakottaminen inhottujen ja halveksittujen abolitionistien **[Suom. huom.** Orjuuden poistamisen kiivaiden kannattajien] suunnalta oli saanut aikaan sen, että sidos oli tiukentunut todella paljon.

Matkatoverini kaikista yhteiskuntaluokista puhuivat minulle paljon "oudosta instituutiosta" **[Suom. huom.** Etelävaltioissa orjuutta kutsuttiin termillä "peculiar institution."] ja he olivat mitä innokkaimpia näyttämään minulle niin paljon kuin oli mahdollista, että tulisin vakuuttuneeksi siitä, että se ei ollut niin paha kuin se oli esitetty, ja että he kaikki eivät olleet raakalaisia **[Suom. huom.** Fremantle viittaa tässä fiktiiviseen henkilöön Simon Legree, joka oli päähenkilön päävastustaja Harriet Beecher Stowen orjuudenvastaisessa kirjassa "Setä Tuomon tupa".], vaikka he eivät kiistäneet sitä, että oli olemassa monia julmia tapauksia. Mutta he sanoivat, että mies, jonka tiedetään kohtelevan mustiansa huonosti, niin koko yhteisö vihaa häntä. He julistivat, että jenkit olivat huonoimpia isäntiä, kun asettuivat etelään; ja kaikki näyttivät olevan tietoisia, että orjuus, jota he eivät olleet keksineet, vaan perineet meiltä englantilaisilta, niin tulee aina olemaan suuri este sympatialle sivistyneestä maailmasta. Olen kuullut nämä sanat yhä uudelleen.

Kaikki kylät, joiden lävitse menimme, niin olivat hylättyjä pois lukien naiset ja hyvin vanhat miehet; niiden ilmapiiri oli hyvin surumielinen. Maasto oli hiekkaista, eikä kovinkaan viljavaa, mutta puut olivat hyvälaatuisia.

Kohtasin useita maanviljelijöitä tien päällä, jotka perheidensä ja mustiensa kanssa hakivat turvaa Teksasista sen jälkeen, kun he olivat hylänneet plantaasinsa Louisianassa Banksin lähestyessä. Yhdellä heistä oli niin paljon kuin 60 orjaa, jotka olivat kaikenikäisiä ja kokoisia.

Kello 7 illalla saimme ei-toivottuja lisäyksiä ryhmäämme kolmen valtavan ja pitkäjalkaisen, pesemättömän, haisevan teksasilaisen sotilaan muodossa ja kulutimme illan tämän vuoksi kurjuudessa. Teksasilaiset eivät varmasti olleet halukkaita ottamaan vastaan loukkauksia missä he eivät nähneet mitään tahallisuutta; sillä kun tämä häiriö tapahtui, niin en voinut olla huomauttamatta tuomarille koskien ärsyttävimmästä miehestä, joka oli keskimmäisellä penkillä

meidän kummankin yhteiseksi epämukavuudeksi; "Sanon
tuomari sinulle, että tällä herrasmiehellä on pisimmät jalat, jotka
olen koskaan nähnyt." "Onko hänellä todellakin?" tuomari
vastasi; "ja hänellä on hemmetinmoisin, kovin selkä, jonka olen
koskaan tuntenut." Teksasilainen oli hyvin huvittunut näistä
huomautuksista hänen henkilökohtaisesta ulkonäöstänsä ja
pyysi anteeksi omituksuuksiaan.

Ylitimme Sabine-joen kello 11.30 illalla.

[17] Unionin sotilaita kutsuttiin "sinitakeiksi"
johtuen heidän univormujensa sinisestä väristä. Nämä usein
kutsuivat konfederaation sotilaita "harmaaseliksi." **[Suom.
huom.** Englanniksi nämä termit olivat "bluebellies" ja
"greybacks."]

[18] Saksalaiset rakuunat, joita teksasilaiset
halveksivat paljon johtuen heidän tavastansa ratsastaa.

Toukokuun 8. päivä (perjantai) Saavuimme
Marshallin kello kolme ja nukuimme siellä neljä tuntia. Sitten
menimme rautatietä noin 26 kilometrin matkan, jonka jälkeen
meidät ahdettiin toisiin vaunuihin.

Ylitimme rajan Louisianaan kello 11 aamupäivällä.
Siten olen ollut melkein kuukauden matkatessani läpi pelkästään
Teksasin osavaltion.

Saavuimme Shreveportiin kello kolme iltapäivällä
ja sen jälkeen, kun olin peseytynyt ensimmäiseen kertaan viiteen
päivään, niin minut kutsuttiin kenraali Kirby Smithin **[Suom.**

huom. kenraali Edmund Kirby Smith (1824–1893] luokse, joka komentaa koko maata tällä puolella Mississippiä.

Hän oli syntyjään Floridasta ja saanut koulutuksensa West Pointista, sekä palvellut Yhdysvaltain ratsuväessä. Hän oli vain 38-vuotias; ja hän oli velkaa nopean ylenemisensä kenraaliluutnantiksi sille tosiasialle, joka tullut hänen eteensä, että juuri ajoissa hän oli hyökännyt jenkkien sivustaan Manassassin ensimmäisessä taistelussa. [19]

Hän oli huomattavan aktiivinen mies ja hyvin sovinnollinen tavoiltansa; hän käytti suuria silmälaseja ja mustaa partaa.

Hänen vaimonsa oli erittäin kaunis nainen Baltimoresta, mutta hän oli leikannut tukkansa sangen lyhyeksi niin kuin miehen tukaksi. Illalla hän ehdotti, että voisimme mennä joella ja kalastaa rapuja. Teimme niin ja olimme mitä menestyksekkäimpiä kenraalin osoittaessa paljon energisyyttä siinä tapauksessa.

Hän kertoi minulle, että McClellan olisi luultavasti tuhonnut etelän armeijan hyvin helposti ensimmäisen talven aikana ja ilman suurta riskiä hänelle, kun etelävaltiolaiset olivat hyvin paljon yli-ilahtuneita helposta voitostansa Manassasin luona ja heidän armeijansa oli heikentynyt.

Minut esiteltiin Louisianan kuvernööri Moorelle, kenraaliluutnantti Hyamsille ja myös maanpaossa olevalle Missourin kuvernööri Reynoldsille.

Kuvernööri Moore kertoi minulle, että hän oli ollut Red Riverin luona vuodesta 1824, joka siitä lähtien vuoteen 1840 oli ollut hyvin epäterveellistä. Hän ajatteli, että Dickens oli varmasti tarkoittanut Shreveportia "Edeninä." [20]

Kuvernööri Reynolds Missourista kertoi minulle, että hän löysi itsensä hyvin valitettavasta tilanteesta viranomaisena, joka on karkotettu toimialueeltansa; mutta hän näytti minulle julistusta, jonka hän on antanut missourilaisillensa luvaten heille palaavansa armeijan johdossa karkottaakseen heidän sortajansa.

Shreveport oli sangen mukavannäköinen paikka Red Riverin varrella. Sillä oli noin 3000 asukasta ja se oli silloin Louisianan lainsäädännön keskus Baton Rougen sijaan. Mutta vasta 28 alemman huoneen jäsentä oli siihen mennessä saapunut ja toimintaa ei voitu aloittaa alle 50 jäsenellä.

Joki oli nyt leveä ja vuolas, ja sitä purjehdittiin suurilla höyrylaivoilla; sen rannat olivat matalat ja hyvin hedelmälliset, mutta niillä oli epäterve maine.

Kenraali Kirby Smith neuvoi minua menemään Monroehun ja koettaa ylittää Mississippi-joki sieltä; hän oli niin epävarma Alexandriasta, että hän pelkäsi lähettää höyrylaivaa niin kauas.

Kuulin paljon puhetta hänen talossaan liittovaltion äskeisestä iskusta Mississippin, [21], joka näytti olevan kopio John Morganin operaatiosta paitsi, että liittovaltion isku tehtiin harvaan asutulle alueelle, ilman sen miespuolisia asukkaita.

[19] Jenkit kutsuvat sitä nimellä "Bull Run".

[20] Uskon, että tämä oli kuvernööri Mooren virhe. Ymmärsin aina Kairon olevan Eden.

[21] Griersonin hyökkäysretki. **[Suom. huom.** eng. Grierson´s raid.]

Toukokuun 9. päivä (lauantai) Lähdimme taas liikkeelle vaunuilla Monroeta kohti kello 4.30 aamulla. Matkakumppanini olivat mississippiläinen maanviljelijä, hullu hammaslääkäri New Orleansista (jota kohteliaisuudesta kutsuttiin tohtoriksi), vanha mies Matagordasta, joka aikoi ostaa orjia halvalla Louisianasta, haavoittunut upseeri ja haavoittunut sotilas.

Sotilas oli hyvin älykäs nuori missourilainen, joka kertoi minulle (niin kuin muutkin olivar kertoneet), että näiden vaikeuksien alussa niin hän kuin hänen perheensä olivat vankkoja unionin kannattajia. Mutta lincolnilaiset pyrkien käyttämään pakkokeinoja, olivat pakottaneet heidät ottamaa yhden tai toisen puolen; ja nyt nämä ihmiset eivät olleet muuta kuin katkeria unionista eron kannattajia. Tämä sotilas (herra Douglas) oli matkallaan palatakseen Braggin armeijaan. Konfederaation sotilas, kun hän haavoittui, niin häntä ei päästetty pois armeijasta, vaan häntä käytettiin sellaisiin työtehtäviin, joita hän pystyi suorittamaan. Herra Douglas oli aika rampa, mutta hänet tultaisiin käyttämään ratsutehtäviin tai kirjuriksi.

Ohitimme useita suuria ja viljavia plantaaseja. Mustien asuinalueet muistuttivat pieniä kyliä ja ne näyttivät viihtyisiltä; joissakin niistä oli 150 tai 200 henkeä. Jälkeenpäin ajoimme joidenkin kauniiden mäntymetsien lävitse ja meidät vietiin lossilla kauniin matalan järven ylitse, jonka rannat olivat täynnä sypressejä, mutta ne eivät muistuttaneet eurooppalaisia sypressipuita.

Kohtasimme joukon lisää plantaasien omistajia liikkeellä perheineen, orjineen ja huonekaluineen kohti Teksasia; tosiasiassa heillä oli mukanaan kaikki, minkä he saattoivat pelastaa kohtalosta, joka saattaisi tulla heidän osaksensa lähestyvien liittovaltion joukkojen toimesta.

Kello viisi iltapäivällä saavuimme kauniiseen pieneen kaupunkiin nimeltänsä Mindon, jossa tapasin englantilaisen huoltomiehen, joka kertoi minulle, että hän oli ollut niin hölmö, että oli hankkinut kansalaisuuden, ja nyt hän jatkuvasti pelkäsi, että hän joutuisi sotaväkeen.

Minusta oli vähitellen tullut aika kylmäverinen johtuen monista kauhuista, joita olin kohdannut vaunuilla matkustettaessa. En enää pelännyt jokaista sattumanvaraista purutupakan sylkemistä, enkä karttanut sitä, että hyväntahtoisesti tarjottiin purutupakkaa. Söin innokkaasti pekonia, jota tarjottiin ravitsemiseksi, ja minua kohdeltiin samalla tavalla kuin kaikkia matkatovereitani kaikkialla, mitä suurimmalla huomaavaisuudella ja ystävällisyydellä. Joskus joku mies huomautti, että oli aika "ilkeätä", että Englanti ei ollut tunnustanut etelän itsenäisyyttä; mutta pystyin aina sulkemaan hänen suunsa sanomalla, että kansakunta, joka haluaa itsenäisyytensä, niin sen tulee ansaita se taistelemalla; tähän tuntemukseen kaikki poikkeuksetta liittyivät.

Toukokuun 10. päivä (sunnuntai) Vietin hyvin hankalan yön sen seurauksena, että tie oli ollut huono, sillä vaunut olivat hyppelehtineet ja minulla oli ollut paikka keskipenkillä.

Aamulla saimme uutisia kaikilta, joita kohtasimme, että Alexandria oli sortunut.

Tiellä oli tänään liikkeellä paljon mustia, jotka "pakenivat" Teksasiin pois Banksin tieltä. Meidän täytyi kohdata satoja heistä, ja monia plantaasinomistajaperheitä, joita kohtaan tunnettiin erittäin paljon sääliä etenkin, kun kyse oli niiden naisista.

Lähestyessämme Monroeta menimme läpi Walkerin divisioonan leirin (vahvuus 8000 miestä), joka oli marssimassa Arkansasista kohdatakseen Banksin. Divisioona oli noussut höyrylaivoihin ja oli jo matkalla alas "Wachitaa" pitkin kohti Red Riveriä, kun uutinen Alexandrian sortumisesta saapui, ja tieto liittovaltion tykkiveneiden läsnäolosta lähellä itse Wachitaa. Tämä sai aikaan kiireellisen paluun ja nopean Walkerin divisioonan purkamisen. Miehet olivat hyvin aseistettuja kiväärein ja pistimin, mutta heillä vaatteinaan rähjääntyneet siviilivaatteet. Vanha Matagordan mies tunnisti poikansa yhdestä näistä rykmenteistä; komea poika.

Monroe, joka on "Wachitan" varrella (lausutaan Washtaw), joka on hyvin kaunis ja leveä virta. Ylityksen jälkeen saavuimme hotelliin pimeän jälkeen.

Siellä vallitsi yleinen sekaannus; se oli täynnä sotilaita Walkerin divisioonasta, ja kukaan ei edes huomannut meitä.

Hädässäni kutsuin kenraali Hebertiä **[Suom. huom**. Louis Hébert (1820–1901)], joka komensi sitä paikkaa. Kerroin hänelle kuka olin, ja annoin hänelle esittelykirjeeni, jonka olin onneksi tuonut Kirby Smithiltä. Esittelin hänelle tapaukseni ja pyysin turvapaikkaa yöksi, joka minulle heti annettiin hänen omaan taloonsa.

Mississippi-joen ylittämisen vaikeus kasvoi, mitä lähemmäksi sitä pääsin, ja kenraali Hebert kertoi minulle, että oli hyvin epätodennäköistä, että voisin ylittää sitä missään kohtaa. Jenkkien tykkiveneet, jotka olivat pakottaneet tiensä Vickburgin ja Port Hudsonin lävitse, niin purjehtivat Mississippiä ja Red Riveriä pitkin, ja joidenkin niistä ilmoitettiin tulleen itse Wachitalle pienen Harrisonburgin linnoituksen lähelle, joka oli ainoa este niille ennen Monroeta.

Toisella puolella vihollisen voimat olivat lähellä Delhiä, vain 64 kilometrin päässä.

Siellä oli 40 tai 50 jenkkikarkuria armeijasta, joka piiritti Vicksburgiä. Nämä jenkkikarkurit sanoivat yleensä, kun heiltä kysyttiin syitä karkaamiseensa; "Hallituksemme on pettänyt meille antamansa lupaukset. Liityimme palvelemaan unionin puolesta, emme vapauttamaan noita Jumalan hylkäämiä mustia." Vicksburg oli tästä paikasta noin 128 kilometrin päässä.

Uutiset kenraali Leen voitosta Chancellorsvillestä olivat juuri saapuneet. Jokainen, joka oli kuullut niistä, niin otti ne hyvin viileästi, ja näyttivät ottavan ne asiaan kuuluvasti; mutta Stonewall Jacksonin haavoittumista yleisesti pahoiteltiin.

Toukokuun 11. päivä (maanantai) Kenraali Hebert oli komea kreoli. [22] Hän oli käynyt West Pointin ja palvellut vanhassa armeijassa, mutta myöhemmin hänestä oli tullut vauras sokeriruo'on viljelijä. Hänellä aikaisemmin Magruderin asema Teksasin ylipäällikkönä, mutta hänet oli nyt siirretty sivuun Monroehun, jossa hän odotti jäävänsä vangiksi päivänä minä hyvänsä; ja johtuen näistä sen aikaisista synkistä näkymistä, niin näytti hyvin todennäköiseltä, että ne eivät pettäisi hänen odotuksiansa. Hän oli erittäin karsas Englannin suuntaan siksi, että se ei tunnustanut etelää. [23]

Hän antoi minulle luvan mennä jokea alas höyrylaivalla, joka koettaisi viedä elintarvikkeita Harrisonburgiin; mutta samaan aikaan hän ilmoitti minulle, että jenkkien tykkivene saattaisi ottaa sen sotasaaliiksi.

Kello 1 iltapäivällä nousin aluksen matkalla Harrisonburgiin, jonka etäisyys Monroehun vesitse on noin 240 kilometriä ja maitse noin 120 kilometriä. Se on linnoitettu ja tarjoaa heikon esteen tykkiveneille joella Monroen suuntaan.

Höyrylaiva oli yksi omituisia amerikkalaisia jokialuksia, jotka nousevat hämmästyttäviin korkeuksiin vedestä kuin suuret puiset linnat. Sitä ohjattiin hytistä aivan sen huipulta ja tässä nimenomaisessa aluksessa oli yksi siipiratas perässä.

Joki oli aika kaunis; se oli 200:sta 300:aan metriä leveä, hyvin syvä ja työläs, ja suuria puita kasvoi juuri veden äärellä.

Kapteenimme ilmaisi matkan alussa hyvin selkein sanoin hänen äärimmäisen halveksuntansa retkeä kohtaan, ja sanoi, että hän täysin odottaa heidän kohtaavan tykkiveneen missä tahansa joen mutkassa.

Pian lähettyämme Monroesta ohitimme suuren plantaasin. Mustien asuinsijat olivat siellä laajemmat kuin monet teksasilaiset kaupungit, ja siellä pidettiin 300 henkeä.

Kuljettuamme noin puolisen tuntia meidät pysäytti ratsupalvelija (jota kutsuttiin kuriiriksi), joka joen rannalta huusi miellyttävät uutisensa, "He ovat taistelemassa Harrisonburgissa." Kapteeni kuullessaan tämän muuttui aika vihreäksi kasvoiltansa ja huomautti, että hän tulisi olemaan "jääräpäinen", jos hän ryntäisi sillä tavalla leijonan kitaan ja ehdotti kääntymistä takaisin; mutta häntä pilkkasivat kanssamatkustajani, jotka olivat joko upseereita tai sotilaita haluten ylittää Mississippi-joen palatakseen rykmentteihinsä eri konfederaation armeijoissa.

Yksi mukava kaveri, muita sotaisampi, ehdotti, että kun meillä oli joitakin Enfield-kivääreitä mukana, niin meidän pitäisi pyrkiä "hieman taistelemaan" tai ainakin "tekemään yhdestä tykkiveneestä maalitaulu." Olin helpottunut huomatessani, että nämä mielettömät ehdotukset eivät saaneet mitään innostusta enemmistössä.

Plantaasit, kun menimme lisää alas jokea, niin näyttivät hyvin kukoistavilta; mutta merkkejä valmisteluista välitöntä häipymistä olivat näkyvissä useimmissa niistä ja pelkäsin, että ne kaikki tulisivat pian olemaan hylätyt ja tuhotut.

Kohtasimme kuriirivartijan joka 25 kilometrin välein. Yksi niistä toi meille tietoa, "tykkiveneet on ajettu takaisin", josta syntyi suurta ilonpitoa ja kapteeni, joka sai takaisin taisteluhenkeänsä, niin tuli aika hilpeäksi ja tarjoutui antamaan minulle suosituskirjeen "erityiselle ystävällensä täältä, jota kutsutaan nimellä herra Farragut", mutta seuraavat uutiset, "yhä taistellaan", niin aiheutti meidät sitomaan aluksemme puuhun kello 8 illalla pienen kylän viereen, jonka nimi oli Columbia ja joka oli puolimatkassa Monroen ja Harrisonburgin välissä.

Sitten sytytimme suuren nuotion, jonka ympärille matkustajat kyykistyivät teksasilaiseen tapaan, jokainen mies vuollen puunpalaa ja keskustellen eri jenkkien vankiloiden hyvistä puolista New Orleansissa tai Chicagossa. Yksi heistä nähdessään minut, sanoi, "Luulen, britti, että jos jenkit saavat sinut kiinni kanssamme, niin he tulevat sanomaan sinulle, että olet hemmetin huonossa seurassa;" tämä toteamus sai aikaan yleistä hilpeyttä.

[22] Ranskalaisten siirtolaisten jälkeläisiä Louisianassa kutsutaan kreoleiksi; useimmat heistä puhuvat ranskaa, ja olen usein kohdannut louisianalaisia rykmenttejä puhuvan tuota kieltä.

[23] Kenraali Hebert on ainoa koulutettu mies, jonka tapasin koko matkallani, joka puhui negatiivisesti Englannista tässä mielessä. Useimmat ihmiset sanoivat ajattelevansa, että olemme aika oikeassa pysyessämme poissa niin kauan kuin vain voimme; mutta toiset ajattelivat, että hallituksemme oli hölmö hukatessaan niin loistavan tilaisuuden

"lyödä jenkkejä", joiden kanssa meille tulisi ennemmin tai myöhemmin kinaa.

Toukokuun 12. päivä (tiistai) Pian päivän valjettua kolme mustaa saapui Harrisonburgista, ja he kuvasivat taistelua, joka oli edelleen käynnissä. He sanoivat, että he olivat "kauhean peloissaan;" ja yksi heistä kertoi minulle, että hän olisi "mieluummin orja omistajallensa koko ikänsä kuin valkoinen mies ja sotilas."

Aamun aikana jotkin upseerit ja sotilaat jättivät veneen ja päättivät mennä maaston poikki Harrisonburgiin, mutta minä en hylkäisi harvoja matkatavaroitani ennen kuin minut pakotettaisiin toimimaan niin.

Aamun aikana kaksitoista mustaa lisää tuli Harrisonburgista. Näytti, että kolmesataa heitä, jotka olivat naapuriplantaasien omistajien omaisuutta, niin oli otettu tekemään linnoitteita, mutta he kaikki yhdessä tapauksessa pakenivat, kun ensimmäinen laukaus ammuttiin. Heidän ainoa ajatuksensa ja toivonsa näytti nyt olevan palaaminen herransa luokse. He kaikki puhuivat jenkeistä hyvin halveksivasti ja ilmaisivat toiveensa, että he eivät olisi missään tekemisissä sellaisten "pahojen ihmisten" kanssa.

Kapteenimme viileästi käytti heitä repimään alas aidat ja kantamaan puut höyrylaivaan käytettäväksi polttopuina.

Emme tehneet mitään koko päivänä, sillä kapteeni pelkäsi lähteä ja oli haluton palaamaan. Illalla uusi huoli tuli hänelle, sillä liittovaltion ratsuväki oli katkaissut konfederaation kuriirilinjat.

Yön pysyimme samassa paikassa kuin viime yön keula kohti virtaa ja valmiina lähtemään hetken varoitusajalla. [24]

[24] Yksi matkustajista mukana höyrylaivalla oli kapteeni Barney konfederaation laivastosta, joka sen jälkeen uskoakseni seurasi kapteeni Maffittia Florida-laivan komentajana. **[Suom. huom.** CSS Florida]

Toukokuun 13. päivä (keskiviikko) Aluksella oli metakkaa viime yönä; yksi upseereista oli ollut liian huomaavainen naista kohtaan ja sitten oli yllättäen häipynyt metsään paetakseen tämän huoltajan raivoa, ja hänestä ei ollut viisasta tulla takaisin. Oma uskollinen kumppanini useiden päivien ajalta, nuori raukka Missourista oli tänään sairaana ja kertoi minulle, että hänellä oli ollut "oikein mukava pieni kuume." Hoidin häntä joillakin lääkkeillä, joita herra Maloney oli minulle antanut ja hänen vointinsa parani iltaa kohden.

Meillä oli vartiomiehiä metsässä viime yönä. Kaksi matkatoveriani suorittaen tuota velvollisuutta kohtasivat mustan ja teeskentelivät olevansa jenkkejä pyytäen hänet liittymään mukaan. Hän suostui ja jopa tarjoutui varastamaan herransa hevoset; ja sitten hän sai valtavaa piiskaamista kahdelta sotilaalta, jotka käyttivät siihen latauspuikkojaan. **[Suom. huom.** Yleisimmät kivääriaseet olivat Yhdysvaltain sisällissodassa suustaladattavia rihlattuja musketteja, jotka olivat tarkempia kuin rihlaamattomat musketit ja halvempia valmistaa kuin rihlatut takaaladattavat kiväärit. Muskettien käyttämiseen tarvittiin latauspuikkoja.]

Kello yhdeksältä illalla [**Suom. huom.** Tässä voi olla Fremantlen ajatusvirhe niin, että hän tarkoittaa aamua, mutta ajatuksissaan kirjoitti ilta. Alkuperäisessä tekstissä tämä oli 9 p.m., kun sen olisi pitänyt ollaa 9 a.m.] kaikkien yllätykseksi kapteeni teki yllättäen päätöksen laskeutua jokea riskeistä piittaamatta ajatellen, luulen näin, että mikä tahansa on parempi kuin epävarmuus, joka vallitsi viimeisten 24 tunnin ajan.

Mitä pidemmälle menimme, niin sitä kauniimpaa maasto oli.

Kello neljä iltapäivällä kansalainen rannalla vakuutti, että tykkiveneet olivat todella vetäytyneet; ja kello 5.30 epäilyksemme asetettiin lepoon suureksi tyytyväisyydeksemme, kun näimme konfederaation lipun liehuvan Fort Beauregardin päällä korkealla Harrisonburgin pikkukaupungin yllä. Kun nousimme maihin, niin annoin esittelykirjeeni kenraali Hebertiltä eversti Loganille, joka komensi linnoitusta. Hän esitteli minut saksalaiselle upseerille, joka oli pioneeri.

He kertoivat minulle hyökkäyksestä ja neljän liittovaltion tykkiveneen, jotka olivat kommodori Woodfordin komennossa, torjumisesta, ja olettivat niiden alusten olleen Pittsburg (raudalla panssaroitu), General Price, Arizona ja yksi muu alus.

Fort Beauregard oli paljon pelottavamman näköinen linnoitus kuin olin saattanut odottaa ja sen vahvuutta oli ilmeisesti paljon aliarvioitu Monroessa.

Kukkula, joka oli 57 metriä korkea, niin nousi ylös suoraan Harrisonburgin takana, ja sillä kukkulalla oli jyrkänne ja

se oli linnoitettu. Se sijaitsi joen kulmassa ja kohden kahta pitkää
"suoraa", joiden pituus oli yli 3 kilometriä.

Tykkiveneet, sen jälkeen, kun ne olivat vaatineet
ehdotonta antautumista, jota oli kohdeltu suurella
halveksunnalla eversti Loganin taholta, niin ne avasivat tulen
kello kaksi iltapäivällä ja jatkoivat tulitusta aina kello 6.30 asti
ampuen noin 150 ammusta, jotka olivat 9- tai 11-tuumaisia.
Tykkiveneet avasivat tulen uudelleen noin tunniksi maanantaina
iltapäivällä, jonka jälkeen ne lopulta vetäytyivät, kun Arizona
rampautui.

Linnoitus ampui yhteensä 45 32-paunaista
ammusta (sileäputkisista tykeistä). Etäisyys oli noin 1,6
kilometriä.

Linnoituksen miehet ajattelivat, että he olivat
löysänneet useita Pittsburgin rautalevyjä. He tunsivat
luottamusta siihen, että he olisivat voineet upottaa puisia
aluksia, jos nämä olisivat koettaneet tunkeutua läpi; ja he olivat
luonnollisesti hyvin paljon ilahtuneita menestyksestänsä, jota
varmastikaan ei odotettu höyrylaivallani tai Monroessa.

Minulla ei ollut aikaa vierailla linnoituksen
sisäosissa, mutta näin tulituksen vaikutuksia ulkopuolella. Ne
ammukset, jotka osuivat hiekkaan, niin ne eivät räjähtäneet. Vain
kolme miestä oli haavoittunut linnoituksessa. He kertoivat
minulle, että Pittsburgin kannelle oli laitettu puuvillapaaleja
kiväärimiehiä varten.

Joki Harrisonburgin kohdalla oli noin 146 metriä
leveä ja hyvin syvä omaten keskinkertaisen virtauksen. Kaupunki,

joka oli alusten ja linnoituksen välissä, oli tietenkin kärsinyt huomattavasti tulituksen aikana.

Kun linnoitteet tulevat täysin valmiiksi, niin tulevat olemaan vielä pelottavampia.

Suureksi iloksemme eversti Logan päätti, että aluksemme pitäisi jatkaa heti Trinityyn, joka on 24 kilometriä lähempänä Natchezia (Mississippi-joella) kuin Harrisonburg.

Saavuimme sinne kahdeksalta illalla ja huomasimme, että tykkiveneet olivat juuri lähteneet tuhottuaan kaiken melassin ja rommin, mitä olivat löytäneet, sekä vieneet pois muutaman mustan.

Kuusi meistä ahtautui hyvin pieneen huoneeseen maksaen tästä ylellisyydestä dollarin vanhalle naiselle, joka oli mitä epävieraanvaraisin ja kertoi meille, että "hän ei halunnut nähdä sotilaita, sillä jenkit saattaisivat palata ja polttaa hänen talonsa kapinallisten majoittamisesta." Minua aina pidettiin konfederaation upseerina, osittain siksi, että liikuin heidän seurassaan ja osittain johtuen vaatteistani, joka sattui olemaan harmaa puku, joka oli melkein samaa värisävyä kuin useimpien sotilaiden takit.

Toukokuun 14. (torstai) Upseerit ja sotilaat, joita oli yhteensä kolmisenkymmentä, jotka tulivat alas Wachitaa pitkin mukanani, niin päättivät edetä Natcheziin tänään ja meillä tulisi olla hyvin kova päivän työ.

Mississippi-joen Louisianan puoleinen ranta on täysin tulvan alla siihen aikaan vuodesta ja joki itse oli täynnä vihollisen tykkiveneitä, jotka olivat päässeet Vicksburgin ja Port Hudsonin ohitse, jolloin tämä ohitse pääseminen sai aikaan vain sen, että teimme työlään matkan pienillä veneillä soiden ja purojen poikki.

Ryhmämme lähti Trinitystä kello 6 aamupäivällä yhdellä suurella jollalla ja kolmella pienemmällä aluksella. Minun aluksessani oli kahdeksan henkeä, joiden lisäksi oli musta soutajana, jonka nimi oli "Tucker." Meidän täytyi vuoroissa soutaa tämän arvokkaan miehen kanssa, ja pian huomasin, että hintani epämukavuudessa istua lähellä tätä hikoilevaa tummaihoista. Tämä musta oli hyvin voimakas mies, hyvin turhamainen ja hyvin altis imartelulle. Voitin hänen sydämensä kysymällä, että eikö hän olisi 6000 dollarin arvoinen. Pidimme hänet toiminnassa koko matkan ajan antamalla hänelle kehuja hänen voimistansa ja taidostansa. Yksi upseeri julisti, että hänen pitäisi koettaa mennä naimisiin tämän rakastajattaren (lesken) kanssa saadakseen tämän omaksensa.

Sen jälkeen, kun olimme menneet noin 13 kilometriä vastaan kolmea virtaa, jotka yhdistyvät ja antavat nimensä Trinitylle, niin käännyimme oikealle ja menimme kohti suurta ja tiheää suota. Tiheikkö oli niin tiivistä ja lävistämätöntä, että koimme mitä suurimpia vaikeuksia pakottaa kulkumme siitä lävitse; olimme usein pakotettuja menemään veteen keskuudessamme ja työntämään, kun samaan aikaan pääosa ryhmästämme kulki pitkin pengerrystä.

Kahden ja puolen tunnin työn jälkeen olimme kantaneet veneemme ruumiinvoimilla penkereen ylitse puroon, jonka nimi oli Log Bayou siksi, että siellä kellui useita tukkeja, jotka piti kohdata. Kun ylitimme suuren ja kauniin järven, niin se kohti meidät uudelle surkealle suolle, joka oli aivan yhtä tiheä kuin aikaisempi. Siellä eksyimme, ja ajoimme rantaan useita kertoja; mutta kokonaisuudessaan suurten ponnistelujen jälkeen pakotimme itsemme läpi ja saavuimme Lake Concordialle, joka oli hieno vesialue, joka oli useita kilometrejä leveä, ja nousimme maihin illan koittaessa herra Davisin plantaasille.

Nämä purot ja suot olivat täynnä alligaattoreita ja mitä myrkyllisimpiä käärmeitä. Näin monen jälkimmäisistä myöhemmin uivan siten altistuvan kovalle tulitukselle kuudestilaukeavista, mutta johtovene pelotteli alligaattorit pois.

Jolla ja yksi pienempi vene voittivat meidät ja niiden matkustajat saapuivat Natcheziin noin kello 9, mutta toinen pienempi vene, joka ei ollut Tuckerin vertainen, niin kadotettiin suolle ja kulutti siellä yön surkeassa kurjuudessa.

Sää oli mitä huonoin joko polttavan auringon tai rankkojen sateiden muodossa.

Etäisyys, jonka matkasimme pienellä veneellä, oli noin 45 kilometriä, jonka matkaamiseen käytimme aikaa 11 tuntia.

Noustuamme maihin vuokrasimme herra Davisin pienet kärryt herra Douglasille (haavoittuneelle missourilaiselle) ja kuormastolle, ja viimeistelimme päivän matkaamalla viitisen kilometriä syvässä mudassa, kunnes lopulta saavuimme paikkaan nimeltänsä Vidalia, joka on Louisianan puolella Mississippi-jokea Natchezia vastapäätä.

Vidaliassa sain valtavan ylellisen ja hyvin mukavan vuoteen täysin itselleni, joka salli minun riisua vaatteeni ja saappaani ensimmäiseen kertaan kymmeneen päivään.

Vuokraisäntä kertoi meille, että kolme vihollisen tykkivenettä oli ohittanut paikan päivän aikana; ja kuten hän sanoi, että niiden miehistöillä oli usein tapana nousta maihin Vidaliassa, jolloin hän varoitti sotilaiden olevan valmiina syöksymään metsään mihin aikaan tahansa yön aikana.

Veneessäni oli kaksi asevelvollista, joista yksi oli irlantilainen ja toinen puolalainen. He tunnustivat minulle yksityisesti oman äärimmäisen inhonsa sotilaan ammattia kohtaan; mutta samaan aikaan tiedostivat kansanjoukkojen innon sotaa kohtaan.

Toukokuun 15. päivä (perjantai) Nukuin melkein kellon ympäri eilisen ponnisteluiden jälkeen. Herra Douglas ja minä ylitimme jokien isän ja nousimme maihin Mississippin puolella kello 9 aamulla.

Natchez oli sievä pieni kaupunki, jossa oli noin 6000 asukasta. Se oli rakennettu korkean kallion huipulle Mississippi-joen päälle paikkaan, jossa joki oli hieman yli kilometrin levyinen.

Kun saavuin Natcheziin, niin vuokrasin vaunut ja esittelykirje mukanani, jonka olin tuonut San Antoniosta, niin ajoin herra Haller Nuttin talolle, joka sijaitsi noin kolme kilometriä kaupungista.

Maisema Natchezissa oli erittäin kaunista ja maasto oli kukkulaista omaten paljon hienoja puita. Herra Nuttin paikka muistutti minua paljon englantilaisen herrasmiehen maaseutuasunnosta, paitsi, että talo itsessään muistutti pagodaa, mutta se oli kauniisti kalustettu.

Herra Nutt oli äärimmäisen kohtelias ja mitä innokkain, että jäisin Natcheziin muutamaksi päiväksi; mutta nyt oli täysin sitoutunut matkustamiseen, niin olin päättänyt mennä Vicksburgiin, kun kaikki äskettäiset tiedot viittasivat suuriin sotatoimiin, jotka tulisivat tapahtumaan siellä ennen pitkää.

Olin mukavasti ajatellut saapumistani Natcheziin sen jälkeen, kun kaikki vaikeuteni olisivat ohitse; mutta hyvin pian huomasin, että se oli katoavaa toivoa. Huomasin, että Natchez ol täynnä mitä synkimpiä huhuja. Toinen jenkkien isku nähtävästi olisi tehty Mississippin osavaltion sisäosiin, jolloin lisää rautatietä ilmoitettiin tuhotun ja suuria epäilyjä kerrottiin minulle, että pystyisinkö ollenkaan menemään Vicksburgiin.

Kuitenkin, kuten huomasin, että muut ihmiset olivat yhtä päättäväisiä jatkamaan minä, joten vuokrasimme 100 dollarilla kyydin Brookhaveniin, joka on lähin paikka rautatiellä ja etäisyys Natchezista sinne on noin 106 kilometriä.

Matkakumppaneitani olivat lihava valtion urakoitsija Teksasista, haavoittunut missourilainen herra Douglas ja ruma nainen, joka oli Vicksburgissä olevan sotilaan vaimo.

Lähdimme Natchezista kello 12 päivällä ja meillä oli kuskina musta nimeltänsä Nelson; vaunut ja kolme hevosta kuuluivat hänelle, ja hän ajoi niitä omaksi hyödykseen; mutta hän oli joka tapauksessa orja ja maksoi omistajalleen 4,5 dollaria viikossa työskennelläkseen omaksi hyödykseen. Hän oli aika turhamainen ja jopa huvittavampi kuin Tucker. Hän sanoi, että hän "ei halunnut nähdä yhtään jenkkiä, tai olla yhtään vapaampi kuin hän jo nyt oli;" ja hän ajatteli, että sota oli jo kestänyt neljä tai viisi vuotta.

Jokaiselta matkaajalta, jonka kohtasimme, niin kysyttiin innokkaasti kysymyksiä, "Ovatko jenkit Brookhavenissa? Onko rautatie toiminnassa?" Ensiksi saimme tyydyttäviä vastauksia; mutta kello 6 illalla kohtasimme upseerin, joka oli ajamassa kohti Natchezia kovaa vauhtia; hän antoi meille huolestuttavaa tietoa, että Jacksonia evakuoitaisiin. Jackson oli tämän osavaltion pääkaupunki, suuri rautateiden risteyskohta, ja sieltä menivät suuret tiet jokaisen sivistyneeseen paikkaan, niin tuntemuksemme voidaan kuvitella, mutta emme uskoneet sitä mahdolliseksi. Toisaalta meille kerrottiin, että kenraali Joseph Johnston [**Suom. huom.** kenraali Joseph E. Johnston (1807–1891)] oli tullut ja ottanut komentoonsa Mississippin alueen sotavoimat. Hän vaikutti olevan upseeri, johon joka paikassa oli vankkumaton luottamus.

Nukuimme maalaistalossa. Kaikki miehet olivat poissa sodassa, ja on mahdotonta liioitella naisten epäonnista tilaa, kun heidät oli jätetty tällaisille maatiloille; heillä tuskin oli mitään vaatteita, ja heillä ei ollut muuta kuin karkeaa pekonia ruuaksi ja olivat surkean epävarmoja heidän sukulaistensa kohtaloista, joiden kanssa he tuskin pystyivät viestimään. Heidän orjansa kuitenkin pysyivät heille yleensä uskollisina.

Emäntämme, vaikka häntä olikin kohdannut mitä suurin hätä, niin oli hyvätapainen ja äärimmäisen hyvin koulutettu; paljon parempi asemaansa kuin vastaavassa samassa olevat naiset Englannissa.

Toukokuun 16. päivä (lauantai) Lähdimme liikkeelle hieman ennen auringonnousua, ja valjakkomme näytti hyvin kehnolta, jolloin ilmaisimme epäilymme eläinten jaksamisesta herra Nelsonin suureksi nöyryytykseksi.

Söimme aamiaisen toisella pienellä maatilalla, jossa oli epätavallisen kovaa pekonia ja kahvia, joka oli tehty makeista perunoista. Paikalliset keskellä kovia koettelemuksiansa olivat itsenäisyydestä taistelemisen kannalla loppuun asti ja kuulin heidän sanovan, "tämä on mitä epäoikeudenmukaisen sota, mitä on koskaan käyty kansaa kohtaan kuolevaisten toimesta."

Kello 11 kohtasimme suuren joukon mustia, jotka olivat paenneet soita pitkin pois jenkkien tieltä ja olivat nyt palaamassa Louisianaan.

Kello 2 haavoittunut sotilas antoi meille surkeaa tietoa, että vihollinen oli tosiaan rautatiellä Jacksonin ja Brookhavenin välissä, ja Jackson oli sen käsissä. Nämä uutiset järkyttivät meitä kaikkia ja Nelson huolestui surkeiden eläimiensä turvallisuudesta; mutta me kaikki olimme päättäneet jatkaa kaikista vaaroista huolimatta ja katsoa, mitä tulee tapahtumaan.

Pysähdyimme syömään lounasta maatilalle, jossa oli seitsemän neitsyttä laitettu kaikki riviin. He olivat kaikki kauniita, mutta ujoja ja häveliäitä niin paljon, että en ole koskaan nähnyt sitä. Kaikki tämän maan nuoret naiset ovat joko epätavallisen suorapuheisia tai muuten äärimmäisen ujoja.

Mitä pidemmälle menimme, niin sitä varmemmaksi tulivat uutiset Jacksonin sortumisesta.

Vietimme yön vanhan maanviljelijän verannalla. Hän kertoi meille, että jenkki Griersonin hävitysretki oli vanginnut hänet kolme viikkoa aikaisemmin. Hän ajatteli, että jenkkien vahvuus oli 1500 miestä; he ottivat kaikki hyvät hevoset ja jättivät väsyneet jälkeensä. He tuhosivat rautatietä, hallituksen omaisuutta, ja aseita, päästivät kaikki miehet, niin vanhat kuin nuoret ehdonlaiseen vapauteen, mutta he eivät tehneet mitään hirmutekoja. Tällä tavalla he matkasivat koko Mississippin osavaltion lävitse kohtaamatta mitään vastarintaa. He olivat komeita miehiä luoteisista osavaltioista.

Toukokuun 17. päivä (sunnuntai) Lähdimme taas liikkeelle kello 4.30 aamulla ja kohtasimme viisi haavoittunutta miestä, jotka olivat joutuneet vangituiksi ja päästetty ehdonalaiseen Banksin toimesta Louisianassa; he vahvistivat kaiken Jacksonin sortumisesta, joka sai minut ajattelemaan itseäni erittäin epäonniseksi ja ilmeisesti kohtalonani tulee aina olemaan joutua pohjoisten joukkojen pysäyttämäksi, joka tapahtui minulle jo Alexandriassa, Harrisonburgissa, ja nyt taas Jacksonissa.

Kello 8 aamulla saavuimme pieneen Brookhavenin kaupunkiin, joka oli täynnä matkustavaisia, pääasiassa konfederaation sotilaita, jotka olivat innokkaita liittymään rykmentteihinsä.

Maxeyn prikaati lähti sieltä viime yönä liittyäkseen kenraali Johnstoniin, jonka oletettiin kokoavan voimiansa paikkaan nimeltä Canton, joka ei ollut kaukana Jacksonistä.

Kutsuin kapteeni Matthewsin, upseerin, joka komensi Brookhavenia, ja esiteltyäni itseni hän lupasi auttaa minua kaikin hallussaan olevin keinoin tapaamaan kenraali Johnston.

Sen jälkeen menin metodistikappeliin; siellä oli paljon sotilaita ja suuri määrä naisia.

Iltapäivällä, juuri kun olin masentua olosuhteista jatkaa eteenpäin, niin veturi yllättäen saapui asemalta, jonka nimi oli Haslehurst ja toi meille tiedon, että jenkit olivat yllättäen hylänneet Jacksonin tuhottuaan kaikki hallitusrakennukset ja suuren määrän yksityistä omaisuutta.

Tämä uutinen sai näkymämme kirkastumaan.

Toukokuun 18. päivä (maanantai) Noustuamme ylös kaikki vaikutti hyvin epävarmalta ja tuhat vastakkaista raporttia ja huhua oli olemassa.

Kello 8 otin yhteyttä kapteeni Matthewsiin ja kerron hänelle vakaan haluni edetä kohti Johnstonin armeijaa mistään riskistä huolimatta. Hän ystävällisesti esitteli minut veturin ajajalle, joka tarjoutui viemään minut muutaman kilometrin päähän Jacksonistä, jos hän ei joutuisi vihollisen saartamaksi, joka vaikutti hyvin todennäköiseltä.

Kello 9 istuin alas yhdessä noin 20 sotilaan kanssa veturiin ja aloitimme matkamme kohti Jacksonia.

Saapuessamme Crystal Springsiin, noin puolimatkaan Jacksonista, löysimme kenraali Loringin divisioonan ylittämässä rautatietä ja marssivan itään. Se oli lyöty menettäen pääosan tykistöstänsä kolme päivää aikaisemmin ja oli eristettynä kenraali Pembertonista. **[Suom. huom.** kenraali John C. Pemberton (1814–1881)]

Kello viisi kuljettaja pysäytti veturin ja asetti meidät paikkaan, joka oli noin 15 kilometrin päässä Jacksonistä ja kun en pystynyt hankkimaan itselleni suojaa, ruokaa tai kuljetusta, niin oli hirvittävässä paikassa.

Tässä tilanteessa ranskalainen poika ratsasti hevosen selässä ja tarjoutui kuljettamaan satulalaukkujani niin kauas kuin Jacksoniin, jos pystyisin kävelemään sinne ja kantamaan jäljelle jääneet matkatavarat mukanani.

Ystävällisesti hyväksyin tämän odottamattoman tarjouksen, jolloin aloin kävellä hänen kanssaan rautatietä pitkin, kun hän vakuutti minulle, että jenkit olivat tosiaan lähteneet; ja matkan aikana hän antoi kuvauksen heidän toiminnastaan sinä lyhyenä aikana, kun he miehittivät kaupunkia.

Saapuessamme noin 5 kilometrin päähän Jacksonistä, niin huomasin, että vihollinen oli tuhonnut rautatien repimällä kiskot pois, tehneet ratapölkyistä kasan ja sitten laittanut kiskot niiden kasojen päälle, jonka jälkeen he olivat sytyttäneet pölkyt palamaan, joka oli saanut kiskot taipumaan, kun ne olivat punahehkuisen kuumia; puinen silta oli myös sytytetty palamaan ja siitä tuli yhä savua.

Noin kahden ja puolen kilometrin päässä Jacksonistä kohtasin neljä miestä, jotka pysäyttivät minut ja kyselivät minulta epäilyttävästi, mutta he antoivat minun jatkaa matkaani sanoen, että nämä "olivat hyvin omituisia" aikoja.

Puolentoista kilometrin päässä kohtasivat pienen kaivannon, jolle oli annettu nimeksi Jacksonin linnoitteet. Pieni taistelu oli käyty täällä neljä päivää aikaisemmin, kun kenraali Johnston oli evakuoinut kaupungin.

Kun menin sisälle tähän kaivantoon, niin tulin paikkaan, johon suuri määrä jenkkejä oli aikaisemmin leiriytynyt; he olivat sytyttäneet palamaan suuren määrän varastoja ja aseita, joita he eivät voineet viedä mukanaan, ja jotka olivat edelleen palamassa ja olivat osittain tuhoutuneet. Huomasin myös suuren määrän keihäitä ja keihäänkärkiä romujen keskuudessa.

Kaupungin portilla ranskalainen poika vei minut sukulaistensa taloon ja ojensi minulle satulalaukkunsa. Nämä ranskalaiset ihmiset kertoivat, että heitä oli kohdeltu hyvin huonosti huolimatta heidän Ranskan kansallisuudestansa. He näyttivät minulle rikottuja huonekaluja ja he vakuuttivat minulle, että heiltä oli ryöstetty kaikki arvokas.

Sitten heitin satulalaukkuni olkapäälleni ja kävelin savun ja hylättyjen katujen läpi kohti Bowmont House Hotellia.

En ollut edennyt pitkälle, kun mies, jolla oli pitkä valkoinen tukka ja valtava revolveri ratsasti luokseni ja tarjoutui kantamaan satulalaukkujani. Sitten hän kysyi, kuka olin ja sen jälkeen, kun olin kertonut hänelle, niin hän ajatteli muutaman hetken ja sitten sanoi, "Hyvä herra, sinun täytyy antaa minulle anteeksi, mutta jos olet brittiupseeri, niin en ymmärrä mitä ihmettä olet tekemässä Jacksonissa juuri nyt." En voinut tehdä muuta kuin myöntää, että tämä oli aika luonnollinen ajatus ja läsnäoloni tässä poltetussa kaupungissa täytyi näyttää aika oudolta, etenkin kuin olin myöntänyt, että olin siellä täysin omasta tahdostani ja omaksi huvikseni.

Herra Smythe, joka oli tämän kaverin nimi, sitten kertoi minulle, että jos todella olin sellainen henkilö, niin minua tulisi kaikkien kohdella hyvin; mutta jos en pystyisi todistamaan olevani englantilainen upseeri, niin sitä, mitä tulisi tapahtumaan, niin ei ollut vaikea ennustaa ja ajatus siitä sai aikaan epämiellyttävää tunnetta kurkussani.

Herra Smythe antoi minun ymmärtää, että minun täytyi pysyä sillä hetkellä vankina. Hän järjesti minulle huoneen Bowmont House Hotelliin ja huomasin nopeasti olevani ympäröitynä ryhmän innokkaita ja jännittyneitä kansalaisia toimesta, jotka Smythe oli kutsunut suorittamaan tarkasteluani.

Ensiksi he olivat taipuvaisia erimielisyyteen. He tarkastelivat vaatteeni ja kiistelivät siitä, että oliko ne valmistettu Englannissa. Jotkut, jotka olivat olleet Lontoossa, niin esittivät minulle kysymyksiä suurkaupungin kaduista ja rykmentistäni. Yksi huomautti, että olin "hyvin nuori everstiluutnantiksi."

Kun huomautin, että heidän pitäisi kohdella minua asianmukaisella kunnioituksella, kunnes todistettaisiin, että olisin vakooja, niin he vastasivat, että jenkit olivat julmasti polttaneet kaupungin ja siellä oli ollut monia epäilyttäviä henkilöitä.

Kaikki näytti nyt hyvin uhkaavalta ja tuli selväksi minulle, että mikään ei voisi helpottaa näiden miesten mieliä niin kuin kunnon hirttäjäiset. Katsoin turhaan jotakuta, joka kuuntelisi näkemykseni ja en edes saanut ketään henkilöä tarkastelemaan papereitani.

Tässä kriittisessä tilanteessa uusi hahmo ilmaantui paikalle ison ja raskaan miehen muodossa, joka sanoi minulle: "Olen tohtori Russell; olen irlantilainen ja vihaan Britannian hallitusta ja Englannin kansakuntaa; mutta jos olet tosiaan upseeri Coldstream Guardista, niin ei ole olemassa mitään, mitä en tekisi puolestasi, tulet talooni ja suojelen sinua."

Näytin heti tohtori Russellille passini ja esittelykirjeeni kenraali Johnstonille ja muille konfederaation upseereille; hän sanoi niiden olevan aitoja luvaten tukea minua ja halusi minun lähtevän kanssaan heti.

Mutta tarkkaillessani Smythen ja hänen kaveriensa olemusta, niin he eivät ilmaisseet millään tavalla tyytyväisyyttänsä tähän järjestelyyn, jolloin sanoin, että päätin pysyä siellä, kunnes sotilasviranomaiset olivat minut vapauttaneet ja niin tapaamista niiden kanssa heti.

Hyvin komea ratsuväen upseeri, jonka nimi oli kapteeni Yerger, saapui pian paikalle, ja hän myös vapautti minut heti; hän pyysi minut äitinsä taloon ja lupasi, että minun pitäisi liittyä mukaan prikaatin, joka lähtisi marssille kenraali Johnstonin leiriin seuraavana aamuna.

Kaikki kansalaiset vaikuttivat tyytyväisiltä keskusteluuni kapteeni Yergerin kanssa ja useimmat heistä tahtoivat kätellä ja "juoda yhdessä" kauheata viskiään.

Smythe oli kuitenkin poikkeus tähän sääntöön. Hän ilmeisesti kuvitteli, että hän oli tehnyt suuren vangitsemisen ja hän ei ollut tyytyväinen tilanteen saamiin käänteisiin. Uskon, että tulee pitämään minua vakoojana kuolinpäiväänsä asti, mutta se selitettiin minulle, että jenkit polttivat hänen talonsa kaksi päivää aikaisemmin, joka oli tehnyt hänestä epätavallisen kiivaan.

Minulle kerrottiin, että tohtori Russell oli pelastanut omaisuutensa ryöstelyltä seuraavalla tavalla: Hän oli istunut kuistillaan käsissään ladattu kaksipiipuinen ase ja kun ryöstelijät olivat lähestyneet, niin hän oli puhunut heille seuraavalla tavalla: "Kukaan ihminen ei kuole kuin kerran, ja en tule olemaan koskaan valmiimpi kuolemaan kuin nyt olen; mikään ei estä teitä menemästä tähän taloon paitsi se, että tulen tappamaan teistä kaksi ensimmäistä, jotka sitä koettavat, niin tällä aseella. Nyt herrasmiehet jatkakaa matkaanne." Tämä puhe oli säästänyt tohtori Russellin lisäongelmilta ja hänen omaisuutensa oli selvinnyt siinä, missä hänen naapuriensa omaisuus oli raunioitunut.

Jackson, Mississippin osavaltion pääkaupunki, oli tärkeä paikka. Siellä kohtasivat neljä rautatietä ja ne oli tuhottu joka suuntaan viidestä kahdeksaan kilometrin matkalta. Kaikki lukuisat tehtaat oli poltettu vihollisen toimesta, joka oli tietenkin oikeutettu tekemään näin; mutta lyhyessä 36 tunnin ajassa, jonka kenraali Grant miehitti kaupunkia, niin hänen joukkonsa mielettömästi ryöstelivät melkein kaikki yksityiset kodit. He tyhjensivät kaikki varastot ja tuhosivat sen, mitä eivät voineet kantaa mukanaan. Melkein kaikki oli tehty aivan kenraali Grantin silmien edessä, jonka nimi on Bowmont House Hotellin vieraskirjassa. **[Suom. huom.** kenraali Ulysses S. Grant (1822–1885), myöhemmin Yhdysvaltain 18. presidentti.]

Näin katolisen kirkon rauniot, papin talon ja päämiehen talon, jotka olivat yhä palamassa yhdessä monien muiden rakennuksien kanssa, joilla ei ollut mitään yhteyksiä konfederaation hallitukseen. Koko kaupunki oli surkeassa tilassa ja esitettynä kurjasti tästä näkökulmasta.

Mikään ei voinut ylittää sitä voimakasta vihaa ja raivoa, jolla kansalaiset puhuivat näistä vääryyksistä, joita oli tapahtunut; heidän halustansa kostaa, ja toiveistansa, että musta lippu voitaisiin nostaa. [25]

Olin aikaisemmin kuullut Jacksonin asukkaiden puheista, että he eivät olleet kovinkaan innokkaita sodasta. Taivas tietää, että kenraali Grant oli nyt muuttanut heidät hyviksi ja vakaviksi kapinallisiksi.

Kello 8 illalla minut kutsuttiin kapteeni Yergerin taloon ja tapasin hänet, sekä kenraali Gistin yhdessä toisen upseerin kanssa maaten vatsallaan kartan päällä. Kapteeni Yerger esitteli minut perheensä naisille, jotka olivat erittäin kauniita, hyvin ystävällisiä ja hyvin isänmaallisia.

Talo oli ihana ja se oli kaupungin ulkopuolella, jolloin sillä oli ollut hyvää onnea välttää tuho ja ryöstely.

Illallisen jälkeen naiset leikkivät ja lauloivat ja päätin tapahtumarikkaan päivän hyvin sopuisalla tavalla.

Kenraali Gist lupasi, että voisin liittyä hänen prikaatiinsa huomenna sen marssiessa kohti kenraali Johnstonia ja rouva Yerger pyysi, että yöpyisin hänen talossaan.

Tässä osassa maata konfederaatio näkyvät vaikuttivat jo hyvin synkiltä. Kenraali Joseph Johnston, joka komentaa koko Western Departmentia, niin vasta saapui Tennesseestä viime keskiviikkona ja seuraavana päivänä hän huomasi olevansa pakotettu hylkäämään Jackson ylivoimaisen liittovaltion armeijan edessä käytyään lyhyen taistelun, jonka ansiosta hänen kuormastonsa pääsi pakoon.

Kenraali Pemberton, jolla oli ollut siihen korkein komentovalta, niin kaikki pilkkasivat häntä. Hän oli kärsinyt lauantaina tappion Baker´s Creekissä, jossa hän oli menettänyt pääosan tykistöstänsä. Hän oli vetäytynyt Vicksburgiin, ja nyt oli siellä täysin piiritettynä voittoisan Grantin toimesta.

Kenraali Maxeyn prikaati, noin 5000 miehen vahvuinen, oli lähellä Brookhavenia ja oli marssimassa itään, kun olin siellä. Kenraali Loringin voimat, jotka oli eristetty Pembertonista, olivat lähellä Crystal Springsiä. Kenraali Johnston, jolla oli komennossaan noin 6000 miestä, niin hänen oletettiin olevan lähellä Cantonia. Kenraali Gistin joukot, noin 5500 miehen vahvuiset, niin olivat lähellä saavuttuaan Etelä-

Karolinasta ja Georgiasta liian myöhään puolustaakseen
Jacksonia.

Vihollinen, jota komensi kenraali Grant, omasi
paljon voimakkaammat joukot ja oli painostamassa Vicksburgia
hyvin voimakkaasti ja oli nyt saartanut sen linnoituksen täysin.

Konfederaation päätavoite oli tietenkin yhdistää
hajanaiset voimansa kyvykkään kenraali Johnstonin alaisuuteen
ja sitten mennä auttamaan Vicksburgiä.

[25] Sen päivän jälkeen epäonnekas Jacksonin
kaupunki joutui uudestaan liittovaltion joukkojen ryöstelemäksi
Vicksburgin antautumisen jälkeen.

Toukokuun 19. päivä (tiistai) Bowmont Housen
vuokraisäntä järjesti aamiaisen kello 7 aamulla kenraali Gistille
ja hänen esikunnallensa, johon myös minut oli kutsuttu.

Pian tämän jälkeen minulle annettiin oudot pienet
kärryt, jotka kuuluivat luutnantti Martinolle, joka oli
espanjalainen konfederaation armeijassa. Nämä vaunut
aiheuttivat huomattavaa huvittuneisuutta sotilaiden
keskuudessa, jotka kutsuivat niitä kanavaunuiksi.

Lähdimme Jacksonista etujoukkojen kanssa n.
kello 8 aamulla niin, että meille heilutettiin paljon nenäliinoilla ja
meille heitettiin kukkia muutamien sinne jääneiden naisten
toimesta, jotka edelleen asuivat siinä hylätyssä paikassa.

Sotajoukko kenraali Gistin komennossa koostui
kolmesta heikosta prikaatista, joista etujoukko koostui

georgialaisista ja etelä-karoliinalaisista. seuraavat olivat teksasilaisia, joita komensi kenraali Ector; ja viimeiset olivat arkansasilaisia. Kenraali Gistillä oli 12 hyvännäköistä Napoleon-tykkiä **[Suom. huom.** Nämä olivat sileäputkisia eli rihlaamattomia 1860-luvun kenttätykkejä] mukanaan, jotka olivat 12-paunaisia. Hevoset olivat hienoja eläimiä ja ne olivat hyvässä loisteliaan hyvässä kunnossa ottaen huomioon sen, että ne olivat olleet kymmenen päivää rautateillä tullessaan Etelä-Karolinasta.

Joukot olivat karkeasti, mutta tehokkaasti puetut; heidän saappaansa olivat hyvässä kunnossa, ja kaikki oli aseistettu Enfield-kiväärein.

Sää oli hyvin kuuma ja pysähdyimme leiriytymään yötä varten paikkaan, joka oli noin 27 kilometrin päässä Jacksonistä tiellä Vicksburgin suuntaan.

Georgialaisten eksyminen oli suurinta, mitä saattoi kuvitella; miehiä pyörtyi tusinoittain ja näytti sopivan heidän oman mukavuutensa mukaan sen suhteen ilman, että heidän upseerinsa sekaantuisivat siihen asiaan. Mutta minulle kerrottiin, että nämä rykmentit eivät olleet marssineet yhtään aikaisemmin, vaan ne oli majoitettu linnoituksiin ja kuljetettu rautateitse.

Maastoa peittivät paljolti metsät ja se oli hiekkaista niin, että siellä oli hyvin vähän vettä.

En ajattele, että joukot olisivat marssineet järkevästi; ne pysäytettiin liian pitkäksi aikaa, ja eikä tarpeeksi usein. Kuormasto tuotiin maaston poikki käyttöön lunastetuissa kärryissä.

Leiriydyimme metsään lähelle hyvin kaunista taloa, joka kuului plantaasinomistaja eversti Robinsonille. Nämä laajat metsiköt ovat loistavia leiripaikkoja.

Kenraali State Rights Gist **[Suom. huom.** Hänen elinaikansa oli (1831–1864]] oli vain 32-vuotias iältänsä ja vaikka häntä ei ollutkaan koulutettu sotilaaksi, niin hän näytti helposti sopeutuneen sotilaalliseen ammattiin. Hän näytti päättäväiseltä mieheltä ja hän otti vastuunsa hyvin viileästi. Päivän alkupuolella hän oli hyvin epävarma kenraali Johnstonin tarkasta sijainnista, mutta puolenpäivän aikaan saapui kuriiri, joka toi tärkeätä ja tyydyttävää tietoa hänelle, sillä muuten kenraali Gistin piti tehdä päätöksensä jollain "kummalla tavalla" ennen kuin risteys tulisi vaikuttamaan asioihin. Hän kertoi minulle, että nykyinen retki oli aika epäsopiva hänelle, sillä hän oli juuri mennyt naimisiin kolme päivää ennen kuin hän lähti Charlestonista. Hän antoi minulle loistavan viltin ja nukuin hyvin mukavasti avoimessa maastossa ensimmäistä kertaa sen jälkeen, kun olin Teksasissa.

Toukokuun 20. päivä (keskiviikko) Kello 3 olimme hereillä, kun suuri tykistökeskitys oli käynnissä Vicksburgissa, joka kesti noin kolme tuntia. [26]

Vanha musta löi koolle kutsumiskäskyn kello 7 tehden sen hajonneella rummulla ja sen ääntä sotilaat tervehtivät kovilla huudoilla.

Kenraali Gist, hänen esikuntansa ja minä söimme aamiaista herra Robinsonin kanssa, jonka talo oli ihana ja kauniisti koristeltu, ja jonka luona jenkit eivät olleet vierailleet.

Meillä oli mukanamme hullu vanha maalari nimeltänsä X, joka vaati päästä mukaan kolonnaan ratsastaen surkealla eläimellä, jonka vihollinen oli jättänyt jälkeensä siksi, että se ei ollut poisviemisen arvoinen. Vähäiset jäänteet tämän surkean vanhan miehen järjessä olivat pirstoutuneet jenkkien toimesta pari päivää aikaisemmin; he olivat ryöstäneet hänet täysin vieden hänen hevosensa, muulinsa, lehmänsä ja sikansa, ja varastaen hänen vaatteensa ja kaiken, mitä he olivat halunneet tuhoten sen, mitä eivät voineet viedä pois. Mutta mikä ”suututti” häntä eniten, oli se, että hänen luonaan oli vieraillut liittovaltion upseeri naamioituneena konfederaation univormuun. Surkea vanha X täynnä kapinallista intoa, kutsuttuna toimi niin, jolloin ryhmä ratsumiehiä tämän upseerin takana, ja hän itse paljastivat todellisen puolensa; hänen suuttumuksensa ja raivonsa saatettiin kuvitella, kun hän löysi itsensä pian tämän jälkeen aivan keskeltä liittovaltion armeijan leiriä; mutta jenkkikenraali McPherson **[Suom. huom.** kenraali James B. McPherson (1828–1864)] määräsi hänet vapautettavaksi; ja näytti olevan syynä hänen kidnappaamiseensa, että häneltä pyrittiin saamaan suuri määrä kultaa, jonka hänen oletettiin kätkeneen jonnekin.

Tämä herra (tai majuri [27]) alkoi pitämään minusta hyvin paljon ja vaati ottamaan jonkin verran maissisilkkiä kuningatar Victorialle, jotta hänelle voitaisiin näyttää, että kuinka edistyneitä satoja on Missisippissä. Oli melkein kivuliasta kuulla tavoista, joilla tämän surkea vanha mies uhosi koskien kuolleiden jenkkien ruumiita Jacksonissa ja hänen innokkaasta halustansa tappaa heitä lisää.

Kolonna Livingstonin kylään tai pikkukaupunkiin kello 11, jossa minut esiteltiin nostoväen kenraalille ja hänen kauniille tyttärellensä; jälkimmäinen oli mennyt naimisiin kaksi päivää aikaisemmin haavoittuneen konfederaation upseerin kanssa, mutta onnellinen pari olivat juuri lähtemässä Yazoo-joelle, kun he pelkäsivät jenkkien häiritsevän heidän onnellisuuttansa.

Kuulin nyt kaikkien puhuvan Vicksburgin sortumisen olevan hyvinkin mahdollista ja sen joutumista hengenvaaraan pidettiin kenraali Pembertonin **[Suom. huom.** kenraali John C. Pemberton (1814–1881)] syynä, josta puhuttaessa mitkään sanat eivät olleet liian karkeita. Häntä kutsuttiin vapaasti pelkuriksi ja petturiksi. Hänellä oli epäonnea omata pohjoinen syntyperä, jota käytettiin siellä kaikkialla häntä vastaan.

Kenraali Gist ja minä olimme kolonnan edessä ja saavuimme kenraali Johnstonin leiriin kello kuusi iltapäivällä.

Kenraali Johnston otti minut vastaan suurella ystävällisyydellä, kun annoin hänelle esittelykirjeeni ja sanoin syyni vierailla konfederaation armeijoiden luona.

Olemukseltansa kenraali Joseph E. Johnston (yleensä häntä kutsuttiin nimellä Joe Johnston) oli aikalailla alle keskimittainen, salskea, sotilasmainen ja hyvin rakentunut; hänen piirteensä olivat hyvät ja hän oli äskettäin alkanut pitämään harmahtavaa partaa. Hän oli virginialainen syntyjään ja näytti olevan noin 57-vuotias. Hän puhui rauhallisesti, harkitusti ja luottamusta herättävästi; minulle hän oli erittäin ystävällinen, mutta hän varmasti omasi voimaa pitää ihmiset etäällä, jos hän niin päätti toimia ja hänellä oli selvästikin upseeriensa suuri kunnioitus. Hän eli hyvin yksinkertaisesti ja silloin hänen keittovälineensä sisälsivät vain vanhan kahvipannun ja paistinpannun, jotka kumpikin olivat hyvin huonolaatuisia. Siellä oli vain yksi haarukka (jonka yksi piikki oli poissa) hänelle ja hänen esikunnallensa, ja tämä annettiin minulle seremoniallisesti "vieraana."

Hän epäilemättä oli hankkinut kaikkien upseerien ja sotilaiden täyden luottamuksen alaisuudessaan. Monet hänen upseereistansa kertoivat minulle, että he eivät pitäneet häntä huonompana kenraalina kuin Leetä tai ketään muuta.

Hän kertoi minulle, että Vicksburg oli varmasti kriittisessä tilassa ja se oli tiukasti Grantin piirittämä. Hän sanoi, että hän (Johnston) omasi 11000 miestä itsellään (johon kuului Gist), tuskin yhtään ratsuväkeä, ja vain 16 tykkiä; mutta jos hän saisi riittävästi täydennysvoimia, niin hän sanoi tarkoituksensa olevan mennä vapauttamaan Vicksburg.

Tein tuttavuutta myös georgialaisen kenraali Walkerin kanssa, joka oli raivokas ja hyvin sodanhaluinen kiihkoilija, ja joka oli raivoissaan jouduttuaan evakuoimaan Jacksonin sen jälkeen, kun hän oli tuhonnut vain 400 jenkkiä. Hän sanoi minulle, "Tiesin, että en pystynyt pitämään paikkaa, mutta halusin tappaa niitä roistoja muutaman lisää."

Kello 9 palasin kenraali Gistin kanssa hänen leiriinsä, sillä matkatavarani olivat siellä. Purkaessamme niitä kohtasimme useita paikallisia, jotka valittivat, että sotilaat itse majoittuivat heidän luoksensa ja söivät kaiken.

Leiri oli erittäin kaunis yöllä, kun tiheätä metsää valaisi lukematon määrä leirinuotioita.

[26] Myöhemmin kuulimme, että tämä tykistökeskitys edelsi yhtä epäonnistuneista rynnäköistä.

[27] Melkein jokaisella miehellä tässä osassa maata oli sotilasarvo.

Toukokuun 21. päivä (torstai) Liityin kenraali Johnstonin seuraan kello 9 ja minut otettiin vastaan hänen ruokapöytäänsä. Majuri Eustis ja luutnantti Washington, hänen esikuntansa upseerit, olivat täysiverisiä herrasmiehiä ja tekivät kaikkensa, että tuntisin oloni mukavaksi. Ensimmäinen näistä oli (aikaisemmin) vauras louisianalainen; hänen mustansa puhuivat aina ranskaa. Hänen veljensä oli herra Slidellin sihteeri Pariisissa, ja hän oli oppinut loistavaksi esikuntaupseeriksi.

Minut esiteltiin kapteeni Hendersonille, joka yksikköä, jossa oli noin viisikymmentä "tiedustelijaa". Näitä käytettiin vaarallisiin tehtäviin vihollisen leirien läheisyydessä, tietojen keräämiseen ja yhteyden pitämiseen Pembertoniin Vicksburgissa. He olivat komeita miehiä, villejä ja olemukseltansa maalauksellisia.

Kello 12 iltapäivällä jenkkien sotilaslääkäri saapui leiriin. Hänet oli jätetty jälkeen Grantin toimesta huolehtimaan jenkkien haavoittuneista Jacksonissa ja oli nyt innokas liittymään kenraaliinsa tulitaukolipun avulla, mutta kenraali Johnston hyvin harkitusti ei sallinut tätä, ja halusi, että hänet lähetettäisiin pohjoiseen Richmondin kautta. Tämä oli hyvin järkevä järjestely, sillä kumpikin osapuoli oli suostunut kohtelemaan lääkäreitä ei-taistelijoina ja olla ottamatta heitä sotavangeiksi.

Johnstonin armeijan päälääkäri oli hyvin älykäs ja huvittava kentuckyläinen nimeltänsä tohtori Yandell. Hän kertoi minulle, että hänet oli koulutettu Englannissa ja hänellä olisi voinut olla siellä suuri klinikka.

Ystäväni "majuri" hyvin ystävällisesti vei minut lounaalle naapuriplantaasille, jonka omisti Harrold, jonka talossa tapasin kenraali Greggin, teksasilaisen, jonka prikaati oli taistellut jenkkejä vastaan Raymondissa muutamia päiviä aikaisemmin.

Lounaan jälkeen pyysin herra Harroldia viemään minut orjiensa majoitustiloihin, jonka hän teki heti. Majat olivat mukavia ja hyvin puhtaita; mustat tuntuivat kiintyneen isäntäänsä, mutta hän kertoi, että he kärsivät pahasti sodan vaikutuksista; hänellä oli ollut paljon vaikeuksia hankkia heille vaatteita ja kenkiä. Näin vanhan naisen yhdessä mökeistä, joka oli kärsinyt parantumattomasta sairaudesta 13 vuoden ajan ja oli täysin hyödytön. Hänestä selvästikin pidettiin hyvää huolta, ja häntä kohdeltiin kiintymyksellä ja huolellisuudella. Joka tapauksessa hänen täytyi hyötyä suuresti "oudosta instituutiosta". **[Suom. huom.** Englanninkielisessä kirjallisuudessa, etenkin jos se on peräisin entisten etelävaltioiden alueelta, orjuutta kutsutaan usein termillä "peculiar institution."]

Minulle kerrottiin usein näistä viljelijöistä, että ajattelin sanan "orja" olevan mitä vastenmielisin osa instituutiota ja olen aina tarkkaillut heidän karttavan sen käyttämistä itse. He puhuivat palvelijoistansa, pojistansa tai mustistansa, mutta eivät koskaan orjiksi. He kutsuivat mustiksi poikia, tai tyttöjä tai näiden setiä tai tätejä.

Illalla kysyin kenraali Johnstonilta mitä näkymiä hän ajatteli olevan aikaisilla operaatioilla, ja hän kertoi, että nyt hän oli liian heikko tekemään mitään hyvää ja hän ei pystynyt antamaan minulle mitään ajatusta, milloin hän olisi tarpeeksi vahva hyökkäämään Grantin kimppuun. Siksi päätin lähteä pois päivän tai kahden päästä, ellei jotain ilmaantuisi, sillä minulla ei ollut varaa odottaa näitä tapahtumia, kun minulla olisi vielä paljon nähtävää.

Kenraali Johnston oli hyvin oppinut mies ja sopuisa keskustelija. Hän kertoi minulle, että hän piti Marlboroughia **[Suom. huom.** kenraali John Churchill, Marlboroughin ensimmäinen herttua (1650–1722) Hänen merkittävin jälkeläisensä oli Winston Churchill, joka toimi 1900-luvulla Britannian pääministerinä] parempana kenraalina kuin Wellingtonia. Kaikilla amerikkalaisilla oli suuri kunnioitus Napoleonia kohtaan; heillä oli harvoin mitään tunnontuskia ilmaista, että he valittivat tämän tappiota Waterloossa.

Huomautukseen äärimmäisen vallitsevista sotilastitteleistä kenraali Johnston sanoi, "Sinun täytyy yllättyä, kun huomaat kuinka paljon amerikkalaiset ovat titteleiden perään, vaikka he ovatkin tasavaltalaisia; ja kun heillä ei ole minkään muunlaisia, niin he ottavat kaikki sotilaalliset tittelit."

Kun istuimme leirinuotion ympärillä illalla, niin yksi upseereista huomautti minulle, ”Voin taata sinulle eversti, että yhdeksän miestä kymmenestä etelästä tulisi mieluummin kuningatar Victorian alaisiksi kuin palaisi unioniin.” ”Yhdeksän kymmenestä!” sanoi kenraali Johnston; ”Yhdeksänkymmentäyhdeksän sadasta; ajattelen, että harva kansa maailmalla voi olla onnekkaampi hallinnostaan kuin Pohjois-Amerikan brittiläiset siirtokunnat.” Mutta nämä kohteliaisuudet pilattiin, kun jotkut mieluummin palvelisivat Ranskan tai Japanin keisaria kuin palaisivat Setä Aben valtakuntaan; ja oli vielä vahingollisempaa, kun eräs upseeri viittasi pohjaväreeseen, että hankalat alueet olivat halukkaampia palaamaan unioniin jenkkien kanssa.

Toukokuun 22. päivä (perjantai) Vicksburgin tykitys oli hyvin raskasta ja jatkuvaa tänä aamuna.

Minulla oli pitkä keskustelu kenraali Johnstonin kanssa, joka kertoi minulle pahimmat uhat, joita konfederaation kenraali joutui kohtaan mukaan lukien vaikeus tehdä suunnitelmia johtuen epävarmuudesta koskien aikaa, jonka joukot tarvitsisivat jonkin matkan marssimiseen niiden taipumuksen takia levittäytyä.

Mutta mitä olen nähnyt ja kuullut siihen mennessä, niin minusta näyttää siltä, että konfederaation miehillä on tiettyjä suuria ominaisuuksia sotilaiksi, kuten yksilöllinen urheus ja luontainen osaaminen tuliaseiden käytössä, vahvan päättäväinen isänmaallisuus ja rajaton itseluottamus heidän suosikkikenraaleihinsa, ja itseensä. He ovat selväjärkisiä tarpeen vaatimuksesta, kun heillä ei ole kirjaimellisesti yhtään alkoholia saatavilla. Heillä on riittävästi hyvää järkeä tietää, että tietty määrä kuria on aivan välttämätöntä; ja uskon, että tapaukset niskuroinnista ovat erittäin harvinaisia. Heillä on suuri etu, että heitä johtavat miehet, joilla on taitoa ja koulutusta sotilaiksi, jotka sen lisäksi ymmärtävät ihmisiä, joita he johtavat, kuin niitä, jotka heidän täytyy voittaa. Nämä kenraalit, jotka ovat sellaisia kuin Lee, Johnston, Beauregard tai Longstreet, niin heitä seurattaisiin minne tahansa ja toteltaisiin kyselemättä. Mutta toisaalta monet heidän upseerinsa katsoessaan heidän poliittista etenemistänsä johtuen heidän nykyisestä sotilasarvostansa, niin eivät rankaise miehiään, tai pelkäävät tehdä itsestänsä itsepäisiä pannessaan toimeen tiukkaa kuria. Miehillä on jatkuvasti taipumuksena heittää pois kantosäkkinsä ja huopansa pitkillä marsseilla, jos niitä ei kanneta heidän puolestansa, ja vaikka he toimivat vahvimman ja aidoimman isänmaallisuuden mukaisesti, niin he eivät usein ajattele velvollisuuksiaan sotilaina. Sodan alkupuolella he usein, kun he olivat voittoisia, niin olivat melkein yhtä pahassa sekasorrossa kuin voitetut ja monet heistä kävelivät kylmästi kotiin omaten sen vaikutelman, että he olivat tehneet osansa. Mutta heistä on tullut parempia tässä mielessä sitä mukaa kuin sota on mennyt eteenpäin. [28]

Kaikki tämä voisi kertoisi rutiininomaisista eduista, joita konfederaation sotilaat ovat saaneet lukuisista voitoistansa.

Kenraali Johnston kertoi minulle, että Grant oli osoittanut enemmän energisyyttä kuin hän oli odottanut ylittämällä joen alajuoksulle Vicksburgistä, ottaen haltuunsa Jacksonin suurella ylivoimalla ja sen jälkeen katkaisten yhteyslinjat ja saartaen linnoituksen täysin, jolloin olisi mahdollista, että hän saisi sen haltuunsa ennen kuin sitä tulisi auttamaan riittävän suuri sotilaallinen voima. Hänen armeijansa vahvuudeksi arvioitiin 75000 miestä ja kenraali Johnstonin mielipide oli hyvin negatiivinen koskien Vicksburgin puolustusta maan puolelta. Hän sanoi, että sen varuskunnan vahvuus oli noin 20000 miestä.

Saatiin uutisia, että jenkit olivat etenemässä ylös Yazoo-jokea ja sinä aamuna kenraali Walkerin divisioona lähti kello 6 Yazoo Cityyn.

Kenraali esikuntineen ja minä ratsastimme Cantoniin kymmenisen kilometriä ja asetuimme maalarin taloon, joka omisti 700 orjaa.

Tohtori Yandell oli loistava matkimaan ja viihdytti meitä paljon keskittyen avioliittoon vihkimiseen niin kuin sen suoritti kenraali Polk Tennesseestä; kenraali Morgan Kentyckystä sai huonoa mainetta toimiessaan sulhasena. [29]

Yksi Hendersonin tiedustelijoista sai aikaan paljon hilpeyttä kenraalin esikunnassa tänä iltapäivänä. Hän oli tuonut jenkkivangin ja pyysi anteeksi kenraali Johnstonilta sitä sanoen, "Löysin hänet mustien asuintiloista ja hän antautui nopeasti, joten en tappanut häntä." Ei voi olla epäilyksiä liittovaltion joukkojen toiminnasta koskien valloitettuja kaupunkeja, että se loisi suurta huonovointisuutta tähän osaan konfederaatiota ottaa vankeja etenkin näiden villien mississippiläisten keskuudessa.

Kenraali Johnston kertoi minulle tänä iltana, että hän oli haavoittunut yhteensä kymmenen kertaa. Hän oli ollut korkein upseeri vanhassa armeijassa, joka oli liittynyt

Konfederaation puolelle ja hän oli komentanut Virginian armeijaa, kunnes hän oli haavoittunut pahasti "Seven Pinen" taistelussa. [30]

[28] Elettyäni Braggin ja Leen veteraanien kanssa, niin pystyn muodostavaan vielä korkeamman arvion konfederaation sotilaista. Heidän tottelevaisuutensa ja olemuksensa menestyksessä, heidän kuristaan onnettomuuksien sattuessa, heidän kärsivällisyydestänsä kärsimyksissä, vaikeuksissa tai haavoittuneina, ja heidän rajattomasta omistautuneisuudestansa omalle maallensa kaikissa olosuhteissa, niin ne ovat kaiken ylistyksen yläpuolella.

[29] Kun minut esiteltiin kenraali Polkille, niin tunnistin hänet heti tohtori Yandellin imitaation perusteella, joka oli ihanasti mitä tarkin.

[30] Sitä kutsuttiin nimellä "Fairoaks" jenkkien toimesta.

Toukokuun 23. päivä (lauantai) Kenraali Johnston, majuri Eustis ja minä lähdimme Cantonista kello 6 veturilla Jacksoniin.

Matkalla puhuimme paljon "Stonewall" Jacksonista **[Suom. huom.** Thomas J. Jackson (1824-10.05.1863) Oletan, että tässä vaiheessa tieto kenraali Jacksonin kuolemasta oli saavuttanut Joseph Johnstonin ja eversti Fremantlen.] Kenraali Johnston sanoi, että vaikka tällä poikkeuksellisella miehellä ei ollutkaan mitään suuria suosituksia strategistina ja kenties hän oli sopimaton itsenäisesti komentamaan suurta armeijaa, niin hän omasi loistavaa rohkeutta ja päättäväisyyttä ja täydellistä uskoa sallimukseen, että hänen kohtalonsa olisi tuhota vihollinen. Hän oli paljon velkaa kenraali Ewellille Shenandohin laakson sotaretkien suhteen. Stonewell Jackson oli myös mitä onnekkain komentaessaan Virginian joukkojen parasta osaa ja sen vuoksi, että häntä vastassa olivat kyvyttömimmät liittovaltion komentajat, kuten Fremont ja Banks.

Ennen kuin olimme edenneet 20 kilometriä, niin jouduimme pysähtymään ja keräämään puita radan vierestä veturiamme varten ja kenraali työskenteli niin energisesti, että hänen vammansa ”Seven Pinen” taistelusta antoi hänelle kipua.

Saavuimme paikkaan, jossa rautatie oli tuhottu noin 6 kilometrin päähän Jacksonistä. Vaunujen olisi pitänyt olla siellä odottamassa meitä, mutta jostain syystä ne eivät olleet saapuneet, joten meidän piti jatkaa jalkaisin. Jouduin kantamaan raskaita satulalaukkujani. Majuri Eustis ystävällisesti otti selkäreppuni. Tässä järjestyksessä saavuimme Jacksoniin hyvin väsyneinä kello 9.30 aamulla.

Kenraali Loring saapui ja ilmoitti itsestänsä. Hän oli tukeva mies, jolla oli vain yksi käsi. Hänen divisioonansa oli saapunut Jacksoniin Crystal Springisistä 6000 miehen vahvuisena; Evansin prikaati, jonka vahvuus oli noin 3000 miestä, oli myös saapunut Charlestonista; ja Maxeyn prikaati oli nyt marssimassa Jacksoniin. Laskin, että siten kenraali Johnstonilla täytyisi olla melkein 25000 miestä Jacksonin ja Yazoo-joen välissä.

Tämän jälkeen tunteellisesti hyvästelin hänet ja hänen upseerinsa, ja hän palasi Cantoniin kello 3 iltapäivällä. Tulisin olemaan hyvin yllättynyt, jos en kuulisi hänestä ennen pitkää. Se osa hänen joukoistansa, jonka näin, niin vaikka heidät oli lyöty ja pakotettu perääntymään, niin heillä oli loistava taisteluhenki täynnä itseluottamusta ja elämöiden tulla johdetuksi vihollista vastaan, jonka vahvuus oli vain kaksinkertainen.

Tapasin tuttavani tohtori Russellin uudestaan, jonka oikea-aikaisesta suojelusta tulen aina olemaan hänelle kiitollinen. Lähetin myös terveiseni Smythille useiden eri ihmisten välityksellä.

Kello 3.30 iltapäivällä lähdin Jacksonista hallituksen ambulanssivaunuilla kapteeni Brownin seurassa kenraali Johnstonin esikunnasta, joka oli erittäin hyödyllistä minulle. Olin tehnyt varotoimena varustanut passin eversti Ewellillta, kenraalin adjutantilta, jonka huomasin myöhemmin olevan äärimmäisen tarpeellinen, kun minulta sitä kysyttiin jatkuvasti ja rautatiellä jokaisen henkilön passia tarkasteltiin huolellisesti.

Ajoimme lähimpään paikkaan, jossa rautatie oli toiminnassa, joka oli melkein 8 kilometrin päässä.

Siellä siirryimme vaunuihin kello 6 matkalla Meridianiin. Tämä osa rautatietä oli huonoimmassa kunnossa ja se oli saanut maineen olla aivan huonoin rautatie kaikista huonoista rautateistä etelävaltioista. Se oli täysin kulunut puhki ja sitä ei voinut korjata. Onnettomuuksia tapahtui melkein päivittäin ja yksi ikävä onnettomuus oli tapahtunut aikaisempana päivänä.

Olimme edenneet 8 kilometriä, kun veturimme suistui kiskoilta, joka aiheutti kolmen tunnin pysähdyksen. Kaikkien miespuolisten matkustajien piti tulla vaunuista työntämään.

Toukokuun 24. päivä (sunnuntai) Saavuimme Meridianiin kello 7.30 aamulla kipein lihaksin ja vain viisi tuntia myöhässä.

Lähdimme Mobilea kohti kello 9 aamulla ja saavuimme sinne kello 7.15 illalla. Tämä osa matkaa tapahtui erittäin hyvin.

Meitä viivytti lyhyen aikaa vaikeus, joka tapahtui junassa. Tästä oli kyse vaikeudessa. Veturinkuljettaja oli ampunut matkustajan ja sitten oli irrottanut veturinsa katkaisten lennätinlinjan, ja lähtenyt liikkeelle veturillaan jättäen junan yhdelle raideparille. Hän oli sallinut junamme tulla pysähtyneeksi tehden rinnakkaisliikkeen, kunnes olimme tehneet sen ilman mitään epäilyksiä. Uutinen tästä tuskin sai aikaan mitään jännitystä matkatovereideni keskuudessa; mutta kuulin yhden heistä huomauttavan, että "oli hyvin ikävää jättää juna itsekseen sillä tavalla." Vältimme sen onnettomuuden pelkästään hyvän onnen ansiosta. [31]

Yleinen tapa kantaa aseita epäilemättä aiheuttaa satunnaisia ihmishenkien menetyksiä ja se on hyvin valitettavaa; mutta toisaalta tämä tapa saa aikaan sen muutoksia ja siksi riidat ovat hyvin harvinaisia, sillä ihmiset ovat luonnollisesti huolellisia mitä sanovat, kun luoti voi olla todennäköinen vastaus.

Kapteeni Brownin puututtua asiaan minun sallittiin matkustaa naisten vaunussa. Se oli puhtaampi ja mukavampi pois lukien useiden lapsien parkumiset, jotka peloteltiin käyttäytymään uhkauksilla niiden mustilta hoitajilta, että nämä lapset annettaisiin jenkeille.

Asetuin Mobilen päähotelliin, jonka nimi oli "Battlehouse". Asuminen siellä vaikutti erittäin hyvältä vertailtaessa ja sen hinta oli 8 dollaria päivältä. Johtuen saappaiden todella suuresta arvosta, niin niitä ei saanut jättää oman huoneen oven ulkopuolelle siksi, että joku soturi, jolla olisi niille tarvetta, eikä tuntisi tunnontuskia, niin ottaisi ne mukaansa.

[31] Leikkasin tämän artikkelin mobilelaisesta sanomalehdestä kaksi päivää myöhemmin:

"Murhayritys; Saimme selville, että tänne tulevalla junalla, joka tuli Mobile and Ohio Railroadia pitkin, niin lähellä Beaver Meadowta yksi sen työntekijöistä nimeltänsä Thomas Fitzgerald, meni yhteen matkustajavaunuista ja ampui luutnantti H. A. Knowlesia pistoolilla niin, että kuula osui tätä vasempaan olkapäähän tullen ulos niskan takaa ja tehden hyvin vaarallisen haavan. Fitzgerald sitten irrotti veturin junasta ja lähti liikkeelle. Muutaman kilometrin Beaver Meadowsin jälkeen hän pysähtyi ja katkaisi lennätinlinjat ja sitten jatkoi matkaansa rataa pitkin. Hän saapui Lauderdalen rautatieasemalle, jossa hän törmäsi vastaan tulevaan junaan ja teki siten huomattavaa vahinkoa useille vaunuille. [32] Oletetaan, että sieltä hän pinkaisi metsään; tähän mennessä hän on jatkanut pakoaan hyvän matkaa, sillä tähän mennessä hänestä ei ole kuultu mitään. Ampuminen, niin kuin meille on kerrottu, niin oli kosto. Tiedetään, että muutamia kuukausia aikaisemmin Knowlesilla ja Thomas Fitzgeraldin veljellä nimeltänsä Jack, oli yhteenotto Enterprisessa johtuen naisesta ja sen aikana Knowles tappoi Jack Fitzgeraldin; myöhemmin sanottiin, että Thomas uhkasi kostaa veljensä kuoleman; joten sunnuntaiaamuna Knowles oli junassa, kuten sanottiin, aikeenaan mennä Enterpriseen oikeudenkäyntiä varten. Thomas sai selville, että hän oli junassa, metsästi hänet kiinni ja ampui häntä. Knowles, kuten tiedämme, makaa nyt hyvin kriittisessä tilassa."

[32] Tämä on virhe artikkelissa.

Toukokuun 25. päivä (maanantai) Olin pettynyt siihen, mitä näin Mobilessa. Se oli tavanomainen suorakulmainen amerikkalainen kaupunki, joka oli rakennettu hiekkaiselle tasangolle ja peitti maa-alueensa väestöllään, jonka lukumäärä oli 25000.

Kutsuin kenraali Maurya **[Suom huom.** kenraali Dabney H. Maury (1822–1900)], jolle annoin esittelykirjeeni kenraali Johnstonilta. Hän oli hyvin herrasmiesmäinen ja älykäs, mutta pikkuruinen virginialainen, joka oli vasta äskettäin ottanut haltuunsa komennon Mobilessa.

Hän oli hyvin kohtelias ja vei minut höyrylaivaan, jotta näkisin merenpuoleiset puolustusasemat. Meidän kanssamme oli kenraali Ledbetter **[Suom. huom.** kenraali Danville Ledbetter (1811–1866)] ja käytimme kuusi tuntia vieraillaksemme linnoituksissa.

Mobile sijaitsee lahden päässä, jolla on mittaa noin 48 kilometriä. Saartava laivue, jonka vahvuus oli kahdeksasta kymmeneen alusta, niin oli lahden ulkopuolella, kun lahden sisäänkäyntiä vartioivat Fort Morgan ja Fort Gaines; mutta väylä näiden kahden linnoituksen välissä oli noin puolitoista kilometriä leveä, joten ne olisi todennäköisesti mahdollista ohittaa.

Noin kolmen kilometrin päässä kaupungista lahdesta kuitenkin tulee hyvin matala ja meriväylä oli niin vaarallinen kuin tuskaisa purjehtia. Siellä on sen lisäksi esteitä, joita on rakennettu mäntypuupinoista ja kaikenlaisia omatekoisia miinoja, joiden lisäksi aluetta hallitsevat huolellisesti rakennettujen linnoitusten raskaat tykit ja ne on rakennettu joko saarille tai mäntypuupinojen päälle.

Linnoitusten nimet olivat Fort Pinto, Fort Spanish River, Fort Apalache ja Fort Blakeley. [33]

Näiden linnoitusten varuskunnat valittivat niiden olevan epäterveellisiä ja en epäillyt sitä väitettä. Ennen kuin tulimme maihin, niin nousimme kahteen raudalla panssaroituun kelluvaan tykkipatteriin. Konfederaation laivasto Mobilessa oli huomattava ja se heijastaa Mobilen asukkaiden suurta energisyyttä, kun sitä on rakennettu sodan alkamisesta lähtien. Matkan aikana kuulin kenraali Mauryn yksinpuhelun jenkkien lipusta sanoen, "No en koskaan uskonut, että eläisin päivää, jolloin minun pitäisi halveksia tuota vanhaa lippua." Hänen serkkunsa on luutnantti Maury, joka on kunnostautunut niin paljon kirjoituksillaan koskien etenkin fyysistä maantiedettä.

Hänen sukunsa vaikuttaa olevan hyvin sotilaallinen. Hänen veljensä on konfederaation höyrylaiva Georgian kapteeni.

Noustuamme maihin osallistuin kiireelliselle lounaalle kenraali Mauryn ja majuri Cumminsin kanssa. Nousin sen jälkeen kenraalin hevosen satulaan ja minut lähetettiin laukkaamaan ympäri maapuolustusasemia prikaatikenraali Slaughterin **[Suom. huom.** kenraali James E. Slaughter (1827–1901)] ja hänen esikuntansa kanssa. Hyvällä onnella tämä oli se ilta, jolloin kenraali Slaughter teki viikoittaisen tarkastuksensa ja kaikki linnoitteet oli miehitetty niiden varuskuntien toimesta, jotka koostuivat puoliksi sotilaista ja puoliksi aseistetuista kansalaisista, jotka oli vapautettu asepalveluksesta ikänsä tai kansallisuutensa vuoksi tai olivat hankkineet korvaajia. Yhtä linnoituksista puolusti roteva brittiläinen vartiosto, jota komensi kunnioitettu kapteeni Wheeler. [34]

Vierailtuani linnoitteissa nautin illallisen kapteeni Slaughterin talossa ja tapasin siellä joitakin pakolaisia New Orleansista; nämä oli nyt ajettu pois ja jätetty oman onnensa nojaan siksi, että he eivät olleet suostuneet vannomaan valaa Yhdysvalloille. Suuri määrä naisia ja lapsia saapui Mobileen joka päivä; he olivat huonossa kunnossa ja heillä oli vielä yleinen tuntemus suuttumuksesta. Ajatus nostaa musta lippu ja olla antamatta armoa, olivat taas vapaasti keskusteltavia asioita kenraali Slaughterin luona ja se oli selkeästi suosittu ajatus. Kuulin monia kertomuksia edesmenneestä ”Stonewall Jacksonistä”, joka oli ollut kenraali Slaughterin taistelutoveri vanhan armeijan tykistössä. Näytti siltä, että ennen sotaa hän oli ollut melkein pakkomielteinen terveydestänsä. Kun hän lähti Yhdysvaltain palveluksesta, niin hänellä oli vaikutelma, että hänen yksi jalkansa oli lyhyempi kuin toinen ja myöhemmin hänen ajatuksensa, että hän hikoili vain toiselta puolelta, ja siten oli tarpeen pitää kättä ja jalkaa toisella puolella liikkeellä, että ne ylläpitäisivät verenkiertoa; mutta heti sodan puhkeamisen jälkeen hän ei enää tehnyt viittauksia omaan terveyteensä. Kenraali Slaughter kertoi, että heti sen jälkeen, kun kenraali Burnside **[Suom. huom.** kenraali Ambrose Burnside (1824–1881) kärsi Leelle murskaavan tappion Fredericksburgissa joulukuun 11–15 päivä, 1862.] oli kärsinyt hirvittävän tappion torjutun hyökkäyksensä jälkeen Fredericksburgissa, niin Stonewall Jackson teki seuraavan ehdotuksen: "Mielipiteeni on se, että meidän tulisi hyökätä vihollisen kimppuun heti; ja välttääksemme sekasortoa ja virheitä, jotka ovat niin yleisiä yöllisissä hyökkäyksissä, niin suosittelen, että meidän kaikkien tulisi riisua itsemme täysin alastomiksi." [35] Saarronmurtaminen oli hyvin säännöllistä Mobilessa; höyrylaivat onnistuivat siinä melkein aina, mutta kuunarit saatiin yleensä kiinni. Huomenna aloitan matkani Tennesseen armeijan luokse, jota komentaa kenraali Braxton Bragg.

[33] Kuvaukset joko meren tai maanpuolen linnoitteista on tarkoituksella jätetty mainitsematta.

[34] Sen jäsenet olivat Britannian alamaisia, jotka oli vapautettu asevelvollisuudesta, mutta jotka tulleet vapaaehtoisiksi kaupungin puolustusta varten.

[35] En ikinä muistanut kysyä kenraali Leeltä, että pitikö tämä tarina paikkansa.

Toukokuun 26. päivä (tiistai) Kun otin eversti Ewellin myöntämän passin sotapoliisin toimistosta sinä aamuna allekirjoitettavaksi, niin virkailija epäröi lyödä siihen leimaa, mutta onneksi mies hänen toimistonsa tuli avuksi ja tarjoutui tekemään sen vapaaehtoisesti, vaikka hän itse ei tuntenutkaan minua, niin hän oli kuullut minun puhuvan muille "hyvin kunnioitettavan herrasmiesmäisesti." Olin juuri ajoissa, että pääsin kello 12 höyrylaivaan kohti Montgomeryn rautatietä. Kuulin kahden mustan aluksella keskustelevan yleisestä asioiden tilasta; he karsastivat sotaa ja ilmaisivat vihansa jenkkejä kohtaan, "tuomalla kärsimystä niin meille kuin omistajillemme." Kumpikin heistä selvästi tunsivat suurta vastenmielisyyttä "paeta" niin kuin he sitä kutsuivat. Yhdellä heistä oli omistajansa miekka, josta hän oli hyvin ylpeä ja kulki sen kanssa ympäriinsä mitä huvittavimmalla ja muodollisimmalla tavalla.

Nousin rautatievaunuihin kello 2.30 iltapäivällä; vauhti ei ollut huono eikä juna pysähtynyt kovinkaan usein niin pitkällä matkalla puuta ja vettä varten. Istuin vastapäätä haavoittunutta sotilasta, joka kertoi minulle, että hän oli englantilainen Chelseasta. Hän sanoi, että hän oli palaamassa rykmenttiinsä, vaikka hänen haavaansa kaulassa tuotti hänelle suurta kipua. Henki, jolla haavoittuneet miehet palasivat rintamalle, vaikka heidän haavansa eivät olleetkaan parantuneet, niin on ylistämisen arvoista ja näyttää etelän ihmisen lyömätöntä henkeä. Samassa vaunussa oli useita aika nuoria poikia, jotka olivat iältänsä 15- tai 16-vuotiaita, jotka olivat pahasti haavoittuneita ja yhdeltä tai kahdelta puuttuivat kädet ja jalat, jotka olivat puutteina selvästikin hyvin turhia.

Maasto, jonka läpi matkasimme, niin oli tiheätä mäntymetsää, hiekkaista maaperää ja aika lohdutonta, joka oli

hyvin luotaantyöntävää hyökkäävälle armeijalle. Matkasimme
koko yön.

Toukokuun 27. päivä (keskiviikko) Saavuin
Montgomeryyn, Alabaman pääkaupunkiin päivällä ja lähdin
sieltä toisella junalla kello 5.30.

Kaikki osavaltioiden pääkaupungit muistuttavat
toisiansa ja näyttävät olevan pieniä leikattuja palasia
suurkaupungeista. Yksi tai kaksi katua omaa suuren määrän
teeskentelyä niiden suhteen; ja väistämätön "Capitol", kupunsa
kanssa, muodostavat niiden tärkeimmän piirteen. Vartiomies,
joka seisoo jokaisen vaunun ovella ja tutkii kaikkien matkustajien
paperit suurella tiukkuudella, ja jopa sen jälkeen, kun tarkastus
tällä samalla tavalla on suoritettu sotapoliisin upseerin toimesta,
joka on mukana jokaisessa junassa. [36] Upseerit ja sotilaat
tässä työssä ovat hyvin kohteliaita ja ystävällisiä ja sen jälkeen,
kun ovat voittaneet yllättyneisyytensä siitä, että olen brittiläinen
upseeri, niin he tekevät kaikkensa saadakseen minut tuntemaan
mukavuutta. He kyselevät kaikenlaisia omituisia kysymyksiä
Britannian armeijasta ja usein ilmaisevat vahvan halunsa nähdä
yhden rykmenteistämme taistelussa. He tuskin uskovat, että
Coldstream-rykmentti todella pukeutuu punaisiin univormuihin.
Tänään he aloittivat vakavan keskustelun keskenään siitä mitä
olisi tapahtunut, jos brittijoukot olisivat asettuneet asemiin
Fredericksburgiin. Väitteet kummaltakin puolelta olivat hyvin
huvittavia, ja mielipiteet olivat aikalailla jakautuneita tasan.
Kohtasimme kolme junaa, jotka olivat täynnä sotilaita Johnstonin
armeijalle. Ne kuuluivat Breckenridgen **[Suom. huom.** kenraali
John C. Breckenridge (1821–1875) oli etelävaltiolainen poliitikko
ja kenraali. Ennen sisällissotaa hän oli toiminut presidentti

James Buchaninin varapresidenttinä vain 36-vuotiaana ollen
Yhdysvaltain historian nuorin varapresidentti.] divisioonaan
Braggin armeijassa ja kaikki sotilaat näyttivät olevan täynnä
intoa. Junanvaunuissa tänään kohtasin liittovaltion lääkärin, jota
oli kielletty menemästä kenraali Johnstonin linjojen läpi; hän oli
matkalla Richmondiin. Hän oli täydessä jenkkien univormussa,
mutta kaikki konfederaation sotilaat kohtelivat häntä
sivistyneesti. Minulla oli pitkä keskustelu hänen kanssaan; hän
vaikutti järkevältä mieheltä, eikä hän pyrkinyt kieltämään yleistä
innostuneisuutta ja päättäväisyyttä etelävaltiolaisten
keskuudessa. Hän kertoi minulle, että kenraali Grant oli ollut
hyvin lähellä kuolemaa, kun hän valloitti Jacksonin. Hän ajatteli,
että sota tulisi luultavasti päättymään suureen purkaukseen
pohjoisessa. [37]

Minun täytyi vaihtaa vaunuja West Pointissa
[Suom. huom. Tässä on kyse luultavasti West Pointin kylästä
Alabamassa] ja Atlantassa. Jälkimmäisessä paikassa minut
ahdettiin epätoivoisen täytettyyn junaan, joka oli matkalla
Chattanoogaan. Tämä osavaltio, Georgia, oli paljon asutetumpi
ja viljellympi kuin Alabama. Matkustin taa koko yön.

[36] Tiukat tarkastukset ovat välttämättömiä
vakoojien pidättämiseksi ja estämään karkuruus, sekä
luvattomat poissaolot.

[37] Huolimatta siitä suuttumuksesta, jolla
jokainen etelävaltiolainen puhuu jenkeistä ja kaikki puheet
mustasta lipusta ja olla antamatta armoa, niin en koskaan
nähnyt, että liittovaltiolta vangeiksi otettuja sotilaita olisi

kohdeltu huonosti tai pilkattu millään tavalla, vaikka matkustin satoja kilometrejä heidän seurassaan.

Toukokuun 28. päivä (torstai) Saavuin Chattanoogaan (Tennesseehen) kello 4.30 aamulla ja kohtasin taas kapteeni Brownin, hänen musta palvelijansa tunnisti minut ja ryntäsi heti kättelemään.

Aamiaisen jälkeen Chattanoogassa lähdin taas liikkeelle junalla kello 7.30 aamulla kohti Shelbyvilleä, jossa oli kenraali Braggin **[Suom. huom.** kenraali Braxton Bragg (1817– 1876)]** päämaja. Tämä juna oli täytetty täydennyssotilaista, jotka olivat palaamassa rykmentteihinsä, joten olin pakotettu istumaan yhdessä vaunussa käytävän lattialla. Pidin itseäni jopa onnekkaana, sillä niin suuri oli sotilaiden määrä, että kaikki ”kansalaiset” oli määrätty pois antamaan tilaa sotilaille; mutta oma harmaa takkini ja nuorekas olemukseni pelasti minut siltä, että minua olisi pidetty ”kansalaisena”. Kaksi tuntia myöhemmin passiupseeri nähdessään kuka olin, niin järjesti minulle vastaavan paikan naisten vaunuun, jossa oli hieman paremmat olosuhteet. Sen jälkeen, kun olin lähtenyt Chattanoogasta niin rautatie kulki Tennessee-joen rantaa pitkin ja joen rannat olivat korkeita ja niitä peittivät kauniit puut; joki itse oli leveä ja hyvin kaunis; mutta paikastani tupakanpurujen keskeltä en pystynyt tekemään oikeutta näkymille. Näin paalutuksia välimatkoin koko rautatien varrelta, jotka olivat liittovaltion joukkojen rakentamia, joka miehitti tätä maata viime vuonna.

Saapuessani Wartraceen kello 4 iltapäivällä päätin jäädä sinne ja kysyä vieraanvaraisuutta kenraali Hardeelta **[Suom. huom.** kenraali William J. Hardee (1815–1873)]**, kun en pystynyt pääsemään Shelbyvilleen ajoissa. Jätin matkatavarani sotapoliisin upseerille Wartraceen, jonka jälkeen kävelin kenraali Hardeen päämajaan, joka oli noin 3 kilometrin päässä rautatiestä. Se oli sijoitettu kauniiseen vihreän kumpuilevaan maastoon, joka oli täynnä suurenmoisia puita, pääasiassa pyökkiä ja maisema oli selkeästi kauneinta, mitä olin siihen mennessä nähnyt Amerikassa.

Kun saavuin, niin huomasin, että kenraali Hardee oli kenraali Polkin **[Suom. huom.** kenraali Leonidas Polk (1806–1864)] ja Georgian piispa Elliottin seurassa ja siellä oli myös herra Vallandigham. Jälkimmäinen, (jota kutsutaan Vapauden Apostoliksi), on komealta näyttävä mies, joka ilmeisesti ei ollut paljoakaan neljääkymmentä vanhempi ja oli tuotu pohjoisesta kolme päivää aikaisemmin. Rosecrans **[Suom. huom.** kenraali William Rosecrans (1819–1898)] tahtoi antaa hänet Braggille tulitaukolipun alla; mutta jälkimmäinen kieltäytyi ottamasta häntä vastaan tuolla tavalla, kuten kenraali Hardee ilmaisi sen, "kaadettuna alas" puolueettomalle maalle linjojen väliin ja jätettynä sinne. Sitten hän sai vieraanvaraisuuttaa konfederaation puolelta kurjuudessa olevana muukalaisena. He eivät ottaneet häntä vastaan virallisesti ja eikä sopinut kummankaan osapuolen toimintatapoihin tulla tunnistetuksi toisen kanssa. Hän eli silloin yksityistalossa Shelbyvillessä ja oli tullut kenraali Polkin kanssa tapaamaan Hardeea. Hän kertoi kenraaleille, että jos Grant tullaan lyömään pahasti Mississippissä Johnstonin toimesta, niin hän olettaa, että sotaa ei voida jatkaa sen suurissa mittasuhteissa.

Kun annoin esittelykirjeeni, niin kenraali Hardee otti minut vastaan vakaalla ystävällisyydellä ja vieraanvaraisuudella, jota olen kokenut kaikilta muilta konfederaation upseereilta. Hän oli hienon sotilaallinen mies, leveähartiainen ja pitkä. Hän näytti enemmänkin ranskalaiselta upseerilta ja oli georgialainen syntyjään. Hänellä oli maine olla läpikotaisin hyvä sotilas, ja hän oli kirjoittanut kirjan sotilaallisista harjoituksista, joita yhä käytettiin kummassakin armeijassa. Vielä sangen äskettäin hän oli ollut West Pointin sotilasakatemian komentaja. Hän itse oli kunnostautunut Corinthin ja Murfreesboroughin taisteluissa ja nyt komensi Braggin armeijan II. armeijakuntaa. Hän oli leski ja hänellä oli suuri maine olla kauniimman sukupuolen ihailija. Kentuckyn sotaretken aikana viime vuonna hänellä oli ollut tapa etuoikeutena hänen arvostansa ja palvelusvuosistansa suudella kaikkien Kentuckyn maanviljelijöiden vaimoja ja tyttäriä. Ja vaikka hänen oletetaan käännyttäneen useita naisia etelän puolelle, niin silti monissa tapauksissa näiden miespuoliset sukulaiset pysyivät puolueettomina tai eivät päättäneet suuntaan tai toiseen. Yhdessä tapauksessa kenraali Hardee oli antanut "tunnustusta" erittäin kauniille naiselle Kentuckystä heidän kummankin yhteiseksi iloksi, kun hänen vahvaksi inhoksensa paikan omistaja toi sinne kaksi hyvin rumaa vanhaa naista sanoen, "Nyt sitten kenraali, jos sinun täytyy suudella heitä kaikkia," jolloin epämukavuutta tuntenut kenraali oli pakotettu toimimaan niin upseeriensa suureksi huviksi, jotka usein näkivät näitä temppuja häneltä.

Toinen torjunta, jonka hän sai ja josta häntä usein kenraali Polk muistutti, niin oli se, että vanha nainen käski, että todellakin hänen pitäisi "lopettaa taistelu tuolla iällä." "Tosiaan rouva", vastasi Hardee, "ja kuinka vanhana sinä minua pidät?" "Miksi kysyt? Suunnilleen samanikäisenä kuin itseäni eli 75-

vuotiaana." Urhean ja rohkean kenraalin harmi oli kuviteltavissa, kun hänen ikäänsä oli lisätty 20 vuotta. **[Suom. huom.** Fremantle tekee tässä luultavasti virheen, sillä Hardee oli syntynyt 1815 ja oli vuonna 1863 noin 48-vuotias, ei noin 55-vuotias, kuten tuosta voitaisiin laskea.]

Kenraaliluutnantti Leonidas Polk, Louisianan piispa, joka komensi toista armeijakuntaa, niin oli hyvännäköinen herrasmiesmäinen mies, jolla oli kaikki tavat ja ystävällisyys, joka kuului suurelle herralle, "grand seigneur." Hän oli 57-vuotias; pitkä, suoraselkäinen ja hän näytti enemmän sotilaalta kuin papiston edustajalta. Hän oli hyvin rikas; ja minulle kerrottiin, että hän omisti 700 orjaa. Hän oli hyvin rakastettu sotilaidensa keskuudessa johtuen hänen suuresta rohkeudestansa ja ystävällisistä tavoistansa. Olin jo kuullut loputtomasti kertomuksia hänestä, joita minulle kertoivat matkakumppanini, jotka aina viittasivat häneen kiintymyksellä ja kunnioituksella. Hänen toiminnastaan pappina olen aina kuullut puhuttavan mitä suurimmalla kunnioituksella. Kun minut esiteltiin hänelle, niin hän heti kutsui minut tulemaan ja käymään päämajassaan Shelbyvillessä. Hän kertoi minulle, että hänet oli koulutettu West Pointissa ja sen olivat käyneet myös presidentti **[Suom. huom.** Jefferson Davis (1808–1889)], molemmat Johnstonit **[Suom. huom.** Albert S. Johnston (1803–1862), kaatui Shilohin taistelussa Grantia vastaan ja Joseph Johnston, joka tavattiin aikaisemmin], Lee, Magruder ja muut, sekä sen, että palveltuaan lyhyen aikaa tykistössä, niin hän liittyi kirkon palvelukseen.

Georgian piispa Elliott oli mukava vanha mies, jolla oli arvokas olemus ja hyvin kohteliaat tavat. Hän oli siellä

kenraali Polkin pyynnössä antamassa konfirmaation tietyille
upseereille ja sotilaille. Hän puhui englantia juuri niin kuin
englantilainen herrasmies ja tosiasiassa sillä tavalla puhui myös
Polk ja kaikki hyvin kasvatetut etelävaltiolaiset miehet enemmän
kuin naiset, joiden amerikkalainen aksentti oli aina havaittavissa.
Kenraali Polk ja herra Vallandigham palasivat Shelbyvilleen
ambulanssivaunuilla kello 6.30 illalla.

Kenraali Hardeen päämaja oli rouva X:n tilalla, joka
oli hyvin vieraanvarainen nainen. Kenraalin kaksi tytärtä olivat
hänen kanssaan ja myös rouva X, joka oli itse hyvin kaunis
nainen. Nämä naiset olivat väkivaltaisempia jenkkejä kohtaan
kuin eurooppalaiset saattoivat kuvitella; he hakkasivat
miespuolisiin sukulaisiinsa omat julistuksensa ja toiveensa
kostosta. Oli aika masentavaa kuulla heidän lukemattomia
kertomuksiansa jenkkien tekemistä raakuuksista ja olin hyvin
helpottunut, kun myöhemmin illalla he vaihtoivat musiikkiin. Sen
jälkeen, kun piispa Elliott oli lukenut rukouksen, niin nukuin
samassa huoneessa kenraali Hardeen kanssa.

Toukokuu 29. päivä (perjantai) Tein kävelyretken
ennen aamiaista tohtori Quintardin kanssa, joka oli innokas
episkopaalinen pappismies ja hän oli aloittanut uransa
lääkärinä, joka salli hänen huolehtia ihmisten tarpeista niin
ruumiillisesti kuin henkisesti koskien sitä tennesseeläistä
rykmenttiä, jossa hän oli. Vihollinen oli noin 24 kilometrin päässä
ja kaikilla tuossa välissä olevilla kukkulanhuipuilla oli
viestiasemat, joista ilmoitettiin sen liikkeistä päiväsaikaan lipuin
ja yöllä valomerkein. Viestijoukot oli organisoitu tätä tarkoitusta
varten. Järjestelmä oli mitä nerokkain ja se antoi vastaukset
ihailtavasti. Söin aamiaisen rouva X:n luona. Talon naiset olivat

kiihtyneempiä koettelemuksistansa jenkkien suhteen kuin eilen.
He vaativat leikata mukana olleen kappaleen tämän päivänä
sanomalehdestä, jonka he julistivat olevan hyvin
oikeudenmukainen kertomus keskinkertaisesta kohtelusta, jota
he saivat viholliselta. [38] He nuhtelivat rouva X:ää siitä, että
tämä oli avustanut haavoittuneita jenkkejä Wartracessä viime
vuonna ja rouva X:n sisko, joka oli hyvin vahvatahtoinen nainen,
niin antoi minulle mitä huvittavimman kuvatuksen
haastattelussa, jossa hän oli ollut Huntsvillessä yhdessä
tähtitieteilijä Mitchellin kanssa tämän toimiessa jenkkien
kenraalina. **[Suom. huom.** Kyseessä oli luultavasti kenraali
Ormsby M. Mitchel (1810–1862] On usein huomautettu minulle,
että kun sota on ohitse, kun maa on saavuttanut itsenäisyytensä
se tulee olemaan suuri asia naisille; viholliset olettivat, että
naiset olivat olleen lannistuneita sodan suhteen; mutta
päinvastoin naiset olivat poikkeuksetta näyttäneet esimerkkiä
miehille kärsivällisyydessä, omistautumisessa sotaponnisteluille
ja päättäväisyydestä. He olivat luonnollisesti ylpeitä ja sisäisesti
tunsivat halveksuntaa jenkkejä kohtaan, sillä etelävaltiolaiset
naiset olivat tulleet raivokkaiksi ja epätoivoisiksi Butlerin,
Milroyn, Turchinin ja muiden etenemisen takia. He olivat valmiita
kokemaan mitä tahansa vaikeuksia ja epäonnea pikemmin kuin
alistumaan sellaisten ihmisten valtaan; ja he käyttivät jokaisen
väitteen, jota naiset saattoivat käyttää luodakseen saman
hengen miespuolisiin sukulaisiinsa.

Iltapäivällä lähdin kenraali Hardeen luota ja ajoin
hänen ambulanssivaunuillansa Shelbyvilleen noin 13 kilometrin
matkan piispa Elliottin ja tohtori Quintardin seurassa. Tie oli
surkeassa kunnossa ja silloin satoi kaatamalla vettä. Kenraali
Polkin luokse saapuessani hän kutsui minut asuintiloihinsa siksi

aikaa, kun olisin Braggin armeijassa, jonka hyväksyin
kiitollisuudella. Syötyäni päivällisen kenraali Polkin luona hän
kertoi minulle, että hän toivoi, että hänen veljensä Englannissa
eivät tuomitsisi ankarasti hänen nykyistä tapaansa toimia. Hän
selitti minulle, että syyt, joiden perusteella hän oli joutunut
väliaikaisesti hylkäämään piispankasukkansa ja palaamaan
entiseen ammattiinsa. Hän ilmaisi äärimmäisen
haluttomuutensa, jota hän tunsi ottaessaan sen askeleen; ja hän
sanoi, että niin pian kuin sota olisi ohitse, niin hän palaisi
episkopaaliseen työhönsä samalla tavalla kuin mies, joka
huomatessaan, että hänen talonsa on tulessa pyrkien
sammuttamaan liekit kaikin mahdollisin keinoin ja tulisi sitten
jatkamaan normaalia elämäänsä. Hän oli komentanut
konfederaation joukkoja Perryvillen ja Belmontin taisteluissa kuin
myös hänen armeijakuntansa oli ollut läsnä Shilohin (Corinthin)
ja Murfreesborough taisteluissa.

Kello 6.30 iltapäivällä minut kutsuttiin kenraali
Braggin **[Suom. huom.** kenraali Braxton Bragg (1817–1876)]
luokse, joka oli konfederaation joukkojen ylipäällikkö. Tämä
upseeri oli olemukseltansa vähiten vakuuttava konfederaation
kenraaleista. Hän oli hyvin laiha; hän kulki kumarassa ja hän oli
sairaalloisen kalpea omaten riutuneen ulkonäön pikemmin kuin
selkeät piirteet, hänellä oli leveät kulmakarvat, jotka yhdistyivät
töyhdöksi hänen nenänsä päällä, sekä katkaistu raudan harmaa
parta; mutta hänen silmänsä olivat kirkkaat ja läpileikkaavat.
Hänellä oli tiukan kurinpitäjän maine ja hän saattoi teloittaa
miehiä vapaasti niskuroinnista. Ymmärrän, että hän on sangen
epäsuosittu tuon kertomuksen perusteella ja myös siitä syystä,
että hänellä oli katkeruutta tavoissaan. Hän oli äärimmäisen
kohtelias minulle ja antoi minulle luvan vierailla armeijan

tukikohdissa tai missä tahansa osassa armeijaansa. Hän myös lupasi auttaa minua liittymään Morganiin Kentuckyssä ja hän ilmaisi valituksensa, että paise hänen kädessään estäisi häntä liittymästä mukaani matkalla tukikohtiin. Hän kertoi minulle, että Rosecransin asemat ylettyvät noin 64 kilometrin matkalle Murfreesboroughin (40 kilometrin päässä) toimiessa hänen päämajanansa. Konfederaation ratsuväki oli sulkenut hänet puoliympyrään, jonka mitta oli yli 160 kilometriä maaseudulla. Hän kertoi minulle, että läntinen Tennessee, joka oli liittovaltion miehittämä, niin oli uskollinen konfederaatiolle, kun taas itäinen Tennessee, joka oli nyt konfederaation hallussa, omasi suuren määrän ihmisiä, jotka tukivat unionin toimia. Juuri tätä paikkaa, Shelbyvilleä, oli kuvattu muiden toimesta minulle "unionin rotankoloksi".

Sen jälkeen, kun olin keskustellut kenraali Braggin kanssa, niin ratsastin Murfreesboroughin tietä yhdessä eversti Richmondin, kenraali Polkin adjutantin kanssa. Noin kolmen kilometrin päässä Shelbyvillestä ohitimme joitakin linjoja, jotka oli tehty puolustautumista varten. Kaivanto itse oli hyvin matala, mutta korkeampi maasto oli sellaista, että jo tykistö miehittäisi sen tuollaisella tavalla, niin se sulkisi tien. Tiheä metsä oli kaadettu linjojen edestä noin 700 metrin matkalta antaen etäisyyttä. Ratsastuksen aikana tapasin kenraali Cheethamin **[Suom. huom.** kenraali Benjamin F. Cheatham (1820–1886)]**,** joka oli tukeva ja sangen kovapiirteinen mies, mutta hänellä oli "suuren taistelijan" maine. Sanottiin, että tekisi kaiken tarpeellisen kiroilun I armeijakunnassa, jota kenraali Polkin kirkollinen luonne esti häntä suorittamasta omalta osaltansa. Eversti Richmond kertoi minulle yksityiskohdat kenraali Van Dornin **[Suom. huom.** kenraali Earl Van Dorn (1820- toukokuun

7. 1863)] kuolemasta, joka tapahtui noin 64 kilometrin päässä tästä paikasta. Hänen menetystänsä ei näytetty paljon surreen, kun vaikutti siltä, että hän oli aina valmiina lyömään laimin työnsä sotilaallisia velvollisuuksia. Etelässä ei pidetty tarpeellisena laittaa itseäsi yhtäläiseen asemaan kuin mies sellaisessa tilanteessa kuin Van Dorn oli kutsumalla tätä. Hänen elämänsä kuului suututetulle aviomiehelle ja "ampuminen alas" on yleisesti arvioituna oikea tapa toimia, jopa silloin, kun ajan kulumisen jälkeen sellaisessa suhteessa, joka oli kenraali Van Dornin ja tohtori Petersin välillä.

Uutinen saapui sinä iltana, että konfederaation joukot olivat valloittaneet Helenan kaupungin ja hirttäneet rykmentin mustia yhdessä 40 jenkkiupseerin kanssa. Jokainen ilmaisi surua mustia kohtaan, mutta iloitsi heidän upseeriensa tuhosta. [39]

Nukuin kenraali Polkin teltassa, kun hän käytti viereisen talon huonetta. Ennen kuin menin nukkumaan, niin kenraali Polk kertoi tarinan köyhästä leskestä vaatimattomissa olosuhteissa, kun hänen kolme poikaansa olivat kaatuneet taisteluissa yksi toisensa jälkeen, kunnes hänellä oli jäljellä vain yksi poika, joka oli 16-vuotias. Niin hälyttävä oli hänen tapauksensa, että kenraali Polk itse meni lohduttamaan häntä. Nainen katsoi häneen vakaasti ja vastasi hänen surunvalitteluihinsa lauseella, "Niin pian kuin saan asiat kuntoon, kenraali, niin sinä tulet saamaan myös Harryn." Kyyneleet tulivat kenraali Polkin silmiin, kun hän kertoi tämän tapahtuman, jonka hän lopetti sanoen, "Kuinka voit kukistaa tällaisen kansakunnan!"

[38] "William F. Ricksin menetykset; Jenkit eivät kohdelleet meitä kovinkaan pahasti, kun he palasivat ajaen miehemme Leightonin toiselle puolelle (eivät ainakaan pahemmin kuin kukaan oli odottanut); he tunkeutuivat savustusrakennuksemme oven läpi ja ottivat seitsemän kinkkua, menivät keittiöön ja tekivät käyttäen astiastoamme ja ruokailuvälineitämme; tutkivat talon, mutta eivät löytäneet mitään. Kun he ohittavat meidät toiseen kertaan, niin olimme hyvin ärsyyntyneitä heistä, mutta emme vakavasti loukkaantuneita; he ottivat mukaansa vain kaksi muulia, jotka meille oli, vaunumme, lypsylehmämme ja lisää lihaa. Oli heidän paluumatkansa, jolloin menetyksemme olivat niin pahat. He ajoivat vaununsa pihaamme ja lastasivat niihin viimeiset lihamme, kaiken sokerimme, kahvimme, siirappimme, jauhomme, viljamme ja perunamme. Menin everstiluutnantin luokse, joka näytti olevan hyvin kiireinen antaessaan käskyjä ja kysyin häneltä, että mitä hän odotti minun tekevän; he eivät olleet jättäneet meille mitään ruokaa, ja minulla oli suuri perhe ja aviomieheni oli poissa kotoa. Hänen vastauksensa oli lyhyt ja suora; "Näe nälkää ja painu hemmettiin, rouva." Sitten he jatkoivat vaunuillansa ottaen mukaansa hienot uudet pienet vaunut, joita emme olleet koskaan käyttäneet. tyynyt, sekä vaunumme valjaat, jolloin he leikkasivat vaunun irti ja jättivät sen. Sen jälkeen he lähettivät kuin 60 mitä ovelinta ja sorminäppärintä rosvoa, joita olen koskaan nähnyt liittovaltion armeijassa (kaikki rosvot, joita olen koskaan nähnyt, ovat tuosta armeijasta), taloon etsimään viskiä ja rahaa, kun taas upseerit pysyivät takapihalla pyrkien lahjomaan palvelijoita kertomaan, minne olimme piilottaneet rahamme. Heidän etsintänsä osoittautui hedelmättömäksi, jolloin he ottivat mukaansa vaatteemme, petivaatteemme ja rikkoivat astiastomme,

varastivat veitseni ja haarukkani, väänsivät avaimet ja mursivat auki lipastoni, kaappini ja muut ovet. Sen jälkeen tulivat heistä kaikista pahimmat; polttajat tai niin kuin he kutsuivat itseään, "tuhon enkelit." He polttivat rakennuksemme, jossa oli cotton gin ja puristuslaitteet yhdessä 125 puuvillapaalin kanssa, seitsemän kaukaloa, joissa oli yhteensä 600 astiaa viljaa, hirsimajamme, tallimme ja kuusi paalia rehua, vankkurit, neljä mustien asuinrakennusta, tukkisavottamme, hienot kehruukoneemme ja 500 dollarin arvosta lankaa, kirveitä, kuokkia, viikatteita ja kaikkia muita plantaasin työkaluja. Sitten he tulivat soihtujensa kanssa polttamaan talomme, viimeisen jäljellä olevan rakennuksen mustien asuintilan lisäksi. Se oli liikaa; kaikella ylpeydelläni ja päättäväisyydelläni, jota minulla oli (ja on ollut tähän asti) kohtelin heitä kylmällä halveksunnalla ja enkä koskaan pahimmassakaan tapauksessa alentunut rosvomaisille kurkunleikkaajille hyläten minut oman kotini raunioihin; minun täytyi tehdä jotain, ja nopeasti; paatuneet varastelevat roistot, kuten tunsin heidät, ponnistelisin kerran oman kotini vuoksi. Katsoin läpi väkijoukkoon, kun he kokoontuivat yhteen antaen käskyjä polttamisen suhteen, etsien kasvoilla näkyi merkkejä tuntemuksista tai silmä, jossa oli ihmisyyden kipinä, mutta en löytänyt mitään, kun lähestyin lähintä ryhmää ja osoitin lapsia (jotka olivat sisareni) sanoen, "Ette te kai polta taloa, vai kuinka? Te ajatte nämä pikkuiset kotoa ja otatte sen omistukseenne ja sitten tämä on ainoa paikka, joka voi olla heidän suojansa." "Voitte kiittää Jumalaa rouva", sanoi yksi raakalaisista, "että jätämme sinulle ja sinun hemmetin penskoillesi päät, joita voitte suojata." Juuri silloin upseeri ratsasti paikalle teeskennellen olevansa hyvin hämmästynyt ja kauhean poissa tolaltansa miestensä toimien vuoksi kiroten heitä paljon ja kertoi suuren määrän epätotuuksia, että hän ei ollut antanut käskyjä polttaa

muuta kuin viljan; antaen uhkauksia, jotka oli unohdettu ja
määräsi "enkelinsä" menemään järjestykseen, jolloin täten
päättyi synkimmän päivän vaikeudet, jotka olen koskaan
kokenut. Rouva Ricks.

"Menetykset ennen viimeistä hyökkäystä olivat:
kuusi muulia, viisi hevosta, yhdet vaunut (joita veti neljä
hevosta), 52 mustaa."

[39] Tämä osoittautui myöhemmin paikkansa
pitämättömäksi.

Toukokuun 30. päivä (lauantai) Satoi rankasti
koko viime yön, mutta kenraali Polkin teltta osoittautui olevan
itsessään hyvä. Meillä oli rukoukset niin aamulla kuin illalla
tohtori Quintardin toimesta yhdessä laulamisen kanssa; johon
kenraali Polk otti osaa suurella innolla. Eversti Gale, joka kenraali
Polkin vävy ja tämän vapaaehtoinen adjutantti, niin laittoi
mustansa Aaronin ja tamman käyttööni siksi aikaa, kun olin
siellä.

Kenraali Polk selitti minulle suunnitelman
Murfreesboroughin taisteluun. Hän väitti, että konfederaatiolla
oli vain noin 30000 miestä mukaan lukien Breckenridgen
divisioona, joka ei ollut osallistunut ensimmäisen päivän
taisteluun. Hän sanoi, että konfederaation tappiot olivat 10000
miestä ja jenkkien 19000 miestä. Koskien Shilohin taistelua [40]
hän sanoi, että Beauregardin käsky vetäytyä oli mitä epäonnisin,
kun tykkiveneet eivät tehneet todellista vahinkoa ja jos he
(konfederaation sotilaat) olisivat pitäneet asemansa, niin mikään
ei olisi voinut pelastaa liittovaltion joukkoja joutumasta vangeiksi
tai tuholta. Epäonni koskien Albert Johnstonin kuolemaa

yhdessä Beauregardin sairauden kanssa ja siksi, että hän ei ollut läsnä tietyssä paikassa, niin olivat syitä siihen, että kyseinen taistelu ei ollut täydellisempi voitto. **[Suom. huom.** Kenraali Polk oli oikeassa etelän tappioiden suhteen Murfreesboroughin taistelussa (tunnetaan myös Stones Riverin taisteluna) vuodenvaihteessa 1862–1863, mutta pohjoisen tappiot olivat noin 14000 miestä, ei 19000 niin kuin hän väittää. Shilohin huhtikuussa 1862 taistelu alkoi kenraali Albert Johnstonin komentama etelävaltiolaisten Mississippin armeija hyökkäsi U. S. Grantin komentaman pohjoisvaltiolaisten Tennesseen armeijan kimppuun, joka puolustautui kiivaasti. Kenraali Johnston haavoittui taistelussa kuolettavasti, kun ilmeisesti hänen jalkansa suuret verisuonet katkesivat ja hän vuoti kuiviin. Etelän ja Pohjoisen taistelukentällä olevien armeijoiden vahvuudet olivat tasaväkiset eli ennen taistelua 40000 ja 50000 miehen välissä kummallakin armeijalla. Päivän taistelun päättyessä Grant oli saamassa melkein 20000 miestä lisää apujoukkoina kenraali Don Carlos Buellin Ohion armeijan muodossa. Toisin kuin kenraali Polk väitti, niin liittovaltion joukoilla oli taistelun toisena päivänä yliote niin miesmäärän kuin käyttämättömien joukkojen suhteen.]

Siitä lähtien, kun olin noussut maihin Amerikassa, niin olin kuullut sen nimisen englantilaisen miehen uroteoista, kuin eversti St. Leger Grenfell **[Suom. huom.** George St. Leger Grenfell (1808–1868? Sisällisodan jälkeen tämä eversti joutui liittovaltion vangiksi erinäisistä rikoksista ja hän koetti paeta veneellä myrskyisessä säässä. Hänestä ei kuultu sen jälkeen mitään.], joka oli nyt Braggin armeijan ratsuväen tarkastaja. Sinä iltapäivänä tutustuin häneen ja pidän häntä yhtenä mitä poikkeuksellisimmista hahmoista, joita olen koskaan tavannut.

Vaikka hän olikin hyvin tunnetun englantilaisen perheen jäsen, niin hän näytti omistaneen koko elämänsä palkkasoturin jännittävälle uralle. Hän kertoi minulle, että aikaisemmin hän oli palvellut kolme vuotta ranskalaisessa ratsuväkirykmentissä, joka käytti peitsiä ja oli noussut sotamiehestä vänrikkiä vastaavaan sous-lieutnantin arvoon. Hänestä tuli myöhemmin eräänlainen konsuliagentti Tangierissä vanhan herra Drummond Hayn alaisuudessa. Opittuaan arabian täysin hän liittyi Abd-el-Kaderin palvelukseen ja tämän tunnetun päällikön alaisuudessa hän taisteli ranskalaisia vastaan neljä ja puoli vuotta. Toisena aikana elämäänsä hän varusti purjeveneen ja kävi yksityistä sotaa Marokon Rif-vuorten alueen merirosvoja vastaan. Hän oli turkkilaisen sotajoukon esikuntapäällikkö Krimin sodassa ja hän taisteli myöhemmin jossain ominaisuudessa Sepoy-kapinassa. Hän myös kävi sotaa Buenos Airesissa ja Etelä-Amerikan tasavaltoja vastaan. Nykyisten vaikeuksien alussa hän toimi saarronmurtajana ja liittyi konfederaation puolelle. Hän toimi tunnetun komentaja John Morganin adjutanttina ja oikeana kätenä kahdeksan kuukautta. Jopa tässä armeijassa, jossa on paljon itsepäisiä ja epätoivoisia hahmoja, niin hän hankki kaikkien arvoasteiden ihailun uhkarohkeudellansa ja ritarillisuudellansa taistelukentällä. Niin kenraali Polk kuin kenraali Bragg puhuivat hänestä mitä parhaimpana ja käyttökelpoisimpana upseerina, jonka lisäksi hän oli mies, joka ei koskaan hukannut mahdollisuutta heittää pois henkensä. Hän oli juuri sellainen mies, joka onnistuu tässä armeijassa ja sotilaiden keskuudessa hänen kuuluisa rohkeutensa voittaa hänen epäsuosionsa joustamattomana kurinpitäjänä. Hän oli kauhu kaikille lintsareille, eksyneille ja karanneille, sekä kaikille komentaville upseereille, jotka eivät pystyneet tuomaan hänen tarkastukseensa sitä määrää hevosia, joille oli tuotu rehua. Hän näytti olevan iältänsä 45-vuotias, mutta oikeasti hän oli 56-vuotias. Hän oli sangen pitkä, laiha, hyvin jäntevä ja aktiivinen yhdessä hyväntahtoisen englantilaisen olemuksen kanssa; mutta hänen silmänsä olivat villit omaten vaeltavan katseen, joka oli yleinen arabien keskuudessa. Kun hän tuli luokseni, niin hän oli pukeutunut englantilaiseen esikunnan siniseen takkiin ja hänellä oli punainen ratsuväen kauhalakki, josta myöhemmin kenraali Polk kertoi, että hän piti sitä aina taisteluissa tehdäkseen itsensä huomatuksi. Hän puhui minulle paljon John Morganista, jonka avioliittoa hän oli pyrkinyt estämään ja josta hän puhui hyvin suurella surulla. Hän sanoi, että Morgan oli mennyt naimisiin, eikä tulisi koskaan olemaan sama mies kuin hän oli aikaisemmin. Hän sanoi, että yksi tämän tunnetuista lennättimen kuunteluista Kentuckyssä, niin viestittäjä ja Morgan, sekä hän itse istuivat savisella rannalla voimakkaan myrskyn aikana 12 tuntia, mutta kiinnostus siihen oli niin tiivistä, että ajan kuluminen sai sen vaikuttamaan kolmelta tunnilta. [41]

Kenraali Polkin poika, nuori tykistön luutnantti, kertoi minulle tänä iltapäivänä, että ”Stonewall Jackson” oli ollut opettajana sotilaskoulussa Lexingtonissa, jossa hän oli ollut kadettina. ”Old Jack”, kuten hänet silloin tunnettiin, niin häntä pidettiin sinnikkäänä, mutta sangen mielikuvituksettomana opettajana ja hän oli usein vitsikkäiden kadettien pilkan kohde, joiden suurena tavoitteena oli pilkata häntä, mutta olivat kuinka julkeita tahansa, niin hän oli koskaan silloin huomauttanut heidän pilkastansa, mutta hän aina rankaisi heitä jälkikäteen. Sodan puhjetessa hän kutsui kadetit kuuntelemaan puhettansa ja nämä olivat hänen sanansa: ”Sotilaat pitävät lyhyitä puheita; ovat hitaita vetämään esille miekkansa kansallisissa kiistoissa, mutta kun he vetävät sen esille, niin he heittävät pois huotransa.”

Nuori Polk sanoi, että tällä puheella old Jack loi innostuksen, jota ei voi sanoin kuvata.

[40] Kutsutaan Pittsburg Landingiksi ja Corinthiksi.

[41] Tämä oli tilanne, jossa he lähettivät lennättimellä niin suuren määrän hölynpölyä jenkkikenraalille saaden takaisin suuren määrän arvokasta tietoa ja sellaisista tarpeellisista tarvikkeista, joita Morgan tarvitsi.

Toukokuun 31. päivä (sunnuntai) Georgian piispa saarnasi tänään hyvin suurelle seurakunnalle presbyteerikirkossa. Hän oli mitä kaunopuheisin saarnaaja; ja myöhemmin hän konfirmoi noin kaksikymmentä henkeä, joiden joukossa olivat eversti Gale (yli 40-vuotias) ja nuori Polk. Kirkon jälkeen minut taas kutsuttiin kenraali Braggin luokse, joka puhui minulle pitkään Murfreesboroughin taistelusta (jossa hän oli ollut komentajana). Hän sanoi, että hän oli pitänyt hallussaan maaston, jonka hän oli voittanut kolmessa ja puolessa päivässä, sekä vetäytynyt vain siksi, että hänen joukkonsa olivat olleet niin väsyneitä ja vienyt mukanaan oli 6000 vankia, useita kanuunoita ja muita sotasaaliita. Hän salli, että Rosecrans oli osoittanut paljon tiukkuutta ja oli "ainoa mies jenkkien armeijassa, jota ei voitu pahasti voittaa." Hän näytti minulle suunnitelmana kahden armeijan tarkat sijainnit, sekä myös tunnettujen sissitaistelijoiden Morganin ja Forrestin toiminta-alueet. **[Suom. huom.** John Hunt Morgan (1825–1864) ja Nathan Bedford Forrest (1821–1877)]

Eversti Grenfel kutsui minua taas ja järjestin vierailun etuvartioasemiin hänen kanssaan tiistaiksi. Hän puhui minulle ylistävästi Braggistä, Polkista, Hardeesta ja Cleburnesta

[Suom. huom. Patrick Ronayne Cleburne (1828–1864)]; mutta
hän kuvaili joitakin muita "poliittisiksi" kenraaleiksi ja toisia
hyviksi taistelijoiksi, mutta lukutaidottomiksi ja jonkin verran
persoiksi alkoholille. Hän inhosi politiikan vaikutuksia
sotilasasioihin hyvin haitallisiksi konfederaation armeijalle,
vaikka tilanne ei ollutkaan niin paha kuin se oli pohjoisessa.]

Kello 2 iltapäivällä matkasin junanvaunuissa
kenraali Braggin ja Georgian piispan kanssa. Meidät oli laitettu
matkatavaravaunuun ja kenraali, sekä piispa olivat ainoita
henkilöitä, joille oli annettu istuimet. Vaikka etäisyys
Shelbyvillestä Wartraceen oli vain noin 13 kilometriä, niin
olimme liikkeellä tunnin ja kymmenen minuuttia, sillä niin
huonossa ja vaarallisessa kunnossa raiteet olivat.
Saavuttuamme Wartraceen meitä viihdytti kenraali Cleburne.
Tämä upseeri kertoi meille taustansa. Hän oli lääkärin poika
Ballincoligista, Irlannista tai sen läheltä.
Seitsemäntoistavuotiaana hän karkasi kotoaan ja värväytyi
hänen majesteettinsa 41. jalkaväkirykmenttiin, jossa hän palveli
kolme vuotta sotamiehenä ja korpraalina. Sitten hän osti
vapautensa ja muutti Arkansasiin, jossa hän opiskeli lakia ja
vältteli politiikkaa hankkien hyvän toimiston lakimiehenä. Sodan
alussa hänet valittiin komppaniansa kapteeniksi, sitten
rykmenttinsä everstiksi ja sen jälkeen hän kunnostautui kaikilla
läntisen alueen sotaretkillä, joihin hän osallistui, jolloin hänet
nimitettiin divisioonankomentajaksi (10000 miestä); korkein
arvo, jonka vierasmaalainen on saavuttanut konfederaation
palveluksessa. Hän kertoi minulle, että hän oli kiitollinen
nopeasta ylenemisestänsä pääasiassa hyödyllisiin opetuksiin,
joita hän oli oppinut brittiarmeijan palveluksessa ja hän
naureskellen osoitti hänen valkoisia kenraalinhihamerkkejään,

joita hän sanoi kokemuksiensa avulla 41. riveissä pystyvän pitämään puhtaampina kuin kukaan muu konfederaation kenraali. [42] Hän oli nyt 35-vuotias; mutta hänen tukkansa oli alkanut harmaantua saaden hänet näyttämään vanhemmalta. Kenraalit Bragg ja Hardee kumpikin puhuivat hänestä minulle mitä suurimmin ylistyksin ja sanoivat, että hän oli noussut kokonaan omien henkilökohtaisten ansioidensa perusteella.

Kello 5 olin läsnä suuressa ulkoilmasaarnassa kenraali Woodin leirissä. **[Suom. huom.** Kyseessä oli luultavasti kenraali Sterling Alexander Martin Wood (1823–1891).] Piispa Elliott saarnasi mitä ihailtavimmin seurakunnalle, joka koostui lähes 3000 sotilaasta, jotka kaikki kuuntelivat häntä mitä syvällisimmin ja tarkasti. Kenraalit Bragg, Polk, Hardee, Withers, Cleburne ja useita prikaatikenraaleja oli paikalla. **[Suom. huom.** Jones Mitchell Withers (1814–1890)] On mahdotonta liioitella kunnioituksesta, jota kaikkien eri arvoasteiden miehet tässä armeijassa tunsivat piispa Elliottia kohtaan; ja vaikka useimmat upseerit olivat episkopaaleja, niin pääosa sotilaista oli metodisteja ja baptisteja. Piispa Elliott selitti minulle myöhemmin, että syy siihen, miksi suurimmasta osasta ihmisistä oli tullut vastustajia, oli se, että siellä Amerikassa ei ollut piispoja ”brittivallan aikana”; ja koko papisto oli nimitetty Englannista, jolloin se oli melkein poikkeuksetta jäänyt kuninkaan puolelle Amerikan vallankumouksessa ja siten menettänyt virkansa.

Söin illallista ja nukuin kenraali Hardeen luona, mutta iltaa viettäessäni rouva X:n luona kuulin uudestaan naisten moitteet, jotka oli suunnattu jenkkejä kohtaan.

Pidän suurena virheenä olettaa sitä, että lehdistö on vaiennettu etelässä, sillä näen siinä jatkuvasti mitä voimakkaampia hyökkäyksiä presidenttiä vastaan; samaa tapahtuu eri kenraaleita ja heidän toimiaan kohtaan. Tänään kuulin kuinka upseerit valittivat katkerasti "Chattanooga Rebelistä", joka oli julkaissut kertomuksen Breckenridgen lähdöstä tästä armeijasta Johnstonille Missisippiin ja siten antaen aikaista tiedustelutietoa viholliselle.

[42] Neljäskymmenesensimmäinen rykmentti pitää valkoisia hihamerkkejä niin kuin myös kenraalit konfederaation armeijassa. M. de Polignac **[Suom. huom.** Camille Armand Jules Marie, Polignacin ruhtinas (1832–1914)] oli äskettäin nimitetty prikaatikenraaliksi; hän ja Cleburne olivat ainoat kaksi kenraalia konfederaation armeijassa, jotka olivat ulkomaalaisia.

Kesäkuun 1. päivä (maanantai) Me kaikki menimme kenraali Liddellin **[Suom. huom.** St. John Richardson Liddell (1815–1870)] prikaatin tarkastukseen Bellbucklessa, joka oli noin 10 kilometrin päässä. Siellä olo kolme vaunua täynnä naisia ja ratsastin loistavalla hevosella, joka oli kenraali John Morganin lahja kenraali Hardeelle. Sää ja maisemat olivat ilahduttavia. Kenraali Hardee kysyi minulta etenkin siitä, että oliko herra Mason **[Suom. huom.** James Murray Mason (1798–1871), konfederaation diplomaatti, joka lähetettiin Lontooseen.] otettu ystävällisesti vastaan Englannissa. Vastasin, että käsitykseni mukaan näin oli tehty yksityisten ihmisen toimesta. Olen usein huomannut, että etelävaltiolaiset ovat sangen herkkiä tämän asian suhteen.

Kenraali Liddellin prikaati koostui arkansasilaisista joukoista; viisi hyvin heikkoa rykmenttiä, jotka olivat kärsineet kovasti eri taisteluissa ja joihin ei voitu helposti värvätä uusia sotilaita siksi, että Mississippi-joki oli saarron kohteena. Miehet olivat kookkaita, terveitä ja hyvin vaatetettuja, mutta ilman mitään univormua koskien vaatteiden värejä tai leikkauksia; mutta melkein kaikki heistä oli vaatetettu käyttäen harmaita tai ruskeita takkeja, sekä huopahattuja. Minulle kerrottiin, että jopa siinä tapauksessa, että rykmentti vaatetettaisiin asianmukaisesti hallituksen toimesta, niin siitä tulisi monivärinen viikossa, kun sotilaat pitivät parempana pitää yllään karkeita kotitekoisia takkeja ja housuja, jotka olivat heidän äitiensä ja siskojensa tekemiä kotona. Kenraalit hyvin viisaasti sallivat heidän toimia näin tässä asiassa ja vaativat vain, että heidän aseensa ja muut sotilaalliset varusteensa pidetään asianmukaisessa kunnossa. Useimmat upseerit ovat pukeutuneet univormuihin, jotka ovat siistejä ja palveluskelpoisia ollen samanlaisia väreiltänsä kuin siniharmaat itävaltalaisten jääkärien pitämät päällystakit. Jalkaväellä on siniset hihamerkit, tykistöllä punaiset, lääkäreillä mustat, esikuntamiehillä valkoiset ja ratsuväellä keltaiset; joten on mahdotonta erehtyä aselajihaarasta, johon kukin upseeri kuuluu; eikä oli mahdollista erehtyä myöskään hänen sotilasarvostansa. Luutnantilla, yliluutnantilla ja kapteenilla tässä järjestyksessä yksi, kaksi ja kolme tähteä kauluksessaan.

Ennen prikaatin ohimarssia monet sotilaat ottivat pois takkinsa ja marssivat kenraalin ohitse paitasillaan johtuen sään lämpimyydestä. Useimmat heistä oli aseistettu Enfield-kiväärein, jotka oli saatu sotasaaliiksi viholliselta. Monet kuitenkin olivat hukanneet tai heittäneet pois pistimensä, joilla ei näyttänyt olevan asianmukaista arvoa, kun he eivät olleet koskaan kohdanneet ketään jenkkejä, jotka odottaisivat niin kauan, että niitä aseita käytettäisiin. Ilmaisin halun nähdä heidän muodostavan neliön, mutta näytti siltä, että heitä "ei ollut koulutettu sellaisia sotaliikkeitä varten" (paitsi neliöön, joka oli kaksi riviä syvä). He sanoivat, että maasto ei sallisi ratsuväen rynnäköitä, jos edes jenkkien ratsuväellä olisi rohkeutta koettaa sitä.

Jokaisella rykmentillä oli mukanaan "taistelulippu", joka oli sininen omaten valkoisen rajan, johon oli kirjoitettu nimet "Belmont", "Shiloh", "Perryville", "Richmond, Ky." ja "Murfreesborough". Ne olivat riittävän hyvin harjoitettuja, ja etenivät linjassa huomattavan hyvin; mutta kenraali Liddell oli keksinyt useita liikkeitä itse, jotka hän oli hyväksyttänyt kenraali Hardeella.

Kun ohimarssi oli ohitse, niin joukot kuuntelivat piispa Elliottin erinomaista saarnaa, joka oli osittain uskonnollinen, osittain isänmaallinen. Häntä seurasi kongressiedustaja, jolla oli kansanomainen olemus ollen nimeltänsä Hanley Arkansasista, ja joka itse piti pitkän ja mielenkiinnottoman poliittisen puheen päätti sen julistamalla itsensä ehdokkaaksi uudelleenvalintaa varten. Tämä puhe näytti minusta (ja useista muista) olevan erityisen huonosti ajoitettu, väärässä paikassa ja naurettava, kun se pidettiin sotilaille, jotka olivat vihollistensa edessä. Mutta tämä oli yksi seuraus yleisestä äänioikeudesta. Sotilaat halusivat myöhemmin kenraali Hardeen sanovan jotain, mutta hän kieltäytyi. Kuvittelen, että kuri tässä armeijassa on kovinta konfederaatiossa ja miehet ovat paljon parempia marssijoita kuin ne, jotka näin Missisippin osavaltiossa.

Sotilas ammuttiin sinä iltapäivänä Wartracessa. Kuulin yhteislaukauksen juuri kun olimme lähtemässä vaunuilla Shelbyvilleen. Hänen rikoksensa oli karkuruus vihollisen puolelle; ja vangin prikaati oli Tullahomassa 32 kilometrin päässä, joten hänet teloitettiin ilman mitään seremonioita sotapoliisien toimesta. Vakoojia hirtettiin silloin tällöin; mutta kenraali Bragg kertoi minulle, että oli melkein mahdotonta kummankaan puolen lopettaa sitä käytäntöä.

Piispa Elliott, tohtori Quintard ja minä menimme takaisin kenraali Polkin majoitustiloihin kello 5 iltapäivällä, jossa minut esiteltiin eversti Stylesille, joka oli aikaisemmin Yhdysvaltain lähettiläs Wienissä. Illalla tein tuttavuutta kenraali Wheelerin **[Suom. huom.** Joseph Wheeler (1836–1906)], joka oli Van Dornin seuraaja tämän armeijan, jonka ratsuväen vahvuus oli yli 24000 miestä, ratsuväen päällikkönä. Hän oli hyvin pieni mies, jolla oli ikää vain 26 vuotta ja hän oli pukeutunut takkiin, joka oli hänelle aivan liian suuri. Hän oli hankkinut maineensa suojellessaan armeijaa sen perääntyessä Kentuckyn läpi viime vuonna. Hän oli valmistunut West Pointista ja näytti olevan huomattavan innokas upseeri sen lisäksi, että hän oli hyvin säädyllinen ja vaatimaton tavoiltansa.

Kenraali Polk kertoi minulle, että huolimatta Breckenidgen lähdöstä, niin tämä armeija oli nyt paljon vahvempi kuin se oli ollut Murfreesboroughin taistelussa. Luulen, että on mahdollista saada kokoon 45000 jalkaväki- ja tykkimiestä heti taistelua varten.

Kesäkuun 2. päivä (tiistai) Eversti Grenfell ja minä ratsastimme etuvartioasemiin aloittamaan kulkemalla tietä pitkin Murfreesboroughiin kello 6 aamulla. Satoi rankasti melkein koko päivän. Hän selitti minulle taistelutavan, jonka oli omaksunut läntinen ratsuväki, jonka hän sanoi ihailtavasti sopivan tähän maastoon; mutta hän kielsi, että he missään olosuhteissa pystyisivät kestämään aitoa oikean ratsuväen rynnäkköä aukealla. Heidän tapansa oli laskeutua hevosen selästä ja jättää hevonen johonkin vartioituun paikkaan. Yksi mies huolehti omasta ja kolmen toverinsa hevosista, kun taas muut toimivat jalkaväen sotilaina tiheissä metsissä ja rikkonaisessa maastossa muodostaen pitkän rivin ja hämäten vihollista määränsä avulla ja niin kuin oli heidän luonteensa jalkaväkenä tai ratsuväkenä. Tällä tavalla Morgan kahden pienen tykin avustamana, joita kutsuttiin bulldoggeiksi, niin hyökkäsi menestyksekkäästi jenkkien kaupunkeja, linnoituksia, paaluvarustuksia ja höyrylaivoja vastaan; ja samalla järjestelmällä Wheeler ja Wharton **[Suom. huom.** kenraali John Austin Wharton (1828–1865)] pitivät suurta takaa-ajavaa armeijaa kurissa 27 päivän ajan paeten ja taistellen joka päivä ja luoden viholliselle ajatuksen, että heitä vastassa oli voimakas yksikkö, joka koostui kaikista kolmesta aselajista.

      Eversti Grenfell kertoi minulle, että ainoa tapa, jolla upseeri saattoi saada vaikutusvaltaa konfederaation sotilaisiin, oli hänen henkilökohtainen toimintansa tulituksen kohteena. He arvostivat suuresti miehiä, joiden toiminta antoi esimerkkiä halveksunnasta vaaran alla; mutta he eivät arvostaneet yhtään upseereita, joilla ei ollut tapana johtaa heitä; tosiasiassa sellainen mies ei voinut säilyttää asemaansa. Eversti Grenfellin ilmaisu oli tämä, ”jokainen atomi arvovaltaa ostetaan pisaralla vertasi.” Hän kertoi minulle, että hän oli epätoivoinen kuumassa kiistassa osavaltion siviiliviranomaisten kanssa, jotka syyttivät häntä laittomasta hevosten viemisestä ja haltuun ottamisesta, sekä vehkeilystä auttaa musta pakenemaan lailliselta omistajaltansa ja hän sanoi, että sotilasviranomaiset pelkäävät tai eivät pysty antamaan hänelle asianmukaista suojelua.

Ensimmäiset 15 kilometriä tiemme oli aika suoraa ja kukkulaista, sekä tiheää metsää oli kummallakin puolella. Sitten saavuimme kukkuloiden solaan nimeltänsä Guy´s Gap kukkuloiden asemasta, joka oli vahva paikka ja sitä voitiin pitää pienellä voimalla. Kukkuloiden harju ylettyy niin kauas kuin Wartraceen, mutta ymmärrän, että tämä asema voidaan kääntää vasemmalta sivustalta. Noin kolme kilometriä Guy´s Gapista olimme kenraali Martinin päämajassa **[Suom. huom.** kenraali William Thompson Martin (1823–1910)]**,** joka oli upseeri komentaen siihen ympäristöön sijoitettua ratsuväkirykmenttiä. Kenraali Martin näytti minulle kirjettä, jonka olivat jenkit lähettäneet muutama päivä sitten tulitaukolipun kanssa herra Vallandighamin mukana. Tässä kirjeessä oli omituinen sanamuoto ja se päättyi, jos oikein muistan, ilmaisuun: "Herra Vallandigham siten annetaan konfederaation viranomaisten kunnioitettuun huomaan." Kenraali Martin kertoi minulle, että kahakointi ja väijyminen olivat melkein jokapäiväistä ja että kymmenen päivää sitten vihollisen ratsuväki oli rohkeasti syöksynyt ja kaapannut kenttätykin lähellä hänen asuinpaikkaansa. Kenttätykki oli kuitenkin saatu takaisin ja sen kaappaajat oli tapettu.

Yksi kenraali Martinin esikunnan upseereista liittyi mukaamme eversti Webbin sijoituspaikalle (noin viisi kilometriä tietä pitkin), joka komensi sille etuvartioasemalle sijoitettua rykmenttiä; kyseessä oli Alabaman 51. ratsuväkirykmentti. Tämä eversti Webb oli ammatiltansa lakimies ja näytti olevan mukava kaveri; ja hän vaati haluavansa ratsastaa mukanamme etulinjan vartiopaikoille sateesta huolimatta ja hän myös halusi rykmenttinsä ilmestyvän meille, kun palaisimme. Äärimmäiset vartioasemat olivat noin 3 kilometriä eversti Webbin asemapaikasta ja noin 25 kilometriä Shelbyvillestä. Puolueeton alue oli noin 5 kilometrin levyinen. Ratsastimme niin pitkälle kuin oli turvallista ja saimme juuri näkyviin jenkkien etuvartioasemat. Konfederaation etuvartioasemien etäisyys toisistansa oli noin 300 tai 400 metriä. Eversti Webbin rykmentti oli vastuussa rintamasta, jonka pituus oli noin 3 kilometriä; ja samalla tavalla ketju etuvartioasemia oli yletetty joukkoihin, oikealle ja vasemmalle yli 128 kilometrin matkalle. Tiedustelijoita lähetettiin jatkuvasti eteenpäin kummankin osapuolen toimesta keräämään tietoa. Vastakkaisten osapuolten tiedustelijat ja vartijat poikkeuksetta ampuivat toisiaan, kohtasivat näitä; ja eversti Webb hyväntahtoisesti tarjosi, että jos olin erityisen innokas näkemään heidän tapojaan ja toimintaansa, niin hän lähettäisi eteen muutamia miehiä ja järjestäisi pienen taistelun. Kiitin häntä paljon tarjouksesta, mutta pyysin, että hän ei näkisi niin paljoa vaivaa puolestani. Hän näytti minulle taloa, johon Vallingham oli "jätetty" etuvartioasemien väliin, kun he kielsivät antaa hänelle tulitaukolippua.

Metsät tien kummallakin puolella omasivat useita merkkejä yhteenotoista, joita tapahtui päivittäin. Useimmat talot tien varrella oli tuhottu; mutta yksi tanakka vanha nainen oli itsepäisesti kieltäytynyt lähtemästä, vaikka hänen talonsa jatkuvasti yhteenottojen kohde ja siihen olivat jättäneet merkkinsä useat luodit ja ammukset.
Yhdeksänkymmentäseitsemän miestä oli käytössä joka päivä

eversti Webbin rykmentille. Muu osa 51. Alabamaan rykmenttiä oli ratsailla ja tullut ottamaan vastaan eversti Grenfellin palatessamme etuvartioasemista. Heidät oli yhtenäisesti aseistettu pitkin kiväärein ja revolverein, mutta ilman sapeleita ja he olivat komeita nuoria miehiä. Heidän hevosensa olivat paljon paremmassa kunnossa kuin olisi voinut olettaa johtuen vähäisestä ruuasta ja kovasta palveluksesta, jota he olivat suorittaneet viimeisten viiden kuukauden ajan ilman minkäänlaista suojaa paitsi puita. Eversti Grenfell kertoi minulle, että ne olivat hyvin edustavia yksilöitä suuresta määrästä ratsuväkeä Braggin armeijassa. Palasin takaisin Shelbyvilleen kello 4.30 iltapäivällä juuri ajoissa osallistuakseni omituiseen seremoniaan Amerikassa. Tämä oli kastetilaisuus episkopaalisessa kirkossa. Seremonia suoritettiin vaikuttavalla tavalla piispa Elliottin toimesta ja henkilö, joka kastettiin, ei ollut kukaan vähäisempi kuin armeijan ylipäällikkö. Piispa tarttui kenraalin käteen omallaan (jälkimmäinen oli polvillaan vesiastian edessä) ja sanoi, ”Braxton, jos sinua ei ole vielä kastettu, niin kastan sinut.” Heti tämän jälkeen hän konfirmoi kenraali Braggin, joka sitten kätteli kenraali Polkia, sekä heidän esikuntiensa upseereita ja minua, jotka olivat ainoat todistajat.

Sotilaat, jotka vartioivat kenraali Polkin asuinpaikkaa sinä iltapäivänä, niin heillä oli pulaa kengistä ja sukista. Nämä olivat ensimmäiset paljasjalkaiset sotilaat, jotka olin siihen mennessä nähnyt konfederaation alueella.

Minulla oli tarkoitus lähteä Shelbyvillestä huomenna piispa Elliottin kanssa; mutta minulle kerrottiin, että tiedusteluoperaatio voimaa käyttäen suoritettaisiin huomenna. Hyväksyin kenraali Polkin ystävällisen tarjouksen vieraanvaraisuudesta muutamaksi lisäpäiväksi. Neljä Polkin prikaatia tykistön kanssa siirtyisivät huomenna rintamalle, ja kenraali Hardee myös etenisi Wartracestä. Tavoitteena oli hankkia tietoa vihollisen vahvuudesta Murfreesboroughista, sillä huhu sanoi, että Rosecrans olisi vahvistamassa Grantia Mississippin luona, jota kenraali Bragg ei sallinut tapahtuvan rangaistuksetta. Sää oli nyt melkein kolea.

Kesäkuun 3. päivä (keskiviikko) Piispa Elliott lähti Savannahiin kello 6 aamulla rankkasateessa, joka jatkui koko päivän. Grenfell tuli tapaamaan minua aamusta täynnä raivoa. Hänet oli pidätetty vuoteessaan siviiliviranomaisten toimesta syytettynä hevosvarkaudesta ja vehkeilystä vapauttaa musta orja omistajastansa. Kenraali Bragg itse järjesti vakuudet hänen vapauttamiseksensa, mutta Grenfell oli luonnollisesti raivoissaan tästä nöyryytyksestä. Mutta jopa hänen oman kertomuksensa mukaisesti hän näytti toimineen harkitsemattomasti asioissaan mustan suhteen ja hän tulee joutumaan siitä siviilioikeuden eteen ensi lokakuussa. Kenraali Polk ja hänen upseerinsa olivat rasittuneita tästä tapauksesta, joka kuitenkin oli poikkeuksellinen ja se vakuuttavasti todisti, että asevoimat eivät olleet ylittäneet siviililainvalvojia eteläisissä valtioissa; sillä tässä tapauksessa pidätettiin tärkeä upseeri huolimatta ylipäälliköstänsä, kun tämä oli suorittamassa virkaansa vihollisen edessä. Hankkimalla vakuudet kenraali Bragg antoi mitä selvimmät todisteet, että hän tulisi vapauttamaan Grenfellin mistä tahansa väärinkäytöksistä. [43]

Illalla pimeän jälkeen kenraali Polk käänsi huomioni tapaan, jolla viestitulet toimivat. Yksi nuotio oli paikallaan maassa, kun taas toista oli siirretty taaksepäin ja eteenpäin sen ylitse. Ne antoivat tiedon, että kenraali Hardee oli työntänyt vihollista 8 kilometrin verran taaksepäin Murfreesboroughin alueella koko päivän kestäneen kovan kahakoinnin jälkeen.

Sain kenraali Polkilta tarinan hänen tunnetusta seikkailustansa; kyseessä oli Indiana (pohjoinen) rykmentti, joka johti sen yksikön melkein täydelliseen tuhoon. Olen usein kuullut matkallani upseerien ja sotilaiden puhuvan tästä poikkeuksellisesta "piispan" uroteosta. Vaatimattomalla, mutta kuvaavalla tavalla kenraali Polk kertoi tämän ihmeellisen tapauksen viileydestä ja urheudesta, joka oli erittäin mielenkiintoista ja nyt toistan sen niin hyvin kuin pystyn käyttäen hänen omia sanojansa.

"Hyvä herra, kyseessä oli Perryvillen taistelu myöhään illalla; tosiasiassa oli jo melkein pimeää, kun Liddellin prikaati tuli taisteluun. Pian sen saapumisen jälkeen huomasin joukon miehiä, joiden uskoin olevan konfederaation sotilaita seisovan kulmassa suhteessa tähän prikaatiin ja tulittaen sivulta juuri saapuneita joukkoja. Sain, 'Hyvä Luoja, tämä on hyvin surullista ja se täytyy lopettaa;' joten käännyin ympäri, mutta en löytänyt ketään nuorista miehistäni, jotka olivat poissa viemässä eri viestejä; joten päätin itse ratsastaa sinne ja hoitaa tuon asian. Tulin everstin luokse, joka komensi tuota tulittavaa rykmenttiä, jolloin kysyin häneltä vihaisella äänellä, että miksi hän tulitti ystävällisiä voimia ja halusin, että hän lopettaisi sen heti. Hän vastasi yllättyneenä, 'En usko, että kyse on tässä mistään virheestä; olen varma, että he ovat vihollisia.' 'Vihollisia!' sanoin, 'miten niin, sillä lähdin juuri heidän luotansa itse. Lopettakaa tulitus, herra; mikä on nimenne, herra?' 'Nimeni on eversti X, joka

komentaa Indianan rykmenttiä; ja kysyn teiltä, että kuka te
olette, herra?'

"Silloin ensimmäistä kertaa näin
hämmästyksekseni, että hän oli jenkki, ja olin jenkkien rykmentin
selustassa. Näin, että ei ollut muuta mahdollisuutta kuin
julkeasti tulla eteen; tumma paitani ja kasvava pimeys olivat
liittolaisiani, joten lähestyin aika lähelle häntä ja puin nyrkkiäni
hänen naamaansa edessä sanoen, 'Tulen pian näyttämään
sinulle herra kuka olen, lopeta tulitus heti.' Sitten käänsin
hevoseni ja etenin hitaasti pois linjaa huutaen jenkeille
arvovaltaisella tavalla, että heidän tulisi lopettaa tulitus; samaan
aikaan koin epämiellyttävän tunteen kuin tunnustellen selkääni
ja laskien, kuinka monta luotia tulisi olkapäideni väliin joka hetki.
Pelkäsin kasvattaa vauhtiani, kunnes saavuin pienelle kukkulalle,
jolloin käännyin ja laukkasin takaisin miesteni luokse. Menin heti
lähimmän everstin luokse ja sanoin, 'Eversti, olen tiedustellut
nuo kaverit tuolla sangen läheisesti; ja olen huomannut, että ei
ole mitään virhettä siinä keitä he ovat; voitte mennä ja tehdä
heistä selvää.' Ja takaan, että teurastus, jonka tuo indianalainen
rykmentti koki, oli pahin, jonka olen sodan aikana nähnyt. [45] '
[Suom. huom. Kyseessä oli luultavasti Indianan 22.
jalkaväkirykmentti, jota tuossa taistelussa komensi
everstiluutnantti Squire Isham Keith (1838–1862), joka sitten
kaatui tässä taistelussa. Kyseinen indianalainen rykmentti
menetti melkein 2/3 vahvuudestansa tuossa taistelussa.]

On selvää minulle, että tietyssä määrin on
olemassa kateellisia tuntemuksia tennesseeläisten ja
virginialaisten armeijoiden välillä. Yksi väite on se, että se

taistelee kovempaa kuin Virginian armeija ja sitä vastassa ovat pohjoisen parhaat joukot ja kenraalit.

Etelävaltiolaiset yleensä arvioivat parhaiksi pohjoisen joukkoja luoteesta, joista koostuu suuri osa Grantin ja Rosecransin armeijoista; ne tulevat Ohion, Iowan ja Indianan osavaltioista. Irlantilaisia liittovaltio myös kunnioittaa heidän taistelutaitojensa takia; kun taas aitoja jenkkejä ja saksalaisia (Dutch) **[Suom. huom.** Yhdysvaltalaiset eivät aina pysty erottamaan alankomaalaisia tarkoittavaa sanaa Dutch saksalaisia tarkoittavasta sanasta Deutsch.] he eivät niin paljoa arvosta.

Olen ollut suostuvainen hyväksymään pettymykseni Tennesseen säähän, joka vaikutti olevan juuri niin leuto kuin olin odottanut.

[43] Olin leikannut Charlestonin lehdestä tämän artikkelin joitakin päiviä sen jälkeen, kun olin eronnut eversti Grenfellistä; eversti Grenfell oli vain noudattanut kenraali Braggin käskyjä ottaa pois sotilaalta tämän hevonen, ja väliaikaisesti hänen rahansa:

"Eversti St. Leger Grenfell. Läntisen armeijan kirjeenvaihtaja 'Mobile Register-lehdestä' kirjoitta seuraavaa: Tunnettu eversti St. Leger Grenfell, joka palveli Morganin alaisuudessa viime kesänä, ja sen jälkeen on ollut apulaistarkastajana kenraali Braggille, niin pidätettiin muutama päivä sitten siviiliviranomaisten toimesta. Sheriffi ja hänen virkamiehensä kutsuivat uhkarohkeaa englantilaista ennen kuin hän oli noussut aamulla ja kun jälkimmäinen oli käynyt vessassa ja kiinnittänyt vyönsä, sekä luotettavat pistoolinsa. Lainvalvoja

valitti ja englantilainen kirosi, ja tästä seurasi puolen tunnin
kamppailu, jossa tukeva englantilainen teki voimakasta
vastarintaa, mutta ylivoimaisella voimalla lopulta hänet voitettiin
ja riisuttiin aseista. [44] Syytteet olivat, että hän yhä piti
hallussaan orjaa, joka kuului konfederaation kansalaiselle ja
kieltäytyi luovuttamasta tätä pois; että armeijaan hevosella
tulevaa sotilasta hän syytti karkuriksi pakottaen tämän
laskeutumaan ratsailta, ottaen tämän hevoset ja varusteet, sekä
rahat sanoen, että karkuri ei ole hevosten eikä rahan arvoinen ja
lähetti omistajan pois niin, että tästä ei kuultaisi enää. Tämän
asian lopputulos oli, että eversti Grenfell oli joko syyllinen tai
syytön toimittaen mustan, hevoset ja rahat siviiliviranomaisille.
Jos syytteet häntä vastaan todetaan paikkansa pitäviksi, niin ei
ole epäilystäkään siitä, että kenraali Bragg tulee erottamaan
hänet esikunnastansa; mutta jos niitä ei pystytä todistamaan,
niin kyse on tämän liittolaisen kunnian loukkaamisesta
herjaamisella, niin hän on tarpeeksi voimakas ja urhea
rangaistakseen heitä. Hänen rohkeutensa ja urheutensa ovat
huomattavat läpi koko Kentuckyn sotaretken ja toivottiin, että
tämä myöhempi tahra hänen maineellensa poistettaisiin; tai jos
niin ei tapahdu, niin hänet poistetaan.

[44] Tämä ei pidä paikkaansa; lainvalvojat olivat
hyvin huolellisia sen suhteen, että he kävivät eversti Grenfellin
kimppuun, kun tämä oli sängyssä nukkumassa.

[45] Jos nämä virkkeet koskeen kohtaavat kenraali
Polkin silmiä, niin toivon, että hän antaa minulle anteeksi, jos
olen tehnyt virheitä kirjoittaessani hänen seikkailustansa.

Kesäkuun 4. päivä (torstai) Eversti Richmond
ratsasti kanssani etuvartioasemille tehdäkseen
tiedustelutoimintaa kenraali Cheathamin käskystä. Saavuimme
toimialueelle kello 2 iltapäivällä ja huomasimme, että Martinin
ratsuväki (jalkautettu9 oli edennyt vihollisen suuntaan noin 5
kilometrin matkan ja joidenkin kiivaiden kahakoiden jälkeen
ajanut pois näiden etuvartion. Vihollisella oli noin 2000
jalkamiestä, joilla oli vahvat asemat tykkien hallitessa tullitietä.
[Suom. huom. Kyseisen tien oli luultavasti rakennuttanut joku
yksityinen, joka alun perin rahoitti toimintansa keräten tullia
tienkäyttäjiltä.] Konfederaation jalkaväki oli piilossa metsässä
noin puolentoista kilometrin päässä jalkautuneen ratsuväen
takana.

Tilanteen ollessa sellainen, niin eversti Richmond
ja minä ratsastimme tietä pitkin niin pitkälle kuin sitä oli
turvallista tehdä. Sen jälkeen jalkauduimme ja hiivimme metsää
pitkin tien suuntaisesti, kunnes olimme noin 700 metrin päässä
jenkeistä, joita me sitten tarkkailimme rauhallisesti
kaukoputkillamme. Pystyimme laskemaan vain noin 70 sotilasta,
joiden mukana oli yksi kenttätykki metsässä tien mutkassa ja
näimme useita esikuntaupseereita ratsastavan tuoden käskyjä.
Kun toimimme sillä tavalla, niin jotain raskasta tulitusta ja kovaa
huutoa yllättäen tapahtui metsissä vasemmalla puolellamme;
peläten, että sivustaamme oli päästy, niin nousimme hevosten
selkään ja ratsastimme takaisin avoimeen maastoon noin 500
metrin päähän selustaan, josta löysimme kenraali Martinin
antamassa käskyjä vetää pois ratsuväen hevoset rintamalta ja
peräännyttää kahakoitsijat.

Oli hyvin outoa nähdä 300 hevosta yllättäen tulevan esiin metsiköistä juuri edessämme, jossa niitä oli piilotettu; yhdellä miehellä oli neljä hevosta ratsastaen yhdellä ja johdatellen kolmea muuta, jotka oli sidottu yhteen pään valjaista. Tässä järjestyksessä näin niiden ylittävän puuvillapeltoa ravaten järkevästi ja mennen turvallisempaan asemaan; kaksi tai kolme miestä oli niiden perässä ja sivuilla ohjaten hevosia. Heitä pian seurasi rykmentti miehiä, jotka olivat vetäytyviä kahakoitsijoita, jotka liikkuivat eversti Webbin käskyjen mukaisesti ja ne asettuivat aidan viereen, joka oli tiensuuntaisesti. Sama tapahtui oikealla puolellamme.

Kun tulitus silti vasemmalla puolellamme jatkui, niin ystävilläni oli suuria toiveita, että jenkit saataisiin houkuteltua seuraamaan pakenevia kahakoitsijoita, kunnes he törmäisivät kahteen jalkaväkiprikaatiin, jotka olivat väijymässä heitä; ja se oli järjestelty, että sen varalta olisi joitakin konfederaation sotilaita ratsain, jotka koettaisivat päästä näiden selustaan ja siten vangitsemaan niitä hyvän määrän; mutta tämä yksinkertainen ja nerokas juoni epäonnistui siksi, että vihollinen oli varovainen kieltäytyen itsepäisesti etenemästä enää yhtään.

Tapa, jolla hevosia käsiteltiin, oli hyvin kaunis ja se näytti ihailtavasti sopivan tällaiseen kahakointiin. He eivät koskaan olleet kaukana miehistä, jotka saattoivat nousta ratsaille ja ratsastaa toiseen osaan taistelukenttää nopeasti tai vetäytyä ottamaan toinen asemapaikka tai toimia ratsuväkenä, jos tilanne sitä vaati. Kumpikin esimies ja heidän miehensä käyttäytyivät mitä täydellisimmällä viileydellä; ja kun olimme odottamassa toiveikkaina jenkkien etenemistä, niin kuulin sotilaiden huomauttavan, että he "eivät pidä toimimisesta, sillä tavalla hyvissä saappaissaan"; yksi päätavoite tappaa jenkkejä on ilmeisesti päästä käsiksi heidän arvokkaisiin saappaisiinsa.

Valtava rivi miehiä meni metsiin tämän kahakoinnin aikana ja puita kaatui joka suuntaan ammusten toimesta; mutta kuvittelen, että todellinen ihmishenkien menetys oli vähäistä näissä kahakoissa, elleivät sotilaat päässeet yhteenottoon avoimessa viljellyssä maastossa metsien välissä. En nähnyt tai kuullut, että kukaan olisi kuollut tänään, vaikka siellä olikin joitakin haavoittuneita ja joitakin hevosia kuoli. Eversti Richmond ja eversti Webb olivat hyvin pettyneitä vihollisen toimettomuuteen, joka esti minua näkemästä kahakointia suuremmassa kokoluokassa ja kenraali Cheatham sanoi minulle, "Meidän pitäisi olla hyvin iloisia nähdessämme sinut, eversti, kun olemme tekemässä toimiamme tavallisella tavalla."

Odotettuamme turhaan kello viiteen iltapäivällä ja nähtyämme, että mitään ei tule tapahtumaan, niin eversti Richmond ja minä palasimme takaisin Shelbyvilleen. Meillä oli mukanamme osasto kenraali Polkin henkivartijoita, joiden yksikkö koostui nuorista miehistä, jotka olivat peräisin New Orleansin yläluokasta. Useimmat heistä puhuivat ranskaa ja lähes kaikilla heistä oli orjia pelloillaan, vaikka heillä olikin vain sotamiehen arvot ja he suorittivat yksitoikkoisia velvollisuuksia palvelijoina (tai kuriireina niin kuin he sanoivat). Matkallamme takaisin kuulimme kovaa tulitusta vasemmalta puoleltamme, jossa suunnassa kenraali Withers oli suorittamassa omaa osaansa tiedustelusta kahdelle muulle jalkaväkiprikaatille.

Pimeän tulon jälkeen kenraali Polk sai viestin Cheathamiltä, jossa sanottiin, että vihollinen oli lopulta edennyt raskailla voimillaan suunnilleen kello 6.15 iltapäivällä ja pakottanut hänet vetäytymään Guy´s Gapistä. Kuulimme myös, että kenraali Cleburne, joka oli edennyt Wartracestä, niin häneltä oli ammuttu hevonen altansa. Tiedustelun tavoite näytti siten saavutetulta, sillä oli selvää, että vihollisella oli edelleen vahvoja voimia Murfreesboroughissa ja sillä ei ollut mitään aikomusta luovuttaa ilman taistelua.

Kävin kenraali Polkin luona ennen kuin lähdin pois. Hänen ystävällisyytensä ja vieraanvaraisuutensa olivat ylittäneet kaiken, mitä olin saattanut odottaa. Tulen aina olemaan hänelle kiitollinen siitä asiasta ja en tule ikinä ajattelemaan häntä ihailematta hänen luonteensa vilpitöntä isänmaallisuutta, sotilaallista urheutta ja täydellistä herrasmiestä. Hänen adjutanttinsa everstit Richmond ja Yeatman ovat myös loistavia etelän ylempien yhteiskuntaluokkien edustajia. Korkeasti koulutettuja, vauraita ja menestyviä ennen sotaa, kun he joutuivat hylkäämään sen kaiken maansa vuoksi. He ja kaikki muut etelän samanarvoiset herrasmiehet ovat ylpeitä sukutaustansa englantilaisuudesta. Heidän kunniansa puhuessaan englantia niin kuin me puhumme, ja heidän tapansa ja tuntemuksensa muistuttavat vanhan kotimaan yläluokan vastaavia. Kukaan esikuntaupseeri ei pysty suorittamaan velvollisuuksiaan suuremmalla innolla ja tehokkuudella kuin nämä herrasmiehet, vaikka he eivät ole saaneet sotilaan koulutusta.

Kesäkuun 5. päivä (perjantai) Lähdin Shelbyvillestä kello 6 aamulla sen jälkeen, kun olin tunteikkaasti kätellyt "Aaronia" ja saavuin Chattanoogaan kello 4 iltapäivällä. Olin matkannut siihen asti luutnantti Donnelsonin suojeluksessa, joka oli kenraali Polkin esikunnasta, joten tein tämän matkan suotuisampien enteiden alla kuin aikaisemmalla kertaa. Maasto oli todella kaunista katsella.

Itäisessä Tennesseessä sanottiin olevan paljon ihmisiä, jotka olivat suotuisampia pohjoiselle kuin etelälle ja sen asukkaita nyt värvättiin pakolla konfederaation puolelle; mutta joskus he vastustivat näitä toimia ja pakenivat kukkuloille ja metsiin suorittaen siellä väijytyksiä.

Lähdin Chattanoogasta Atlantaan kello 4.30 iltapäivällä. Juna oli täynnä haavoittuneita ja sairaita sotilaita palaamasta kotoaan lomilta. Hyvännäköistä naista osoitettiin minulle vaunuissa sanoen, että hän oli palvellut sotamiehenä Perryvillen ja Murfreesboroughin taisteluissa. Useat miehet vaunussani olivat palvelleet hänen louisianalaisessa rykmentissään ja he sanoivat, että hän oli paljastunut vähän aikaa sitten hänen huonon ja epämoraalisen käytöksensä vuoksi. He kertoivat minulle, että hän oli huonossa maineessa rykmentissä sukupuolensa takia, mutta sitä ei huomioitu niin kauan kuin hän käyttäytyisi asianmukaisesti. He myös sanoivat, että hän ei ollut ainoa naissukupuolen edustaja sotilaiden riveissä. Sitten näin, että hänellä oli sotilaan hattu ja takki, mutta hän oli jatkanut alushameensa pitämistä. **[Suom. huom.** Elizabeth D. Leonard kirjoitti teoksen *All the Daring of the Soldier: Women of the Civil War Armies* (1999) sivulla 165, että sisällissotaan osallistui noin viidestäsadasta tuhanteen naista sotilaina naamioituneina miehiksi tai nuoriksi pojiksi.]

Kesäkuun 6. päivä (lauantai) Saavuin Atlantaan kello 3 aamulla ja nukuin kolmen tunnin unet Trouthouse hotellissa. Aamiaisen jälkeen jatkoin taas Augustaan (278 kilometriä); mutta juna ei ollut kulkenut 16 kilometriä, kun sen pysäytti esti hajonneen rahtijunan muodossa, jonka yksi vaunu oli täysin hajonnut. Tämä viivytti meitä noin tunnin verran, mutta otimme sen ajan kiinni myöhemmin ja saavuimme Augustaan kello 5.15 iltapäivällä.

Maaseutu Georgian läpi oli kumpuilevaa, hyvin viljeltyä ja keskinkertaisesti puiden peitossa; ja tämä osa konfederaatiosta oli vielä kärsinyt vain vähän sodasta. Joillakin asemilla naiset toivat ruokaa sotilaille ja jakoivat sitä ilmaiseksi. Kun kieltäydyin siitä sillä perusteella, että en ole sotilas, niin nämä naiset katsoivat minua hyvin epäileväisesti, johon sekoittui halveksuntaa ja heidän katseensa selkeästi ilmaistiin sanoin, "Miksi sitten et ole sotilas?" Jouduin selittämään heille kuka olin ja näyttämään kenraali Braggin passin, joka hämmästytti heitä suuresti. Minulle kerrottiin, että Georgia oli ainoa osavaltio, missä sotilaita yhä kohdeltiin niin vapaamielisesti; heistä oli tunnut hyvin yleisiä kaikkialla muualla. Saapuessani Augustaan asetuin Planter´s House hotelliin, joka näytti minusta hyvin ylelliseltä sen jälkeen, kun olin viettänyt useita tunteja junanvaunuissa. Mutta Augustan ilmasto oli selvästi paljon kuumempi kuin Tennesseessä. **[Suom. huom.** Kenraali William T. Sherman tiesi, että Georgia oli viljavaa maata, joka pystyisi elättämään marssivan armeijan. Hän todisti tämän marssimalla vuoden 1864 loppupuolella Atlantasta merelle katkaisten Konfederaation kahtia.]

Kesäkuun 7. päivä (sunnuntai) Augusta on kaupunki, jossa on 20000 asukasta; mutta sen kadut ovat äärimmäisen leveitä ja sen talot matalia, joten se kattaa hyvin laajan alueen. Missään paikassa etelävaltioissa ei ole niin vähän jälkiä sodasta ja se muodosti iloisen vastakohdan sodan kurjistamille ja köyhdyttämille kuivatetuille kaupungeille, joissa olin vieraillut aikaisemmin. Menin episkopaaliseen kirkkoon ja kuvittelin itseni olevan Englannissa: kirkonmenot olivat täsmälleen samat ja kirkko oli täynnä hyvin pukeutuneita ihmisiä.

Kello 2 iltapäivällä söin päivällistä piispa Elliottin vävyn herra Carmichaelin luona, joka kertoi minulle, että Augustassa oli 2000 vapaaehtoista, joita koulutettiin säännöllisesti ja jotka valmistautuivat taistelemaan hävitysiskuja vastaan. Nämä miehet oli vapautettu asepalveluksesta joko iän, kansallisuuden tai muun syyn perusteella; tai he olivat ostaneet itsellensä korvaajat. Kello 3 iltapäivällä herra Carmichael lähetti minut vaunuillaan tapaamaan eversti Rainsiä, joka oli valtion ylitarkastaja, joka työskenteli siellä. Päätavoitteeni pysähtyessäni Augustassa oli vierailla ruutitehtaassa ja asevarastossa; mutta pettymykseseni huomasin, että nykytila ei vaatinut valtion pitämään tarpeellisena pitää niitä laitoksia auki sunnuntaisin.

Minulla oli pitkä ja mitä mielenkiintoisin keskustelu eversti Rainsin **[Suom. huom.** eversti George Washington Rains (1817–1898)] kanssa, joka oli hyvin älykäs, korkeasti koulutettu ja sopuisa upseeri. Hänet oli koulutettu West Pointissa ja palveltuaan lyhyen aikaa Yhdysvaltain armeijassa hänestä tuli kemianopettaja kadettikouluun. Hän osallistui myöhemmin paljon koneiden rakentamiseen pohjoisissa osavaltioissa. Tämän sodan alussa tavanomaisella tarkkanäköisyydellään presidentti Davis **[Suom. huom.** presidentti Jefferson Davis (1808–1889)]** valitsi eversti Rains pätevimmäksi henkilöksi rakentamaan ja työskentelemään hallituksen tehtaissa antaen tälle vapaat kädet toimia niin kuin parhaaksi katsoi; ja tulokset osoittivat presidentin valinnan viisauden. Eversti Rains kertoi minulle, että sodan alussa tuskin grammaakaan ruutia valmistettiin koko eteläisissä valtioissa. Augustan ruutitehtaat ja asevarastot perustettiin sitten ja eikä vähempää kuin kolme tonnia ruutia valmistui nyt päivittäin ruutitehtaalla. Hinta, jolla hallitus valmisti ruutia, oli vain neljä senttiä paunalta. **[Suom. huom.** noin 8,8 senttiä kilolta.]** Salpietari (josta noin 90 % prosenttia tulee saarron läpi Englannista) maksoi aikaisemmin 75 senttiä, mutta on myöhemmin kallistunut. Eversti Rains kertoi minulle, että rakentaessaan ruutitehtaita hän oli ollut paljon velkaa Waltham Abbeyn majuri Bradleyn kirjaselle.

Tykkivalimossa yksi kahdentoista paunan Napoleon-tykki **[Suom. huom.** sileäputkinen tykki]** valmistui joka toinen päivä; mutta siellä toivottiin, että pian näitä tykkejä valmistuisi joka päivä. Tykit tehtiin metallista tavalla, jonka itävaltalaiset olivat äskettäin keksineet ja sitä oli suositellut konfederaation hallitukselle herra Mason. Niitä oli testattu neljän ja puolen kilon (kymmenen paunan) panoksin ja lataamalla ne suusta ammuksin. Kaksisataa loistavaa mekaanikkoa oli vapautettu asepalveluksesta, jotta he työskentelisivät tehtaissa. Loistava nopeus, jolla nämä tehtaat rakennettiin, niiden suuri menestys ja niiden valtava kansallinen arvo ovat vakuuttavia todistuksia etelävaltiolaisten luonteen päättäväisestä energisyydestä, joka on nyt noussut; ja myös eversti Rainsin innokkuudesta ja taidosta. Hän kertoi minulle, että Augusta oli valittu tehtaiden paikaksi sen syrjäisyyden vuoksi luultavista sotatantereista, sen keskeisen sijainnin ja hyvien kulkuyhteyksien vuoksi; sillä tällä kaupungilla oli purjehduskelpoiset joki ja kanava, joiden lisäksi se oli keskeisen rautatien varrella. Eversti Rains sanoi, että vaikka etelävaltiolaisilla olikin pulaa sodan alussa ruudista, niin vielä enemmän pulaa oli nallihatuista. Suuri määrä niitä (en muista kuinka monta) tehtiin päivittäin hallituksen tehtaalla Atlantassa.

Lähdin Augustasta kello 7 iltapäivällä junalla Charlestoniin. Vaununi oli täynnä jenkkisotavankeja.

Kesäkuun 8. päivä (maanantai) Saavuin Charlestoniin kello 5 aamulla ja heti yleisillä hevosvaunuilla Charlestonin hotelliin. Kello yhdeksältä otin yhteyttä kenraali Beauregardin **[Suom. huom.** Pierre Gustave Toutant Beauregard (1818–1893)], mutta pettymyksekseni sain selville, että hän oli poissa tarkastuskierroksella Floridassa. Häntä kuitenkin odotettiin takaisin kahden tai kolmen päivän päästä.

Sitten otin yhteyttä kenraali Ripleyyn **[Suom. huom.** Roswell S. Ripley (1823–1887)], joka komensi varuskuntaa ja linnoituksia Charlestonissa. Hän oli hyväluonteinen henkilö, joka oli hyvin mieltynyt hyviin asioihin tässä elämässä; mutta sanottiin, että hän ei ikinä sallinut tämän luonteenpiirteen vaikuttaa sotilaallisiin velvollisuuksiinsa, jotka hän suoritti niin innokkuudella kuin taidolla. Hän oli loistavan tykistöupseerin maine ja vaikka hän oli syntyjään pohjoisesta, niin hän oli kuumaverinen ja väsymätön kapinallinen. Uskon, että hän kirjoitti kirjan Meksikon sodasta ja lähdettyään vanhasta armeijasta hän oli hyvän aikaa Englannissa, jossa hän oli yhteydessä käsiasetehtaaseen Enfieldissä ja muihin samanlaisiin yrityksiin. Lähes kaikki ansiot Charlestonin linnoituksien tehokkuudesta kuuluvat hänelle. Ja huolimatta hänen pohjoisesta syntyperästänsä ja hänen raisuista tavoistansa, niin hän on yleensä otettuna suosittu.

Sitten kutsuin herra Robertsonia, kauppiasta, jolle olin tuonut suosituskirjeen Englannista. Tämä vanha herrasmies otti minut ajelulle vaunuillaan kello 6 iltapäivällä. Näytti, että siihen aikaan vuodesta maaseutu kaupungin ympäristössä oli aika kärsivää, sillä kun pääsimme avoimeen maastoon, niin herra Robertson osoitti syrjäistä taloa ja sanoi, "Vaikka olenkin yhtä perso rahalle kuin kuka tahansa juutalainen, niin en pysty nukkumaan tuossa talossa, vaikka maksaisit siitä minulle."

Minulla aikeita vierailla herra Blaken, englantilaisen herrasmiehen luona hänen Combaheen plantaasillensa, mutta herra Robertson vetosi minuun hylkäämään tämän ajatuksen. Herra Robertson tunsi täysin onnettomuudet, joita oli aiheuttanut jenkkien äskettäinen hävitysisku Combahee-joelle. Näytti siltä, että suuri määrä omaisuutta oli hävitetty ja orjia viety pois. Sinä aamuna näin köyhän maanviljelijän herra Robertsonin toimistossa, joka oli yllättäen ja täysin menettänyt omaisuutensa tämän iskun takia. Iskun tekijät koostuivat pääasiassa pohjoisen armeijan mustista ja kun he eivät kohdanneet etelän valkoisia vastustamassa heitä, niin he pystyivät tekemään tuhojaan täysin rangaistuksetta. Näytti siltä, että suuri määrä maata Charlestonin alueelta kuului joko Blakeille tai Heywardsin suvulle. Herra Blake menetti 30 mustaa viime iskussa, mutta hän oli menettänyt 150 mustaa sodan alusta lähtien.

Herra Robertson vei minut myöhemmin tapaamaan rouva X:ää, joka oli herra Walter Blaken tytär. Minulle, joka oli kokenut kovia viimeisten kymmenen viikon aikana laajasti, niin Charleston vaikutti mitä mukavimmalta ja ylellisimmältä paikalta. Mutta sen asukkaiden täytyy vähintäänkin myöntää kärsivän suurista epämukavuuksista. Valaistus ja päällysteet kaupungissa olivat menneet täysin huonoiksi. Suurin osa kaupoista oli suljettu. Ne, jotka olivat auki, niin niissä oli vain vähän hyviä tuotteita ja niiden hinnat olivat kovat. Koetin ostaa mustan huivin, mutta en löytänyt sellaista esinettä koko Charlestonista.

Suuri määrä keinottelua oli tapahtuvassa saarronmurtamisessa ja suuri määrä liiketoimintaa selvästikin tehtiin ostamalla ja myymällä mustia, sillä lehdet olivat täynnä mainoksia orjahuutokaupoista. Osa kaupunkia oli tuhoutunut suuressa tulipalossa, jonka jäljiltä oli laaja asumaton alue aivan kaupungin keskustassa, jota ei mitenkään ollut yritetty jälleenrakentaa; tämä hylätty alue oli kuin Pompeijin rauniot ja niiden laajuudesta herra Robertson sanoo, että se oli pituudeltansa noin puolitoista kilometriä ja leveydeltänsä noin 800 metriä. **[Suom. huom.** Pompeijin ensimmäisiä kaivauksia tehtiin jo 1700-luvulla ja niitä jatkettiin 1800-luvulla. Rahanpuute oli suurin este tälle kaivaustoiminalle.] Melkein koko matka Mills House hotellin ja Charleston Hotellin välissä oli hävitettyä. Tulipalo alkoi vahingosta, mutta voimakas tuuli alkoi yllättäen tehden kaikki yritykset estää tulipaloa turhiksi. Laitureiden hylätyt olosuhteet olivat surulliset; suuret kyltit kertoivat höyrylaivavuoroista New Yorkiin, New Orleansiin ja muihin paikkoihin maailmassa, niin ne olivat vielä esillä ja antoivat ajatuksen, kuinka vilkas kyseinen paikka oli joskus ollut. Ihmiset näyttivät kuitenkin olevan kaikki onnellisia, tyytyväisiä ja päättäväisiä. Kumpikin suuri hotelli oli täynnä asiakkaita; ja hyvin pukeutuneita kauniita naisia oli paljon; hinta oli hyvä ja maksu Charleston Hotellissa oli 8 dollaria päivältä.

Kesäkuun 9. (tiistai) Kapteeni Feilden tuli luokseni kello 9 aamulla. Hän oli englantilainen, joka oli aikaisemmin palvellut 42. Highlanders jalkaväkirykmentissä. Hän oli nyt konfederaation armeijassa ja kenraali Beauregardin armeijan esikunnassa. Muistan hänen veljensä Sandhurstista **[Suom. huom.** kuninkaallinen sotilasakatemia.]** hyvin. Kapteeni Feilden tuli kanssani kenraali Ripleyn toimistoon ja kello 12 jälkimmäinen upseeri otti meidän veneeseensä tarkastaakseen Fort Sumterin. Joukkomme koostui invalidikenraali Davisista, kongressiedustaja Nuttista, kapteeni Feilenistä, kenraalista ja minusta. Saavuimme Fort Sumteriin noin 45 minuuttia myöhemmin. [46] Tämä tunnettu linnoitus oli viisikulmion muotoinen rakennus, joka oli tehty punaisista tiilistä. Siinä oli kaksi kerrosta tykkien suojattuja ampumapaikka, kasematteja, joiden lisäksi oli raskas linnoitustykkipatteri. Sen muurit olivat nelisen metriä paksut laiturilla ja kaksi metriä paksut ampuma-aukkojen kohdalla. Se nousee suoraan vedestä ja selvästi sijaitsee keskellä lahtea, mutta sen sivussa James Islandin suuntaan vesi on erittäin matalaa. Siinä on 68 tykkiä sekavasti, mutta tehokkaasti sijoitettuina. Kymmenen tuuman raskaat haupitsit olivat hallitsevimpia ja kenties käyttökelpoisimpia. Ne painoivat noin 6400 kiloa, ampuivat 58 kilon ammuksia ja ne oli suunniteltu liikkumaan mitä helpoimmin käyttäen Yatesin järjestelmän hammasrattaita. Siellä oli myös kahdeksan tuuman haupitseja, rihlattuja 48-paunaisia ja Brook-tykkejä ampumaan litteäpäisiä ammuksia. (Kenraali Ripley kertoi minulle, että nämä Brook-tykit, joka on paljon sanottua, eroavat vain vähän Blakely-kanuunoista); siellä oli myös parrot-tykkejä **[Suom. huom.** rihlattuja kenttätykkejä, jotka on nimetty keksijänsä kapteeni Robert Parker Parrotin (1804–1877) mukaan.] ja Dahlgren-tykkejä; tosiasiassa siellä oli melkein kaikenlaisia tykkejä pois lukien Whitworth- ja Armstrong-tykit. Mutta paras tykki linnoituksessa oli hieno uusi 11-tuumainen tykki, joka oli juuri kalastettu USS Keokukin hylystä; saman hylyn sisartykki oli paikassa X. Varuskunnan vahvuus oli 350 värvättyä sotilasta eversti Rhettin komennossa. Heitä kutsutaan konfederaation osavaltioiden vakinaiseksi väeksi, ja varmasti he tervehtivät sotilaallisemmin kuin tavalliset vapaaehtoiset. Suuri osa heistä oli ulkomaalaisia.

Silloin Fort Sumter näytti vain vähän merkkejä tulituksesta, jonka kohteeksi se joutui raudalla panssaroitujen alusten toimesta kahdeksan viikkoa aikaisemmin. Tulituksen aikaan saamat vauriot oli korjattu suurella paloilla kivityötä antaen uudemman olemuksen kuin pääosalla rakennusta on. Tykit oli viety pois paikoiltansa itäpuolelta ja alemmat tykkipaikat oli täytetty maalla antaakseen lisävoimaa ja estääkseen kanuunankuulia tulemasta suoraan linnoituksen sisäosiin, jota tapahtui aikaisemmassa hyökkäyksessä. Tämän seurauksena on syvä kuoppa paraatikentällä Fort Sumterin sisäpuolella, josta on otettu maa-ainesta tykkipaikkojen täyttämiseen. Sumterin kulmia on vahvistettu ulkoapäin kivisin tukirakentein. Jotkut ylemmät ampuma-aukot ovat saaneet eteensä rautaiset esteet, jotka ovat melkein metrin verran pitkiä, noin 20 senttiä paksuja ja noin 30 senttiä leveitä. Näin vaikutuksen, kun raskas ammus osui yhteen näistä esteistä, jonka se työnsi syrjään heti ja se oli hajonnut kahtia kiville alla, mutta se oli varmasti säästänyt ampuma-aukon suuremmilta vahingoilta silloin. Näin joitakin 15 tuuman ammuksia. joita vihollinen oli ampunut; ne painoivat noin 192 kiloa. Minulle kerrottiin, että usea 15-tuumainen ammus oli iskeytynyt muureihin ja hajonnut sinne repien pois suuren määrän muurausta ja tehden aukkoja, jotka olivat noin 60 senttiä syviä syvimmiltä kohdiltansa. Yksikään raudalla panssaroitu alus ei tullut lähemmäksi kuin noin 800 metrin päähän ja USS Keokuk, joka oli ainoa, joka tuli niin lähelle, niin se ammuttiin taistelukyvyttömäksi viidessä minuutissa ja toimintakyvyttömäksi 15 minuutissa. Se upposi seuraavana aamuna. Kovia 10-tuuman ammuksia ja 7-tuuman litteäpäisiä ammuksia käytettiin siihen. Ripley sanoi, että hän antaisi paljon joistakin ylimääräisistä 11-tuuman tykeistä, mutta hän ei voinut hankkia niitä muualta kuin USS Keokukista.

Taistelu kesti vain 2 tuntia ja 25 minuuttia. Fort Sumter otti vastaan melkein koko hyökkäyksen voiman, vaikka sitä auttoi lievästi Fort Moultrie. Vain yksi mies kuoli hyökkäyksessä ja tämän aiheutti lipputangon kaatuminen. Konfederaation sotilaat eivät uskoneet, kunnes jonkin aikaa myöhemmin todellisen määrän aiheutettua vahinkoa; eivätkä he huomanneet ennen kuin seuraavana aamuna hyökkäyksen vakavuuden, joka ei ollut tunnustelua. Kenraali Ripley puhui mitä suurimmalla luottamuksella torjua mikä tahansa samanlainen hyökkäys.

Eversti Rhett, komendantti, viihdytti meitä lounaalla yhdessä tykkipaikassa. Hän oli komea ja sovinnollinen mies, jonka lisäksi hän oli innokas upseeri. Hän kertoi meille, että yksi tehokkaimmista alaisistansa oli kapteeni Mitchell, joka oli niin sanotun irlantilaisen patriootin **[Suom. huom.** Irish patriot] poika, joka puolestansa oli toimittajana yhdessä Richmondin sanomalehdistä.

Fort Sumterin huipulta oli hyvä yleisnäkymä satamaan ja linnoitukset hallitsivat väylää Charlestoniin.

Castle Pickney ja Fort Sumter ovat kaksi vanhaa tiililinnoitusta, jotka on rakennettu saarille; Pickney on paljon lähempänä kaupunkia kuin Sumter. Niiden välissä on Fort Ripley, jossa on raskaita tykkejä.

Moultrieville useine linnoituksineen, joiden nimet ovat Battery Bee, Fort Moultrie ja Fort Beauregard, ovat Sullivan´s Islandilla noin puolentoista kilometrin päässä Fort Sumterista. Siellä on loistavia puolustuksellisia järjestelyjä ja muita esteitä pysäyttämään aluksen potkurit Sumterin ja Moultrien väliin.

Toisella puolella Fort Sumteria on Fort Johnson James Islandilla, Fort Cummins Point ja Fort Wagner Morris Islandilla. Tosiasiassa sataman kummallakin puolella useiden kilometrien matkalla on linnoituksia, joissa on raskaita tykkejä.

Särkkä, jonka laskemme kolmeentoista esteeseen, on noin 14 kilometrin päässä kaupungista. Sumter on noin 5,5 kilometrin päässä kaupungista. Kahden tai kolmentuhannen jenkin oletetaan olevan Folly Islandilla, joka on seuraava saari Morris Islandilta, ja päivänä tai toisena konfederaation patterit tulittavat sitä Morrisin saarelta. Uusi konfederaation lippu, joka vahvasti muistuttaa brittiläistä valkoista sotalippua, liehuu useimmissa linnoituksissa.

Palatessamme ohitimme useita saarronmurtajia, joiden joukossa oli höyrylaiva Kate, jossa oli uusi kaksoispotkuri. Nämä alukset oli maalattu samalla värillä kuin vesi; niin moni kuin kolme tai neljä niistä menee usein sisään tai ulos rankaisematta yhtenä yönä; mutta ne eivät tee sitä muuten kuin pilvisessä säässä. Niitä hyvin harvoin saadaan kiinni ja se olisi hyvin kallis lasku matkustajille ja lastille. On epävarmaa, että tällainen yksityisten saarronmurtajien liikenne ei tee enemmän vahinkoa kuin hyvää maalle, jonka valuuttaa aliarvostetaan ja niitä yleisesti pidetään keinottelevana uhkapelinä. Olen kohdannut useita henkilöitä, joiden mielestä kauppa pitäisi pysäyttää pois lukien koskien hallituksen varastoja ja tarvikkeita, jotka ovat välttämättömiä yleiselle hyvinvoinnille.

Sen jälkeen, kun olimme nousseet maihin, niin kapteeni Feilden vei minut yhdelle uudelle raudalla päällystetylle sotalaivalle, jota rakennettiin ja jonka oletettiin olevan suuri parannus verrattuna Chicoraan ja Palmetto Stateen; nämä olivat jo vesillä ja olivat palvelleet hyvin viime helmikuussa tullen yllättäen eteen ja ajaneen pois koko saartavan laivueen yhdeksi päiväksi. Viime yönä nämä kaksi aktiivista alusta olivat olleet etsimässä joitakin saartajia, joiden oletettiin tulleen särkän sisäpuolelle.

Kello 5 iltapäivällä söin lounaan kenraali ja rouva Ripleyn kanssa. Lounas oli hyvin ylellinen "saarretun" paikan lounaaksi niin kuin kenraali Ripley sitä kutsui. Muut vieraat olivat kenraali Jordan **[Suom. huom.** kenraali Thomas Jordan (1819–

1895)], joka oli Beauregardin esikuntapäällikkö; kenraali Davis, herra Nutt ja eversti Rhett Fort Sumterista. Jälkimmäinen kertoi minulle, että jos raudalla panssaroidut alukset tulisivat yhtään lähemmäksi kuin ne tulivat, niin hänen pitäisi ampua niitä sileäputkisilla tykeillä käyttäen litteäpäisiä ammuksia, joiden hän arveli olevan riittävän tarkkoja neljänsadan tai viidensadan metrin matkoilta.

Rouva H pyysi minua iltajuhlaan, mutta vaatteideni erittäin huono kunto pakotti minut kieltäytymään kutsusta.

[46] Kun Fort Sumterin täytyy olla hyvin erilaisessa tilassa kuin se on nyt verrattuna siihen, kun näin sen, niin luulen, että ei tule olemaan harmia kertoa sen tilasta silloin. Tämä viittaus on marraskuulta 1863.

Kesäkuun 10. päivä (keskiviikko) Söin lounaan herra ja rouva H:n luona sinä iltapäivänä, ja lounaan jälkeen he ajoivat minut Batteryn luokse, joka oli suosittu kävelypaikka. Hyvin monet hyvin pukeutuneet ihmiset ja muutamat vaunut olivat siellä, mutta H ei sanonut mitä ne olivat. Useimmat hevoset ja vaunut olivat olleet pois Charlestonista sitten viime hyökkäyksen. Rouva H kertoi minulle, että kaikki naiset olivat alkaneet muuttamaan pois Charlestonista panssarilaivojen torjumisen jälkeisenä aamuna, jota pidettiin merkkinä siitä, että vakava hyökkäys oli alkamassa. Puhuin hänelle komeista puvuista, joita mustat naiset pitivät sunnuntaisin; hän sanoi, että ainoa ero heidän ja omistajiensa välillä oli se, että mulattinaiset eivät saaneet pitää huntua.

Kesäkuun 11. päivä (torstai) Kenraali Ripley otti minut veneeseensä Morris Islandille. Ohitimme Fort Sumterin vasemmalta puoleltamme ja olimme maissa viisi minuuttia sen välittömässä läheisyydessä; sitten suuntasimme oikealle ohittaen Fort Cummins Pointin ja (sen jälkeen, kun pääsimme kapeaan puroon) Fort Wagnerin vasemmalta puoleltamme. Jälkimmäinen on voimakas ja hyvin rakennettu kenttälinnoitus, jossa on yhdeksän raskasta tykkiä ja se täysin sijaitsee Morris Islandilla sen lähimmissä paikoissa suhteessa Fort Sumteriin. Kenraali Ripley osoitti Fort Wagneria jonkinlaisella ylpeydellä.

Nousimme lähellä Morris Islandilla olevien joukkojen komentajana toimivan everstin taloa [47] ja lainasimme hänen hevosiaan ratsastaakseen saaren toisiin äärilaitoihin. Ohitimme USS Keokukin hylyn, jonka tykkitorni oli juuri vedenpinnan yläpuolella rannasta noin 1370 metrin päässä. Tällä rannalla tarkastin myös ns. "Yankee Devilin" jäänteet, joka oli rakennelma, jota hyökkäyspäivänä työnsi satamaan yksi panssarilaivoista. Tämä alus lisäyksineen sattui olemaan ensimmäinen, joka sai vastaansa tulitusta Fort Sumterista ja 15 minuutin jälkeen panssarilaiva ja Devil joutuivat eroon toisistansa, kun kummatkin saivat tulitusta ja jälkimmäinen kellui harmittomasti rannalle. Se näytti tehdyn kaksinkertaisista puolen metrin halkaisijan omaamista puuparruista muodostaen jonkinlaisen alustan tai näyttämön, joka oli puolisentoista metriä pitkä ja noin 60 senttiä leveä, josta riippui kahleita tarttumaraudoin pitäen poissa vihamielisiä miinoja. Laitteessa oli myös sen oma torpedo, joka räjäyttäisi kasoja tai muita esteitä. **[Suom. huom.** Yhdysvaltain sisällissodan aikana 1860-luvulla torpedoksi alun perin kutsuttiin vedenalaisia paikallaan olevia räjähteitä, joita voidaan pitää miinoina. Vasta myöhemmin torpedoksi kutsuttiin omalla voimalla liikkuvia ammuksia.]

Morris Island on surkea, matala, hiekkaisen aavikkomainen ja sen äärilaidoilla on harju hiekkakukkuloita, jotka muodostavat ihailtavan luonnolliset rintavarustukset. Noin kymmenen tykkiä ja mörssäriä on laitettu niiden taakse ja kaksi komppaniaa vakinaisen väen tykistöä on sijoitettu siihen paikkaan komentajanaan kapteeni Mitchell (the "patriot´s" son), jolle minut esiteltiin. Hän näytti hiljaiselta vaatimattomalta mieheltä ja jos kenraali Ripley puhui erinomaisena upseerina. Hän kertoi minulle, että hän odotti jenkkien avaavan tulen päivän tai kahden päästä Folly Islandilta ja Little Follylta; ja hän ilmaisi toiveen, että muutama ammus saattaisi ajaa heidät pois Little Follylta, joka oli vain noin 500 metrin päässä hänen tykeistänsä. Vihollisen suuret tykkipatterit olivat Folly Islandilla noin 3000 metrin päässä, mutta kapteeni Mitchellin rihlattujen tykkien kantaman päässä, joista yksi oli 12-paunainen Whitworth.

Saarronmurtaja Ruby, jota hämäsi jotkut valot Folly Islandilta, niin ajoi maihin kello yksi sinä aamuna kapeassa salmessa Morris Islandin ja Little Follyn välissä. Jenkit heti avasivat tulen sitä kohti ja sen miehistö koettaessaan päästä siitä pois epätoivoisesti sytytti sen palamaan; se oli typerä toimi, sillä se oli suoraan kapteeni Mitchellin tykkien edessä; ja kun ryhmä jenkkejä lähestyi hylkyä, niin ammus ammuttiin heidän keskellensä, joka tehokkaasti esti heidän uteliaisuuttansa. Siksi Ruby sai palaa rauhassa. Sen miehistö pois lukien yksi mies, joka hukkui koettaessaan pelastaa arvokasta arkkua, pelastui.

Keskusteltuani jonkin aikaa kapteeni Mitchellin ja hänen upseeritoveriensa kanssa, niin lähdimme heidän luotansa ja kenraali Ripley jatkaen tarkastuskierrostansa, niin vei meidät joillekin niistä lukuisista puroista, jotka leikkaavat matalaa ja soista James Islandia. Yhdessä näistä näin särkyneet jääneet vale Keokukista, joka puusta tehty kopio ollen yhtälailla lyhytikäinen kuin alkuperäinen ja jota oli käytetty kelluvana maalina eri linnoituksille.

Ohittaessamme Fort Sumterin huomasin, että itäiseltä puolelta, jolta oli poistettu tykit (paitsi ne, jotka ovat tykkisuojissa), niin sitä oli lisää vahvistettu kolmella metrillä hiekkaa, jota tuettiin puutukein. Siitä ei ollut epäilystäkään, että Sumter voitaisiin tuhota, jos alus voisi olla riittävän kestävä pysyä hyvin lähellä ja ampua sitä viiden tunnin ajan; mutta sen raskas aseistus ja ylhäältä tuleva tulitus vaikuttaisivat siihen, että tämä onnettomuus ei olisi todennäköistä. Kenraali Ripley kertoi minulle, että hänen mielipiteensä asianmukaisesta hyökkäyksestä Charlestonia vastaan olisi nousta maihin Morris Islandilla, ottaa Fort Wagner ja Fort Cummins Point ja sitten kääntää niiden tykit Fort Sumteria vastaan. Hän ei paljoa välitä 15-tuuman tykeistä. Vihollinen ei uskalla käyttää enempää kuin 16 kiloa ruutia ampuakseen 192 kilon rautakuulia; nopeus sen seurauksena oli hyvin vähäinen. Hän tietää ja ihailee brittiläisiä 68-paunan tykkejä, jotka painavat noin 4,2 tonnia, mutta hän ei usko, että ne ovat riittävän raskaita tehokkaasti tuhoamaan panssarilaivoja. Hän pitää 11-tuuman tykkejä, jotka ampuvat 77 kilon ammuksia, niin tehokkaimpina sitä tarkoitusta varten.

Palatessamme Morris Islandilta ohitimme kaksi höyrylaivaa, jotka olivat onnistuneesti murtautuneet saarron läpi viime yönä yhdessä epäonnisen Rubyn kanssa, joka myös oli päässyt saarron läpi ennen kuin se kohtasi ongelmia. Näiden kahden aluksen nimet olivat Anaconda ja Racoon kummankin niistä ollessa hienonäköisiä aluksia.

Söin illallista herra Robertsonin kanssa Rutledge Streetin kulmassa ja kohtasin siellä kapteeni Tuckerin **[Suom. huom.** John Randolph Tucker (1812–1883)] laivastosta. Hän oli erittäin mukava mies ja täydellinen herrasmies. Hän komensi tykkivene Chicoraa ja hän oli omalla tykkiveneellä ja toisella tykkiveneellä (Palmetto State), jotka ylittivät hiekkasärkän viime helmikuussa ja purkivat saarron muutamaksi tunniksi. Hän kertoi minulle, että useita jenkkisaartajia oli antautunut, mutta niitä ei voitu ottaa haltuun ja toiset pakenivat sellaisella vauhdilla, että niitä oli toivotonta ajaa takaa, sillä nämä pienet tykkiveneet olivat erittäin hitaita. Näytti siltä, että he yllättivät jenkit ja saivat aikaan suuren huolen; mutta siihen aikaan saartava laivue koostui täysin parannelluista purjealuksista. Tämän urotyön jälkeen saartoa oli vahvistettu fregatti USS Ironsidesillä ja sota-alus USS Powhattan oli lisätty sen vahvuuteen. **[Suom. huom.** Tässä kohtaa Fremantle tekee virheen. Ironsides tai Old Ironsides oli USS Constitutionin, vanhan fregatin, joka on edelleen olemassa museolaivana Bostonissa lempinimi. Tässä oli kyse USS New Ironsides-aluksesta, joka valmistui vuonna 1861 ja paloi käyttökelvottomaksi joulukuussa 1865.]

Illalla satoi kaatamalla ja koimme voimakkaan ukkosmyrskyn. Kenraali Beauregard palasi Charlestoniin tänä iltana.

[47] Tämän täytyi suunnilleen olla paikka, josta Fort Sumteria myöhemmin tulitettiin. En voi olla ajattelematta, että konfederaation sotilaat tekivät suuren virheen, kun eivät linnoittaneet sitä Morrisin saaren päätä enempää ja pitäneet siellä suurempaa varuskuntaa, sillä kun liittovaltion joukot

nousivat maihin, niin ne eivät kohdanneet linnoitteita ennen kuin pääsivät Fort Wagneriin.

Kesäkuun 12. päivä (perjantai) Kutsuin rahanvaihtajaa tämä aamuna ja kysyin kullan arvosta; minulle kerrottiin, että se oli kuuden suhteessa yhteen. Menin orjahuutokauppaan kello 11; mutta siellä koko tilanne oli niin nopea, että se oli ohitse ennen kuin saavuin vaikka olin vain 10 minuuttia myöhässä. Mustat, noin 15 miestä, kolme naista ja kolme lasta istuivat penkeillä katsoen täysin tyytyväisinä ja välinpitämättöminä. Näin ostajien avaavan heidän suitansa ja näyttävän uusien ostoksiensa hampaita ystävillensä hyvin liikemiesmäisesti. Tämä ei varmastikaan ollut hyvin mukava näky englantilaismiehelle ja tiedän monia etelävaltiolaisia, joilla oli samanlaisia tuntemuksia; sillä minulle on usein kerrottu ihmisten toimesta, että he eivät ole myyneet mustia huutokaupoissa, eivätkä ole koskaan halunneet toimia niin. On mahdotonta mainita nimiä tämän asian yhteydessä, mutta olen täysin tietoinen siitä, että monet vaikutusvaltaiset miehet etelässä tuntevat nöyryytystä ja suuttumusta useista välikohtauksista suhteessa orjuuteen; ja uskon, että jos konfederaation osavaltiot olisi jätetty rauhaan, niin niiden järjestelmää olisi muutettu ja kehitetty, vaikka täyttä vapauttamista ei olisikaan odotettu; sillä etelävaltiolaiset uskoivat, että oli epäkäytännöllistä viljellä puuvillaa suuressa mittakaavassa etelävaltioissa ilman mustaa pakkotyövoimaa niin kuin britit huomasivat sokerinviljelyn suhteen Jamaikalla; ja he julistavat, että englantilaisten esimerkki yllättävästä vapauttamisesta tuolla saarella ei ole missään mielessä rohkaiseva. **[Suom. huom.** Etelävaltiot itse aloittivat sisällissodan hyökkäämällä liittovaltion hallussa olevaa Fort

Sumterin linnoitusta vastaan Charlestonissa huhtikuun 11. 1861.] He sanovat, että loistava siirtokunta, joka oli aikaisemmin niin vauras ja kukoistava, niin on nyt melkein arvoton; maata ei viljellä, valkoiset ovat menettäneet omaisuutensa; mustat ovat joutilaita, laiskoja ja heidän odotetaan suuressa määrin vajoavan omaan alkukantaiseen barbarismiinsa.

Kello 12 sain kutsun tapaamiseen kapteeni Tuckerin kanssa Chicoran kannella. [48] Majoitus alempana oli hyvää koskien aluksen luonnetta ja outoa muotoa; mutta kuumassa säässä majoitustilat olivat hyvin suljetut ja epäterveet, josta syystä se oli viety laiturille, jonka vieressä sen miehistö asui. Kapteeni Tucker ilmaisi suurta luottamusta alukseensa tyynessä säässä ja kun se ei ollut alttiina ylhäältä tulevalle tulitukselle. Hän sanoi, että hän ei epäröisi edes hyökätä nykyisen saarrostavan laivueen kimppuun, jos ei olisi tiettyjä varmoja syitä, jotka hän selitti minulle.

Kapteeni Tucker odottaa suuria tuloksia melkein täysin uudesta keksinnöstä sukellusveneenä, jonka hän uskoo varmasti onnistuvan. **[Suom. huom.** Tässä viitataan sukellusvene CSS H. L. Hunleyyn, joka Charlestonin edustalla helmikuun 17. 1864 hyökkäsi USS Housatonicin kimppuun upottaen sen ja upoten itse.] Hän kertoi minulle, että huhtikuun hyökkäys, jossa nämä kaksi tykkivenettä laitettiin Fort Sumterin taakse ja aivan kuin odotettiin, niin panssarilaivat pakottivat pääsynsä eteenpäin Sumterin ohitse, jolloin se olisivat saaneet tulta Sullivan´s Islandin voimakkaalta patteri Beeltä, tältä saarelta, Fort Pickneyltä, Fort Ripleyltä, kahdelta tykkiveneeltä ja Fort Johnsonilta James Islandilta; se olisi herhiläisten pesä, josta ne kenties eivät koskaan palaisi.

Kello 1 kutsuin kenraali Beauregardia, joka oli keskikokoinen mies ja noin 47-vuotias. Hän oli hyvin nuorekas ulkonäöltänsä, jos siihen ei vaikuttaisi hänen hiustensa väri, joka oli harmaampi kuin häntä esittävissä aikaisemmissa valokuvissa. Joidenkin henkilöiden mukaan yllättävällä tavalla hänen tukkansa muuttui harmaaksi johtuen hänen vastuistansa ja huolistansa viimeisten kahden vuoden aikana; mutta todellinen ja vähemmän romanttinen syy siihen on löydettävissä jenkkien merisaarron tiukkuudessa, joka haittaa vessassa käytettävien tavaroiden tuontia. Hänellä on pitkä suora nenä, komeat ruskeat silmät ja tumma viikset ilman partaa ja hänen tapansa ovat erittäin kohteliaat. Hän on New Orleansin kreoli ja ranska on hänen äidinkielensä.

Hän oli äärimmäisen kohtelias minulle ja järjesti niin, että näkisin joitakin maalinnoituksia huomenna. Hän puhui minulle väistämättömästä tarpeesta ennemmin tai myöhemmin sodasta pohjoisten valtioiden ja Britannian välillä ja hän huomautti, että jos Englanti liittyisi sotaan heti, niin etelän armeijat saisivat helpotusta nykyiseen saartoonsa ja paineenalaiseen tilanteeseensa, jolloin ne voisivat marssia suoraan pohjoisiin valtioihin ja miehittämällä niiden tärkeimmät kaupungit antavat jenkeille niin paljon tekemistä, että heillä ei olisi paljoakaan miehiä lähettää Kanadaa vastaan. Hän tunnusti, että Missisippillä kenraali Grantin armeija oli osoittanut epätavallista energisyyttä ja saavuttanut huomattavaa menestystä ottaen huomioon, että hän ei ollut mies, jolla oli suurta sotilaallista kyvykkyyttä. Hän sanoi, että Johnston toimi varmuudella hitaasti ja hyvin varovaisesti; mutta hänellä ei ollut Braggin tai Leen veteraanisotilaita käytössään. Hän kertoi minulle, että hän (Beauregard) oli organisoinut niin Virginian kuin

Tennesseen armeijat. Kumpikin koostuivat samanlaisista miehistä, kummatkin olivat palvelleet paljon, vaikkakin näistä ensimmäisenä mainittua olikin koeteltu mitä ankarimmin. Hän sanoi, että konfederaation organisaatiossa prikaatissa oli neljä rykmenttiä, divisioonassa vahvuus oli 10000 miestä ja armeijakunnassa 40000 miestä. Mutta tiedän sen, että Polkilla ja Hardeella ei ollut läheskään noita vahvuuksia. [49] **[Suom. huom.** Kenraali Pierre Gustave Toutant Beauregardin sotilasura tuohon mennessä konfederaation palveluksessa oli hyvin mielenkiintoinen. Sisällissodassa hän johti huhtikuun 11. 1861 hyökkäystä Fort Sumteria vastaan, joka aloitti sisällissodan. Sen jälkeen hän taisteli ensimmäisessä Bull Runin taistelussa heinäkuun 21. päivä 1861 Washingtonin läheisyydessä kenraali Joseph E. Johnstonin alaisuudessa. Tämän jälkeen huhtikuun 6. ja 7. päivä 1862 hän oli ollut kenraali Albert Sidney Johnstonin armeijan varakomentaja Shilohin taistelussa kenraali Grantia vastaan, jossa ensimmäisenä päivänä etelä sai yliotteen onnistuneet yllätyshyökkäyksen avulla, mutta seuraavan yön aikana kenraali Grant sai täydennysjoukkoja ja seuraavan päivän hyökkäyksessä ajoi etelävaltiolaiset takaisin.]

Kello 5.30 iltapäivällä tulitus Morrisin saarelta tuli selkeän kuultavaksi. Kapteeni Mitchell oli selvästi aloittanut toimensa Little Follya vastaan.

Kun olin kävelemässä tykkipatteriin sinä iltana, niin herrasmies tuli luokseni ja muistutti minua, että hän oli herra Meyers Sumterista, jonka olin tavannut Gibraltarilla vuosi aikaisemmin. Hän oli toinen niistä kahdesta henkilöstä, jotka oli pidätetty Tangierissa Yhdysvaltain konsulin toimesta niin julkealla tavalla. Hän kertoi minulle, että häntä oli pidetty kahleissa koko matkansa ajan kauppa-aluksessa Yhdysvaltoihin ja huolimatta hänen pidätyksensä täydestä laittomuudesta puolueettomalla maaperällä, niin hän oli vangittuna neljä kuukautta Fort Warrenissa, eikä häntä vapautettu kuin säännöllisessä sotavankien vaihtamisessa. Herra Meyers oli mitä innokkain liittymään taas kapteeni Semmesiin tai johonkin muuhun merenkulkijaan.

Ymmärrän, että kuin hyökkäys tapahtui huhtikuussa, niin Fort Sumterin varuskunta otti vastaan panssarilaivat lämpimän kohteliaalla tulituksella, kun ne höyrysivät lähemmäksi. Kolme lipputankoa omasi liput, soittokunta linnoituksen huipulta soitti kansallisia sotalauluja ja tervehdys 21 tykillä ammuttiin, jonka jälkeen viihteeksi tarjottiin kovapintaisempia ammuksia.

[48] Jätin pois kuvauksen tästä pienestä tykkiveneestä, sillä se edelleen palvelee hyvin Charlestonin satamassa; marraskuu 1863.

[49] Divisioonassa on melkein aina 10000 miestä, mutta heillä oli yleensä vain kaksi tai kolme divisioonaa armeijakunnassa.

Kesäkuun 13. päivä (lauantai) Eversti Rice, kenraali Beauregardin adjutantti, ratsasti kanssani ”Secessionvilleen” sinä aamuna. Olin ratsailla hevosella, jolla kenraali ratsasti Manassasin **[Suom. huom.** Bull Runin 1. taistelu] ja Shilohin taisteluissa. Saavuimme James Islandille ylittäen pitkää puista siltaa pitkin, joka meni Ashley-joen ylitse. James Islandin maasto on matalaa ja soista, sekä se on maineeltansa ja ulkonäöltänsä mitä epäterveellisintä. Kolme vuotta sitten kukaan valkoinen mies ei haaveillut miehittävänsä sitä tähän aikaan vuodesta; mutta nyt oli tullut tarvetta, jolloin ihme kyllä eivät näyttäneet kärsivän.

"Secessionville" oli mitä edistyksellisin ja tärkein James Islandin linnoitteista ollen myös etäinen noin 13 kilometrin päässä tiellä Charlestonin sillasta, johon on yhdistetty ketju linnoituksia. Oli yllättävää vihollisen toimesta, että vuosi sitten (kesäkuu 1862) se hyökkäsi ja paikka oli epätoivoisen taistelun näyttämö, jolla liittovaltion joukot torjuttiin niin, että taistelussa menetti henkensä melkein 800 sotilasta. Konfederaatio menetti vain 150 miestä tässä taistelussa, vaikka tähän mennessä se oli ollut ainoa vakava ihmishenkien menetys Charlestonin alueella. [**Suom. huom.** Secessionvillen taistelussa kesäkuun 16. päivä 1862 etelä menetti noin 200 miestä ja pohjoinen noin 685 miestä. Etelävaltiolaiset ilmeisesti hieman vähättelivät tappioitansa.] Eversti Lamar, joka komensi varuskuntaa suurella rohkeudella, niin oli yksi harvoista keltakuumeen uhreista viime vuonna. Jenkit hyökkäsivät linnoitusta vastaan kolmesti suurella rohkeudella ja päättäväisyydellä ja itseasiassa saavuttivat rintavarustuksen korkeamman rinteen ennen kuin heidät ajettiin pois. He olivat melkein onnistumassa ja vaikka he ansaitsivatkin suurta tunnustusta käytöksestään siinä tapauksessa, niin silti ymmärrettiin, että upseeri, joka organisoi sen hyökkäyksen, niin hänet olisi joko erotettu palveluksesta tai häntä olisi muuten rangaistu.

Everstiluutnantti Brown, komendantti, joka esitteli minulle linnoitusta ja pommisuojia, niin oli aika nuori, täynnä intoa ja mitä innokkain joutumaan hyökkäyksen kohteeksi;

hänellä oli x määrä tykkimiehiä siellä ja läheisissä linnoitteissa ja myös kaksi rykmenttiä jalkaväkeä oli leiriytynyt vähän matkan päähän.

Hyökkäyksen aikaan viime huhtikuussa Charlestonissa oli 30000 miestä sitä puolustamassa; sen jälkeen 20000 miestä on lähetetty vahvistamaan Johnstonia. Kuvittelen, että kun linnoitteet ovat hyvin kattavia, niin Charlestonin varuskunnan pitäisi koostua vähintään 30000 miehestä.

Kesäkuun 14. (päivä) Menin St. Michael´sin kirkkoon, joka oli yksi vanhimmista kirkoista Yhdysvalloissa ja sen oletetaan rakennetun 150 vuotta sitten. Charlestonin asukkaat ovat hyvin ylpeitä siitä ja näin useita muistomerkkejä brittiläisvallan ajalta.

Aamulla tein tuttavuutta herra Sennecin kanssa, joka oli konfederaation laivaston upseeri, joka yhdessä vaimonsa ja tyttärensä kanssa olivat aikeissa kohdata merisaarron vaarat ja kauhut, sillä herra Sennec oli saanut nimityksen Eurooppaan. Naiset kertoivat minulle, että he olivat jo koettaneet kerran, mutta saavuttuaan hiekkasärkälle, niin yötä ei pidetty tarpeeksi suotuisana, joten he olivat palanneet. Herra Sennec ajatteli menevänsä Wilmingtoniin ja koettavansa sieltä, sillä se oli turvallisempi paikka kuin Charleston.

Söin lounaan tänä iltana herra Robertsonin luona ja tapasin hyvin mukavia ihmisiä siellä, joita olivat kaksi nuorta naista, jotka olivat erittäin kauniita, kenraali Beauregard, Chicoran kapteeni Tucker ja majuri Norris, joka oli salaisen tiedusteluviraston päällikkö Richmondista. **[Suom. huom.** Kyseessä on majuri William Norris (1820–1896). Hän oli etelävaltiolaisten keskuudessa viestijoukkojen ja tiedustelun kehittäjä.]

Minulla oli pitkä keskustelu kenraali Beauregardin kanssa, joka sanoi, että hän piti asiaa panssarilaivat vastaan linnoitukset ratkaistuna etenkin, kun tulitus jälkimmäisistä tuli ylhäältä. Jos muut panssarilaivat olisivat tulleet niin lähelle kuin USS Keokuk, niin ne olisivat luultavasti saaneet saman kohtalon. Hän ajatteli, että niin tasapäiset rihlattujen 7-tuumaisten tykkien kuin 10-tuumaiset kanuunankuulat läpäisivät panssarilaivojen panssarit, kun ne olivat noin 1100 metrin päässä. Hän oli samaa mieltä kenraali Ripleyn kanssa, että 15 tuuman tykit olivat aika epäonnistuneita; se olivat niin epäkäytännöllisiä, että niillä voitiin ampua vain hyvin hitaasti ja kanuunankuulan lentonopeus oli niin hidas, että oli hyvin vaikeata osua liikkuvaan kohteeseen. Hän kertoi minulle, että Fort Sumteria oli suojattu suuressa määrin pitkällä vihreällä sammaleella, jota tässä maassa roikkuu alas puista: hän ajattelee, että kun sitä painetaan, niin se vaimentaa osuman vaikutuksen ollen syttymätöntä materiaalia; ja hän myös sanoi, että vaikka Fort Sumterin muurit ammuttaisiin alas, niin suojatut patterit olisivat siellä edelleen saaden tukea laitureilta.

Liittovaltion fregatti Ironsides **[Suom. huom.** USS New Ironsides. Katso kesäkuun 11. päivän huomautus tästä asiasta.] otti asemapaikkansa, jolloin hyökkäyksen aikana yli 1360 kiloa ruutia, jota estettiin räjähtämästä sen takia, että jokin epäonni vaikutti yhteyskaapeliin. Kenraali Beauregard ja kapteeni Tucker kumpikin näyttivät odottavan suuria asioita juuri keksityltä ja erittäin ikävältä törmäystorpedolta.

Päivällisen jälkeen majuri Norris näytti meille kopiota tunnetusta newyorkilaisesta sanomalehdestä, jossa oli sama hahmo kuin meidän Punch-lehdessämme. **[Suom. huom.** Punch oli lontoolainen pilalehti, joka alkoi ilmestymään vuonna 1841 ja viimeinen lehti ilmestyi 2002.] Siinä presidentti Davis ja kenraali Beauregard kuvattiin kengättöminä ja rääsyissä himoiten saapasparia, joista jälkimmäinen ehdotti, että ne olisi parempi syödä. Tämä pilakuva sai aikaan huomattavaa huvittuneisuutta etenkin, kun sen ansioista keskusteltiin herra Robertsonin loistavan aterian jälkeen.

Kenraali Beauregard kertoi meille, että hän oli saanut koulutuksensa pohjoisessa ja hänellä oli ollut monia ystäviä siellä, mutta hän mieluummin alistuisi Kiinan keisarille kuin palaisi unioniin.

Herra Walter Blake saapui pian aterian jälkeen; hän oli tullut omalta plantaasiltansa Combahee-joen rannalta tarkoituksenaan tavata minut. Hän kuvasi äskettäisen jenkkien hävitysiskun tuloksia joella: neljäkymmentä aseistettua mustaa ja muutama valkoinen surkealla höyrylaivalla olivat pystyneet tuhoamaan ja polttamaan laskemattoman arvokkaan määrän omaisuutta ja viemään pois satoja mustia. Herra Blake pääsi hyvin vähällä menettäen vain 24 tällä kertaa, mutta hän pysyi vain pelastamaan muut henkilökohtaisten ponnistelujensa ja päättäväisyytensä ansiosta. Hän näytti kokeneet hyvin kovaa aikaa eläen koko ajan yksin siinä kulkutautien riivaamassa ilmastossa. Naapuriviljelijä herra Lowndes menetti 290 mustaa ja herra Kirkland meni täysin konkurssiin.

Kello seitsemän iltapäivällä herra Blake ja minut kutsuttiin kenraali Ripleyn toimistoon, jossa herra Blake huolimatta siitä, että hän oli melkein 60-vuotias englantilainen, niin oli palvellut adjutanttina joiden aikaisempien Charlestonia vastaan suunnattujen hyökkäyksien aikana. Kenraali Ripley kertoi meille, että tulitus oli jatkunut kiivaana Morrisin ja Follyn saarten välillä, sekä siitä, että jenkkejä auttoivat aina silloin tällöin yksi tai useampi heidän tykkiveneistänsä. Kenraali selitti meille, että nämä aseistetut alukset, joilla oli vähäinen syväys; jokien kopeloijat, niin kuin hän niitä kutsui; olivat väsymättömiä tunkeutumaan ylös lukuisia puroja pitkin polttaen ja hävittäen kaikkea. Hän sanoi, että hän oli oppinut tuntemaan yhden näistä "tuholaisista" tavat, jolloin hän järjesti sille väijytyksen ja saaden apua "tyylikkäältä irlantilaiselta" (kapteeni Mitchell), hän kaappasi sen. Tässä oli kyse höyrylaiva nimeltänsä Stono, joka vähän aikaa sitten jouduttuaan tällä tavoin armeijan käsiin, niin laivasto menetti sen hieman myöhemmin Sullivan´s Islandin edustalla.

Tuli uutinen, että kommodori Foote **[Suom. huom.** kommodori Andrew Hull Foote (1806-kesäkuun 26. 1863) Foote kuoli sairaskohtaukseen, luultavasti Brightin tautiin.] oli nimitetty seuraamaan Dupontia saartavan laivueen komentajana. Useimmat näistä upseereista näyttivät iloitsevan tästä muutoksesta, sillä Foote oli nuorempi ja luultavasti toimeliaampi kuin ikääntynyt Dupont.

Kesäkuun 15. päivä (maanantai) Kutsuin kenraali Beauregardia sanoakseni hyvästit. Ennen eroamista hän kertoi minulle viralliset käskynsä niin hallitukselta kuin kaupunginhallitukselta, jotka olivat, että hän pikemmin sallisi

Charlestonin muuttua tuhkaksi kuin antaa se pois; konfederaation kansalaiset olivat yksimielisiä päättäväisyydessään, että mitä tahansa tapahtuisikin, niin Etelä-Karoliinan pääkaupunki ei saisi kokea samaa kohtaloa kuin New Orleans. Mutta kenraali Beauregard ei odottanut sellaisen vaihtoehdon olevan uhkaava. Vastauksena kiitoksiini hänen ystävällisyydestänsä ja vieraanvaraisuudestansa hän sanoi, että mitä enemmän eurooppalaisia tulisi etelään, niin sitä tyytyväisempiä etelävaltiolaiset olisivat nähdessään, että se olisi ainoa keino poistaa monia ennakkoluuloja. Hän julisti kaiken olevan täällä avointa ja tarkasteltavissa olevaa ja todella uskon häntä tässä asiassa. Mitä varmimmin siviililakia ei sotavoimat pystyneet taivuttamaan paitsi suurimmissa hätätilanteissa. Lehdistölle oli sallittu mitä rajoittamattomin vapaus ja jopa luvan kanssa. Missä tahansa tapahtuikin ylilyöntejä ja lakia rikottiin, niin sen sai aikaan ihmisten itsensä väkivaltaisuus, kun he ottivat lain omiin käsiinsä.

Kenraali Beauregard lähetti terveisensä Sir James Fergusonille **[Suom. huom.** Tässä on kyse luultavasti Sir James Fergussonista (1832–1907), joka oli brittiläinen sotilas ja siirtomaiden hallintovirkamies], joka oli vieraillut hänen luonansa sodan alkuvaiheissa: niin myös teki kenraali Jordan, armeijan upseeri **[Suom. huom.** Kyseessä oli luultavasti kenraali Thomas Jordan (1819–1895), jota kuvaillaan Beauregardin esikuntapäälliköksi (eng. Chief of Staff).]

Ennen lähtöäni hotellista olin hyvin tyytyväinen tavatessani McCarthyn, joka oli juuri palannut Richmondista. Hänellä oli ollut hyvää onnea ylittää Mississippi hieman minun jälkeeni, ja hän oli kohdannut sangen vähän esteitä.

Lähdin Charlestonista junalla kello 2 iltapäivällä herra Sennecin, sekä hänen vaimonsa ja tyttärensä seurassa; ja mukana oli majuri Norris, joka oli äärimmäisen ystävällinen ja käytännöllinen minulle. Kieltäydyin matkustamasta naisten vaunussa, vaikka minulle tarjottiin sitä etuoikeutta, etu siinä olisi ollut pieni määrä lisäpuhtautta, jonka vastapainona olisi ollut lasten kiljaisut ja jatkuva riski menettää paikkansa naisen takia.

Majuri Norris kertoi minulle huvittavia kertomuksia, joilla oli yhteyksiä salaiseen tiedusteluosastoon, ja lukuisista nerokkaista keinoista kommunikoida etelän partisaanien kanssa Potomac-joen toiselle puolelle.

Saavuimme Florenceen kello 9 illalla, jossa jouduimme viettämään jonkin aikaa siksi, että toinen juna oli hajonnut. Sitten taistelimme tiemme epätoivoisesti joihinkin vaunuihin, jotka olivat täyteen ahdettuja ja jatkoimme matkaamme läpi yön.

Kesäkuun 16. päivä (tiistai) Saavuimme Wilmingtoniin kello 5 viisi aamulla ja ylitimme joen siellä höyrylaivalla. Tämä joki oli aikalailla täynnä saarronmurtajia. Laskin kahdeksan suurta höyrylaivaa, jotka kaikki olivat komeita lyijymaalattuja aluksia, jotka tekivät työnsä mitä suurimmalla säännönmukaisuudella. Puolia näistä aluksista käytettiin hyödykkeiden kuljettamiseen hallituksen piikkiin; ja minulle kerrottiin, että tuotteiden, kuten saappaiden, vaatteiden, salpietarin, lyijyn ja tinan laatu, jota ne toivat tähän maahan, oli hyvin suuri. En pysty olettamaan, että tavallisena aikana mikä tämän kaltainen kaupankäynti niin pienessä paikassa kuin Wilmington osoittaa naurettavuuden kutsua saartoa tehokkaaksi. **[Suom. huom.** On syytä huomata, että tämä on Fremantlen subjektiivinen mielipide ja etelävaltiolaiset pyrkivät varmasti luomaan hänelle ja muille ulkomaalaisille kuvan, että pohjoisen merisaarrolla ei ollut vaikutusta etelän talouteen ja sodankäyntiin. U.S Navy Instituten mukaan komentaja Eric Schuckin artikkelissa *Economic Warfare: The Union Blockade in the Civil War* lokakuulta 2021 sanotaan, että vaikka lyhyellä aikavälillä liittovaltion merisaarto olikin sangen tehoton, niin pitkällä aikavälillä se oli romahduttamassa konfederaation taloutta. Kyseisen artikkelin mukaan merisaarron läpäisyprosentti Pohjois- ja Etelä-Karoliinassa oli yli 90 %.]

Tämä saarronmurtamistoiminta on poikkeuksellinen esimerkki brittiläisestä energisyydestä ja yritteliäisyydestä. Kun olin Charlestonissa, niin kysyin herra Robertsonilta, että olivatko mitkään ranskalaiset alukset murtaneet saartoa. Vastaus, jonka hän antoi minulle, omasi hyvin poikkeuksellisen tosiasian, että ”yksi Fraser & Co:n liikekumppani oli ranskalainen, joka oli hyvin innokkaasti osallistumassa ranskalaisella aluksella kauppaan. Kustannukset eivät olleet este; laiva ja sen lasti olivat tulossa; mitään muuta ei haluttu kuin ranskalainen kapteeni ja ranskalainen miehistö (jotta alus olisi laillisesti ranskalainen); mutta vaikka kuinka paljon rahaa tarjottiin kannustimeksi, niin heitä ei saatu ja tämä este oli ylittämätön.” Ei ollut mitään vaikeuksia Liverpoolissa saada päällystöä ja miehistöä aluksiin tuota tarkoitusta varten.

Majuri Norris meni kutsusta tapaamaan herra Vallandighamia, joka oli saatettu puoliksi vankina Wilmingtoniin muutamia päiviä aikaisemmin. Herra Vallandigham oli sängyssä. Hän kertoi majuri Norrisille, että hän aikoi murtautua saarron läpi

Bermudalle tänä iltana, josta hänen pitäisi löytää tiensä Clifton Hotelliin, Kanadaan, jossa hän aikoi julkaista sanomalehden ja yllyttää Ohiota rajan toisella puolella. Majuri Norris huomasi hänen olevan hyvin iloinen uutisista, että hänet oli nimitetty ehdokkaaksi Ohion kuvernööriksi; ja hän julisti, että jos hänet valittaisiin, niin hänen osavaltionsa voisi sanella rauhan.

Matkallaan maaseudun poikki Wilmingtoniin näillä kahdella oli tapana keskustella paljon politiikasta; ja majuri Norris sanoi hänelle kerran, "Nyt mitä olet nähnyt ja kuullut matkasi aikana etelän läpi, niin sinun täytyy tietää, että vanhan unionin jälleenrakentaminen missä tahansa olosuhteissa tulisi olemaan täysin mahdotonta." Vallandigham oli vastannut, "No kaikki mitä voin sanoa ja kaikki tapahtumat, jotka tiedän, niin näkemykseni vihollisuuksien lopettamisesta on ainoa, jolla tulee olemaan mitään mahdollisuuksia lopullisesti onnistua." [50]

Wilmingtonista lähtiessäni erosin surukseni herra Sennecista ja hänen perheestänsä, jotka myös koettivat murtaa saartoa sinä iltana. Neiti Sennec oli aivan liian kaunis kohtaamaan ammuksien sirpaleita; mutta kukaan ei näyttänyt ajattelevan mitään riskiä jenkkilaivaston ohittamisessa, sillä vaikka "saarronmurtajia" kohti usein ammuttiin, niin niihin tuli hyvin harvoin osumia tai niitä saatiin kiinni, ja kapteeneista tuli taitavampia päivä päivältä. Olin pakotettu menemään sotapoliisin päällikön toimistoon uusimaan Beauregardin passin siellä, sillä Pohjois-Karoliina oli hänen alueensa ulkopuolella; tehdessäni niin melkein en ehtinyt junaan.

Lähdin Wilmingtonista kello 7 aamulla. Sää oli hyvin kuumaa ja painostavaa, sekä vaunut olivat kauhean täyteen ahdettuja koko päivänä. Charlestonin ylellisyydet olivat pilanneet minut "matkan" suhteen, sillä en voinut enää arvostaa niiden todellista arvoa suhteessa "sika ja maissiryyni" aterioihin, joista olin ollut niin kiitollinen Teksasissa; mutta huomasin, että majuri Norris oli hyvin sopuisa ja opastava kumppani. Vaihdoimme vaunuja taas Weldonissa, jossa minulla oli hirveä tappelu istumapaikasta, mutta voitin sen; kokemus oli tehnyt minusta hyvin nopean sellaisissa asioissa. Olen aina kantanut satulalaukkuni ja säkkini mukanani junanvaunuun.

[50] Olen kuullut usein etelävaltiolaisten puhuvan tästä Vallandighamin ehdotuksesta mitä petollisimpana ja vaarallisimpana; mutta mielipide oli nyt näistä asioista se, että oli mennyt liian pitkälle, että unioniin voitaisiin palata missään olosuhteissa.

Kesäkuun 17. päivä (keskiviikko). Saavuimme Petersburghiin kello 3 aamulla ja meidän tuli nousta ja matkustaa tähän kaupunkiin vaunuilla, jonka jälkeen meidän tuli maata radan varressa siihen asti, kun toiset vaunut avattiin. Lähdimme Petersburghista kello 5 aamulla ja saavuimme Richmondiin kello 7, jolloin oli kulunut 41 tuntia lähdöstämme Charlestonista. Rautatie Petersburghin ja Richmondin välillä omasi kattavan määrän kenttälinnoitteita ja metsät oli kaadettu, että saataisiin lisää etäisyyttä. Vihollisen häirintää tähän suuntaan selvästi odotettiin; ja kohtasimme jalkaväkiprikaatin puolessa välissä matkaamme Petersburghin ja Richmondin välillä toimiakseen jälkimmäisen paikan varuskuntana, kun jenkkien oli ilmoitettu mellastavan sen lähiympäristössä.

Maisemat Richmondin läheisyydessä olivat hyvin kauniita ja sangen englantilaisia. Näkymä James Riverin suuntaan rautatiesillalta oli sangen kaunis, vaikka vesi olikin silloin sangen matalalla. Sää oli erittäin kuuma ja painostava ja ensimmäistä kertaa sen jälkeen, kun olin lähtenyt Havannasta, kärsin kuumuudesta.

Kello 10 aamulla kutsuin kenraali Cooperia **[Suom. huom.** kenraali Samuel Cooper (1798–1876)], joka oli konfederaation sotavoimien adjutantti ja armeijan vanhin kenraali virkaiältänsä. Hän oli herra Masonin **[Suom. huom.** James Murray Mason (1798–1871)], konfederaation lähettilään Lontoossa, lanko. Sitten kutsuin herra Benjaminia **[Suom. huom.** Judah P. Benjamin (1811–1884)], joka oli ulkoministeri, joka järjesti tapaamisen kanssani luonaan talossaan kello 7 iltapäivällä. Julkiset virastot olivat komeita kivitaloja ja ne olivat nähtävästi hyvin organisoituja toimintaa varten. Huomasin, että melkein yhtä paljon vaikeuksia päästä yhteyksiin merkkihenkilöiden kanssa kuin olisi ollut Euroopan valtioissa; mutta kun ne oikeudet oli myönnetty, niin minua kohdeltiin mitä suurimmalla ystävällisyydellä. Eteiset olivat täynnä ihmisiä, jotka kärsivällisesti odottivat tapaamisia.

Tiet Richmondissa oli nimetty ja numeroitu mitä oudoimmalla tavalla ja suurinta osaa taloista ei ollut edes numeroitu. Se kukkulaisin kaupunki, mitä olen koskaan Amerikassa nähnyt ja sen väkiluku oli paisunut luonnottomasti sodan alkamisesta lähtien. Tosiasia, että siellä oli suuri määrä jäätä saatavissa, niin vaikutti minusta äärettömän ylelliseltä, sillä en ole koskaan nähnyt sitä etelässä; mutta näytti siltä, että talvet Pohjois-Virginiassa olivat sangen ankaria.

Olin surullinen kuullessani mitä synkimmistä enteistä koskien Vicksburgin kohtaloa. Tästä linnoituksesta oli tosiasiassa luovuttu ja kaikki, mitä oli jäljellä, oli epätoivo kenraali Johnstonin kyvystä mitenkään lopettaa piiritystä. **[Suom. huom.** Vickburgin piiritys päättyi 04.07.1863, kun kyseinen linnoitettu kaupunki antautui kenraali Grantille. Vicksburgin antautumisen seuraus oli se, että koko Mississippi-joki oli sen jälkeen Unionin hallinnassa ja konfederaatio oli menettänyt yhteytensä Texasin, Arkansasin ja Louisianan osavaltioihin. Vicksburgin menetys ja tappio Gettysburgin taistelussa 01.07.1863–03.07.1863 olivat murskaavia iskuja etelävaltioiden sotamenestykselle.]

Pidin tapaamiseni herra Benjamin luona kello 7 illalla. Hän oli tukeva pieni mies, joka oli selvästi juutalaista syntyperää ja epäilemättä lahjakas. Hän oli louisianalainen ja oli ollut senaattorina siitä osavaltiosta vanhassa Yhdysvaltain kongressissa, ja uskon, että hän oli ollut hyvin älykäs lakimies ja loistava puhuja. Hän kertoi minulle, että hän oli toiminut sotaministerinä sodan ensimmäisten seitsemän kuukauden aikana ja uskon helposti, että hän huomasi, että se ei ollut mikään laiskanvirka. Keskustelimme pitkän aikaa unionista eroamisen alkuperästä, jonka hän kiisti tuodun esille niin kuin jenkit väittivät, yksilöiden vehkeilyjen toimesta. Hän julisti, että viimeisen kymmenen vuoden aikana etelän valtiomiehet olivat avoimesti sanoneet, mitä tulisi tapahtumaan kongressissa; mutta pohjoisvaltiolaiset eivät ikinä uskoneet heidän olevan vakavissaan ja usein vastasivat pelotellen, "Etelä on niin sidottu pohjoiseen ja niin riippuvainen pohjoisesta, että sitä ei voida potkia pois unionista."

Hän sanoi, että etelän armeijat olivat aina valtavan alivoimaisia kaikissa taisteluissaan, ja vasta äskettäin kenraali Lee oli pystynyt kokoamaan aseisiin yli 60000 miestä. Hän tunnusti, että etelän koko voimien vahvuus oli yhteensä 350000:stä 400000:een mieheen; ja kun kysyin missä nämä kaikki miehet olivat, niin hän vastasi, että johtuen puolustettavan alueen suuresta laajuudesta ja valtavista eduista, joita vihollisella oli sen merivoimien ja joella tehtävän kuljetuksen toimesta, niin etelä oli joutunut pitämään suuria määriä miehiä toimettomina ja suuren matkan päässä toisistansa odottaen yllättäviä hyökkäyksiä tai hävitysretkiä, joille he olivat aina alttiina. Sen lisäksi pohjoisen joukot, joiden määräksi (hän oletti) 600000 miestä, niin olivat siihen mennessä käyneet vain vähän puolustuksellista sotaa, niin niitä voitaisiin käyttää hyökkäyksellisiin tarkoitusperiin.

Hän vakuutti, että Englannilla oli yhä ja tulisi aina olemaan voimansa lopettaa sota tunnustamalla konfederaatio ja tekemällä kauppasopimuksen etelän kanssa; ja hän kielsi, että jenkit todella uskaltautuisivat sotaan Ison-Britannian kanssa siinä tapauksessa, vaikka he saattaisivatkin pöyhkeillä sillä asialla: hän sanoi, että tunnustus ei kasvattaisi jenkkien vihaa Englantia kohtaan, sillä se, oli se sitten oikeutettua tai ei, niin oli aina ollut niin voimakasta kuin oli ollut mahdollista. Vihjaisin sitten oletettuun helppouteen, jolla he voisivat jyrätä Kanadan ja houkutuksen, että sen kaupunkien pitäisi tarjota suurta määrää irlantilaisia ja saksalaisia palkkasotureita pohjoisen armeijoihin. Hän vastasi, ”He tuskin pystyisivät tekemään sitä niin helpolla kuin jotkut ihmiset olettavat, ja he tietävät aivan täysin, että te tulisitte viemään heiltä Kalifornian (paljon vakavampi menetys) paljon helpommin.” Tämä huomio yhdessä merisaarron kanssa kaikkiin heidän satamiinsa, heidän merikauppansa täydellinen tuho ja hyökkäys suuressa mittakaavassa etelän joukoin, niin se todellisuus estää heitä julistamasta nyt sotaa Englannille enemmän kuin he olisivat tehneet niin kokiessaan suuren kansallisen nöyryytyksen Mason-Slidellin tapauksen suhteen.

Herra Benjamin kertoi minulle, että hänen omaisuutensa New Orleansissa oli äskettäin takavarikoitu ja että kaksi hänen siskoansa oli ajettu siellä kadulle mukanaan vain yksi arkku, jota he olivat joutuneet kantamaan itse. Kukaan ei halunnut antaa heillä kattoa päidensä päälle paitsi englantilaisnainen, joka suojeli heitä, kunnes he pääsivät pois kaupungista.

Puhuttaessa englantilaisten sanomalehtien oikeudenmukaisesti ihailusta Stonewall Jacksonin **[Suom. huom.** kenraali Thomas Jonathan Jackson (1824-10.05.1863)], niin hän ilmaisi hämmästyksekseen, että he ylistivät hänen strategisia taitojansa niin korkealle, kun hän sai sotaliikkeidensä avulla yliotteen Popesta **[Suom. huom.** kenraali John Pope (1822-1892) Manassasin eli Bull Runin toisessa taistelussa ja Hookerista (1814-1879) Chancellorsvillessä täysin jättäen huomiotta sen, että kummassakin tapauksessa liikkeet oli suunnitellut ja määrännyt kenraali Lee **[Suom. huom.** kenraali Robert Edward Lee (1807-1870), jota (herra Benjamin sanoi) Jackson oli ihaillut "mitä lapsenomaisimmin".]

Herra Benjamin valitti, että herra Russell 'Times-lehdestä' **[Suom. huom.** Sir William Howard Russell (1827–1907)] piti yllä hänen mainettansa *uhkapelurina*; tämän tarinan hän ymmärsi herra Russelin saaneen herra Charles

Sumnerilta **[Suom. huom.** senaattori Charles Sumner (1811–
1874)] Washingtonista. Mutta olettaen, että asia olisikin näin,
niin herra Benjamin mielipide oli, että sellainen paljastus hänen
yksityiselämästänsä osoitti erittäin huonoa makua sen jälkeen,
kun herra Russell oli nauttinut hänen (herra Benjaminin)
vieraanvaraisuudesta Montgomeryssä.

Hän sanoi, että konfederaation sotilaat olivat
enemmän huvittuneita kuin ärsyyntyneitä käsitteestä
"kapinallinen", jota niin jatkuvasti heihin käytettiin; mutta hän
toivoi vain lievää huomautusta, että ollakseen "kapinallinen"
henkilön täytyi kapinoida jotain vastaan, jolla oli oikeus hallita
häntä; ja hän ajatteli, että oli hyvin vaikeata löytää sellaista
oikeutta, jolla pohjoinen hallitsisi etelävaltioita. **[Suom. huom.**
Etelävaltiot aloittivat sisällissodan liittovaltiota vastaan
tulittamalla Fort Sumterin linnoitusta huhtikuun 11. päivä 1861.
Tuo oli heidän kapinansa ensimmäinen todellinen sotatoimi.]

Valmistellakseen sopimusta rauhasta hän sanoi,
"Tulisi olla tarpeen kirjoittaa tyhjään paperiin sanat 'itsehallinto'.
Annetaan se jenkeille ja he voivat sitten täyttää sen tahtonsa
mukaisesti. Emme halua mitään osavaltiota, joka ei halua meitä;
mutta haluamme vain, että jokainen valtio voisi reilusti päättää
oman kohtalonsa. Me kaikki kamppailemme siksi, että meidät
jätettäisiin rauhaan." **[Suom. huom.** Etelävaltiolaisten yleinen
perustelu sisällissodalle oli osavaltioiden oikeudet. He unohtivat
mainita, että niitä oikeuksia käytettiin orjuuttamaan osaa
kyseisten osavaltioiden väestöstä, jolla oli huono onni syntyä
omaten tumma ihonväri.]

Kello 8 iltapäivällä herra Benjamin käveli kanssani presidentin asunnolle joka oli yksityinen talo kaupungin toisella puolella. Sain siellä teetä ja se oli yllättävän hyvää teetä; ensimmäistä, jota oli konfederaation alueella maistanut. Rouva Davis voi valitettavasti huonosti, eikä pystynyt tapaamaan minua.

Herra Jefferson Davis **[Suom. huom.** presidentti Jefferson Davis (1808–1889)] näytti minusta vanhemmalta kuin olin odottanut. Hän oli iältänsä vain 56-vuotias, mutta hänen kasvonsa olivat riutuneet ja hyvin ryppyisät. Hän oli melkein 180 senttiä pitkä, mutta äärimmäisen laiha, ja oli hieman kumara. Hänen piirteensä olivat hyvät, etenkin silmät, jotka olivat hyvin kirkkaat ja täynnä niin elämää kuin huumoria. Minulle kerrottiin jälkeenpäin, että hän oli menettänyt näkönsä vasemmasta silmästänsä äskettäisen sairauden takia. Hänellä oli päällään pellavatakki ja harmaat housut, ja hän näytti selvästi siltä, mikä oli eli hyvin kasvatetulta herrasmieheltä. Mikään ei voinut ylittää hänen tapojensa vetovoimaa, joka yksinkertaista, helppoa ja mitä kiehtovinta. Hän keskusteli kanssani pitkän aikaa ja oli samaa mieltä Benjaminin kanssa, että jenkeillä ei olisi aikomusta mennä sotaan Englannin kanssa, jos se tunnustaisi etelän ja hän sanoi, että kun väistämätön ratkaiseva isku tulisi ja eroaminen unionista olisi saavutettu tosiasia, niin Mainen osavaltio koettaisi luultavasti liittyä Kanadaan, sillä sen osavaltion älykkäimmät ihmiset olivat kauhuissaan olla "Massachusettsin vallan alla." **[Suom. huom.** Sisällissodassa Mainen osavaltio tuki unionia ja orjuuden poistamista vahvasti. Vaikka siellä olikin jonkinlainen separatistiliike, niin sen vastapainoksi unionin armeijoissa oli paljon sotilaita Mainen osavaltiosta ja useita sieltä tulleita nykyään tunnettuja kenraaleita, kuten Oliver Otis Howard (1830–

1909), Joshua Lawrence Chamberlain (1828–1914), Adelbert Ames (1835–1933), George Lafaytte Beals (1825–1896) ja James G. Blunt (1826–1881).] Hän lisäsi, että Mainea asutti kovapintaiset ja säästeliäät merenkulkijat, joilla oli muita ajatuksia kuin muilla Uuden Englannin osavaltioiden asukkailla.

Kun puhuin hänelle ikävistä tapahtumista, joita oli tapahtumassa hänen omassa osavaltiossaan (Mississippi) ja kurjuudesta, joka oli siinä tilanteessa melkein epätoivoa, jossa olin nähnyt niin monet huono-onniset naiset, jotka heidän miessukulaisensa olivat jättäneet jälkeensä; ja kun viittasin siihen hiljaiseen, tyyneen, valittamattomaan tapaan, jolla he kantoivat kärsimyksensä ja heidän suruunsa, niin hän sanoi suurella tuntemuksella, että hän piti aina hiljaista epätoivoa kaikkein kivuliaimpana kurjuuden kuvauksena nähdä samalla, kun hän ajatteli äänettömän mielenvikaisuuden olevan kaikista pahin mielisairauden muoto.

Hän puhui minulle Grenfellistä sanoen, että tämä näytti palvelevan konfederaatiota esteettömästi ja uskollisesti. Hän oli kuullut paljon tämän urheudesta ja hyvistä palveluksista, ja hän oli hyvin pahoillaan, kun kerroin hänelle Grenfellin riitelystä siviiliviranomaisten kanssa.

Hän vahvisti totuuden huomautuksestani, että konfederaation kenraalia täytyi joko pitää ihailtavana Crichtonina sotilaiden näkökulmasta tai muuten häntä kohdeltiin kuin kaikkea pahaa; ja hän lisäsi, että oli epäonnea, että se oli aivan välttämätöntä menestyksen takaamiseksi, että kenraalin täytyi saavuttaa ja pitää yllä tätä suosiota ja vaikutusta miehiinsä, jotka olivat yleensä kuitenkin hyvin halukkaita antamaan luottamuksensa kenelle tahansa upseerille, joka sen ansaitsi.

Koskien musta lippu- ja ei armoa -kiihotusta, niin hän sanoi, että ihmiset puhuisivat siitä paljon, ja jopa menisivät taisteluun päättäväisinä olla antamatta yhtään armoa; "mutta", hän lisäsi, "en ole kuullut siitä, että konfederaation sotilaat olisivat tappaneet ketään, joka olisi heittänyt pois aseensa ja nostanut kätensä ylös."

Hän kertoi minulle, että lordi Russell oli tunnustanut, että puolueettomuuslakien puolueeton toteuttaminen oli kohdellut etelää ikävästi; ja herra Davis vakuutti, että paine voitaisiin tasata, ja silti pitää yllä puolueettomuutta, jos Iso-Britannia sen sijaan, että se sulkisi satamansa, niin olisi avannut ne kummankin osapuolen kaapatuille aluksille; mutta vastasin tähän, että se saattoi olla hieman ylisuorittamista toiselta osapuolelta.

Kun tein lähtöä kello 9 aikaan illalla, niin presidentti pyysi minua tulemaan uudestaan. En usko, että olisi ollut mahdollista kenellekään muulle haastatella häntä lähtien pois saamatta mitä suotuisampaa vaikutelmaa hänen sopuisuudestansa, vaatimattomista tavoistansa ja keskustelun viehättävyydestä. Kävellessään kotiin herra Benjamin kertoi, että Herra Davisillä oli edelleen sotilaalliset taitonsa hallitsevina ja hän mitä innokkaimmin halusi liittyä armeijaan sen sijaan, että palvelisi presidenttinä.

Matkani aikana monet ihmiset olivat huomauttaneet minulle, että Jefferson Davis oli sopeutunut virkaansa oudolla tavalla. Hänen sotilaallinen koulutuksensa

West Pointissa sai hänet läheisesti tuntemaan armeijan korkeimmat upseerit; ja hänen virkansa sotaministerinä vanhassa Yhdysvaltain hallituksessa toi kaikkien arvoluokkien upseerit hänen suoraan henkilökohtaiseen tietoisuuteensa ja valvontaansa. Kukaan mies ei voinut muodostaa tarkempaa arviota hänen omien ansioidensa perusteella. Tämä oli yksi syy, joka antoi konfederaatiolle niin valtaisan hyvän alun kenraalien suhteen; sillä muodostaessaan mielipidettänsä koskien upseerin nimittämistä, niin herra Davis oli aina mitä päättäväisin aikeissaan huolimatta mistä tahansa esteistä. Hän palvelemisensa Meksikon sodassa antoi hänelle arvovaltaa urheana miehenä ja hyvänä sotilaana. Hänen palveluksensa valtiomiehenä osoitti, että hän oli mies, jolla oli horjumattoman päättäväisyyden ja hallintotaitojensa lisäksi, niin hän pystyi hallitsemaan kansan tahtoa. Ihmiset puhuivat, että jos mikä tahansa onnettomuus tapahtuisi hänelle niin, se oli korjaamattoman pahaa ajatella. [**Suom. huom.** Yhdysvaltalainen kenraali ja myöhemmin presidentti Ulysses S. Grant toteaa muistelmissaan luvun XLIV lopussa, että Jefferson Davisilla oli yliarvioiva omista sotilaallisista taidoistansa, joilla hän tosiasiassa auttoi enemmän pohjoisen kuin etelän sotavoimia.]

Ennen kuin saavuimme Spottswood Hotelliin, niin tapasin herra X:n, jonka herra Benjamin esitteli minulle. He keskustelivat pitkään aikaa päivän suurista tapahtumista, kuten siitä, että kenraali Ewell [**Suom. huom.** kenraali Richard S. Ewell (1817–1872), kenraali Leen armeijan II armeijakunnan komentaja] oli valloittanut Winchesterin takaisin, sillä tämä uutinen oli juuri saapunut ja he kumpikin ilmaisivat surunsa siitä, että kenraali Milroy [**Suom. huom.** kenraali Robert Huston Milroy (1816-1890), tunnetaan erityisesti tappiostansa, jonka hän kärsi

Winchesterin toisessa taistelussa kesäkuun 13-15, 1863.] pääsi pakoon. Näytti siltä, että tämä jenkkien komentaja johtuen hänen väitetyistä rikoksistansa, niin sai aikaan konfederaation ihmisiin suuttumusta samalla tavalla kuin kenraali Butler **[Suom. huom.** kenraali ja edustajainhuoneen jäsen Benjamin Franklin Butler (1818–1893)]. X sanoi minulle, "Toivomme, että emme saa häntä elävänä; mutta jos saamme, niin me emme epäröi velvollisuutta tappaa hänet."

Kesäkuun 18. päivä (torstai). Kello kymmenen aamulla kutsuin tapaamisen herra Seddenin **[Suom. huom.** James Alexander Seddon (1815–1880)] sotaministerin kanssa. Hänen eteisensä oli täynnä ihmisiä, jotka odottelivat haastatelluiksi tulemista, ja minulla ei ollut yhtään vaikeata päästä sisälle. Herra Sedden kalmankalpea, mutta älykkään näköinen mies; hän otti minut vastaan suurella ystävällisyydellä ja heti järjesti minulle esittelykirjeet kenraali Leelle ja kenraali Longstreetille. **[Suom. huom.** kenraali Robert Edward Lee (1807–1870) ja kenraali James Longstreet, kenraali Leen I armeijakunnan komentaja (1821–1904)]

Ystäväni majuri Norris sitten vei minut presidentin toimistoon ja esitteli minulle presidentin adjutantit, jotka olivat everstit Wood, Lee ja Johnston. Kaksi jälkimmäistä olivat kenraali Leen ja kenraali Albert Sidney Johnstonin poikia, joista jälkimmäinen kenraali oli kaatunut Shilohin taistelussa.

Majuri Norris vei minut sitten Capitolille ja esitteli minut herra Thompsonille, joka oli kirjastonpitäjä ja herra Meyersille, jonka nyt oletettiin huolehtivat brittien eduista sen jälkeen, kun herra Moore, Britannian lähettiläs, oli lähtenyt.

Minulle kerrottiin, että herra Moorea pidettiin aina etelän puolen hyvänä ystävänä ja hän oli joutunut vaikeuksiin, jotka sitten johtivat hänen poistamiseensa siksi, että hänellä ei ollut tahdikkuutta eikä harkintakykyä. Capitolin huipulta oli kaunis näkymä; kirjastonhoitaja kertoi minulle, että viime vuoden taisteluissa Richmondin edustalla ne pystyttiin helposti näkemään sieltä ja monet naiset olivat käyttäneet sitä siihen tarkoitukseen. Kaikki sanoivat, että huolimatta vaaran läheisyydestä, niin Richmondin väestö jatkoi heidän päivittäistä elämäänsä ja siksi se ei tuntenut mitään huolta.

Capitolin sisäosat oli koristeltu usein lipuin, jotka oli saatu sotasaaliiksi viholliselta. Ne olivat hyvin komeita, kun niissä oli silkkiä ja kultaa muodostaen suuren vastakohdan konfederaation pieniin kankaisiin sotalippuihin. Lippujen joukossa näin kaksi lippua, jotka kuuluivat samalle rykmentille, joka oli New Yorkin 37. jalkaväkirykmentti (luulen niin). Nämä oli saatu sotasaaliiksi eri taisteluissa; ja jälkimmäisessä oli merkitty voitoksi ensimmäinen taistelu, Fairoaks, jossa rykmentti oli menettänyt ensimmäisen sotalippunsa.

Herra Butler King, joka oli kongressin jäsen ja johon tutustuin Spottswood Hotellissa, niin vei minut illalla tapaamaan rouva X:ää, joka oli mukava leski, jolle toin kirjeen hänen ainoalta pojaltansa, joka oli kenraali Magruderin adjutanttina Teksasissa.

Rouva X oli älykäs ja mukava. Hän oli hyvin isänmaallinen etelävaltiolainen, mutta hän kertoi minulle, että hän oli ollut unionin vahva tukija siihen asti, kun Lincoln oli vaatinut kutsuttavaksi aseisiin 75000 etelän kukistamiseksi, joka käänsi hänet ja monet muut ihmiset vahvasti unionista eroamisen kannalle. Vietin hyvin mukavan illan rouva X:n kanssa, joka oli ollut paljon Englannissa ja jolla oli paljon tuttavia siellä.

Herra Butler King oli georgialainen herrasmies, joka oli hyvin sopuisa ja perillä asioista. Oli yllättävää kuulla poikkeuksellisesta tyyneydestä, jolla hän ja sadat muut kärsijät puhuivat raunioitumisesta ja täydellisestä tuhosta, joka oli kohdannut heidän omaisuuttansa. Tiedän useita henkilöitä Englannista, jotka olettavat, että Iso-Britannia on nyt saanut vihollisia niin pohjoisesta kuin etelästä; mutta en usko, että asia on näin etelän suhteen mitä tahansa sitten tietyt Richmondin lehdet sanovatkin. Etelä tulee katsomaan Englantiin kaikessa sitten, kun sota on ohitse; se haluaa kauppiaidemme ostavan sen puuvillaa, se haluaa alustemme kuljettavan sitä; se on halukas, että Englannin tulisi tarjota sille kaikki tarpeelliset asiat, jotka se sai aikaisemmin pohjoisesta. On tavanomaista kuulla ihmisten sanovan, että he maksaisivat mieluummin englantilaisille kaksinkertaisen hinnan kauppatavaroista kuin yhtään enempää jenkeille.

Kesäkuun 19. päivä (perjantai) Nousin kello kymmeneltä aamulla pieneen höyrylaivaan, joka oli vierailemassa Drewry´s Bluffissa James Riverillä, joka oli paikka, jossa panssarilaivat Monitor ja Galena oli torjuttu. Joki juuri Richmondia vastapäätä oli hyvin matala ja kivinen, mutta siitä tuli purjehduskelpoinen noin puolentoista kilometrin päässä kaupungin alapuolella. Drewry´s Bluff oli noin 13 kilometrin päässä ja ennen sinne saapumista niin meidän oli mentävä kahden sillan läpi; yhden ohitimme veneellä ja toisen puista siltaa pitkin. Minulle näytettiin linnoitteita kapteeni Chatardin toimesta, joka oli konfederaation laivastosta, joka oli ollut komentajana kapteeni Leen poissa ollessa. Laivue konfederaation tykkiveneitä makasi juuri esteiden yläpuolella ja melkein vastapäätä jyrkännettä. Niiden joukossa oli Yorktown, joka tunnettiin myös nimellä Patrick Henry, joka oli ystäväni kapteeni Tuckerin komennossa ja oli ollut mukana tunnetussa CSS Merrimackin hyökkäyksessä. Siellä oli myös panssarilaiva Richmond ja kaksi tai kolme pienempää alusta. Drewry´s Bluffin takana joen toisella puolella oli Chaffin´s Bluff, jossa x-määrä raskaita tykkejä ja se muodosti Richmondin jokipuolustuksen oikean laidan tällä puolella jokea.

Hyökkäyksen aikana kaksi liittovaltion panssarilaivaa, joita tukivat useat puiset tykkiveneet, niin niitä vastassa oli vain kolme tykkiä Drewry´s Bluffin luona, jotka olivat 24 metristä 27:ään metrin korkeudella. Nämä oli kiireesti poistettu Yorktownista ja raahattu sinne kapteeni Tuckerin käskystä aikaisempana päivänä. Ne olivat joko 32-paunaisia sileäputkisia tai 8-tuuman tykkejä, mutta en muista kumpaa ne olivat. Yhteenoton aikana USS Monitor huolimatta sen aikaisemmista uroteoista CSS Merrimacia vastaan, pysyi itse paljon poissa vaaroista osittain siksi, että se pysyi joen mutkan takana; mutta sen saattaja panssarilaiva USS Galena lähestyi rohkeasti 450 metrin päähän jyrkänteestä. Puiset tykkiveneet pysyivät huomattavan matkan päässä alempana joella. Sen jälkeen, kun taistelua oli kestänyt neljä tuntia, niin USS Galena vetäytyi pahasti vaurioituneena, eikä se uskoakseni ole saavuttanut kunniaa sen jälkeen. Lopputulos yhteenotosta vahvisti mielipidettä, jonka minulle ilmaisi kenraali Beauregard, että panssarilaivat eivät pysty kestämään ylhäältä tulevaa linnoitusten tulitusta, vaikka jälkimmäisissä olisikin vain vanhat sileäputkiset tykit. **[Suom. huom.** Tässä pitäisi ottaa huomioon useita seikkoja, kuten tykkien ja niiden ammusten koot, sekä lentonopeudet, tulitusetäisyys, panssarilaivan kansipanssarin paksuus ja ammuksen osumakulma kansipanssariin.]

Kapteeni Maury otti minut panssarilaiva Richmondiin, jossa näin 7-tuumaiset rihlatut Brooke-tykit, joista he kertoivat, että yksi niistä painoi noin 9,5 tonnia ja pystyi käyttämään 11 kilon ruutisäkkejä ammuksien ampumisessa. Muiden matkustajien joukossa Richmondista oli hyvin irlantilaisen näköinen vanki, jota vahti yksi sotilas. Kapteeni Maury kertoi minulle, että tätä yksilöä oltiin viemässä Chaffin´s Bluffille, jossa hänet ammuttaisiin kello 12 huomenna karkuruudesta.

Majuri Norris ja minä kylvimme James Riverissä kello 7 iltapäivällä kallioiselta ja hyvin kauniilta saarelta keskellä virtaa.

Vietin toisen hyvin mukavan illan rouva X:n kanssa ja tapasin kenraali Randolph [**Suom. huom.** luultavasti kenraali George Wythe Randolph (1818–1867)], herra Butler Kingin ja herra Conradin siellä; myös eversti Johnston, presidentin adjutantti, oli siellä, joka kertoi minulle, että he olivat pakotettuja pysäyttääkseen kenraali Burnsiden [**Suom. huom.** kenraali Ambrose Everts Burnside (1824–1881)] määräämät teloitukset Kentuckyssä valiten kaksi liittovaltion kapteenia ja teloittamaan heidät. Kenraali Randolph näytti hyvin heikolta terveytensä suhteen. Hän oli jonkin aikaa toiminut sotaministerinä; mutta oletettiin, että hän ja presidentti eivät tulleet toimeen kovinkaan hyvin. Herra Conrad kuin myös herra King olivat kongressin jäseniä ja hän selitti minulle, että sodan alussa jokainen osavaltio oli ollut mitä halukkain (ilman mitään tarvetta) ottamaan käyttöönsä sotalait, joiden ajattelivat olevan aivan oikea asia korjata kaikki pahat asiat; mutta niin pian he kyllästyivät niihin, että tämä hallinto ei saanut niihin lupaa kongressilta, kun se kielsi presidenttiä laittamasta mitä tahansa paikkaa sotalain alaisuuteen, joka oli aivan yhtä naurettavaa toiseen suuntaan.

Kuulin kaikkialla pelottavia valituksia kenraali Johnstonin toimettomuudesta Mississippillä ja nyt kaikki olivat epätoivoisia Vicksburgin pelastamisesta. He pelkäsivät sen menetystä ja sen menetyksen vaikutusta, joka saattaisi pitkittää sotaa enemmän kuin mikään muu syy. Kukaan ei näyttänyt pelkäävän sitä, että sen menetys yhdessä Port Hudsonin kanssa sallisi jenkkien purjehtivan Mississippi-joella; eivätkä he pelänneet, että jälkimmäinen saattaisi katkaista heidän yhteytensä Mississippin takaisiin osavaltioihin.

Monet Richmondin lehdet näyttivät minusta olevan tuskin kunnioitettavampia kuin New Yorkin lehdet. Oman puolen henki oli korkealla. Lehdistönvapautta toteutettiin sen suurimmassa laajuudessa.

Kesäkuun 20. päivä (lauantai) Mukanani oli sotaministerin esittelykirjeet kenraali Leelle ja kenraali Longstreetille, kun lähdin Richmondista kello 6 aamulla liittyäkseni Virginian armeijaan. Mukanani oli viestijoukkojen kersantti, jonka oli lähettänyt ystävällisesti ystäväni majuri Norris tarkoituksenaan auttaa minua eteenpäin. Menimme junalle niin pitkälle kuin Culpepperiin, jonne saavuimme kello 5.30 iltapäivällä sen jälkeen, kun olimme vaihtaneet vaunut

Gordonsvillessä lähellä paikkaa, jossa näin valtavan pinon loistavia kivääreitä pilaantumassa ulkona. Nämä oli saatu sotasaaliiksi Chancellorsvillen taistelussa; mutta konfederaatiolla oli jo kivääreitä yli oman tarpeen, joten he ilmeisesti antoivat näiden pilaantua. Sää oli aika viileä viime yön sateen jälkeen. Maasto, jonka lävitse matkasimme, niin oli ollut vihollisen hallussa viime vuonna ja se oli evakuoitu heidän toimestansa Richmondin edustalla käytyjen taisteluiden jälkeen; mutta silloin heidän tapanansa ei ollut polttaa, tuhota ja hävittää, sillä kaikki näytti vihreältä ja kauniilta, ja eikä vihjannut millään tavalla maaston olevan kiistelyn kohde.

Viimeisimmällä uhkarohkealla hävitysiskullaan liitto valtion kenraali Stoneman **[Suom. huom.** kenraali George Stoneman jr. (1822–1894)] oli ylittänyt rautatien ja tuhonnut pienen osan sitä polttaen muutamia rakennuksia ja tullut noin 5 kilometrin päähän Richmondista; mutta hän miehineen olivat olleet niin kiireellisiä, että heillä ei ollut aikaa tehdä vakavaa vahinkoa.

Culpepper oli ollut vielä viisi päivää sitten kenraalien Lee ja Longstreet päämaja; mutta siitä lähtien kuin Ewell oli valloittanut Winchesterin takaisin, niin koko armeija oli edennyt nopeasti ja oli tavoitteeni saavuttaa se niin nopeasti kuin oli mahdollista. Saapuessani Culpepperrin kersanttini antoi minut toisella majuri Norrisin seuralaiselle mukanaan käsky, että minulle piti antaa hevonen ja vei minut itse tapaamaan herra Lawleytä, joka oli ollut menossa läpi samassa tarkoituksessa kuin minä kolme päivää aikaisemmin.

Kersantti Norris, uusi seuralaiseni, oli majuri Norrisin serkku ja erittäin mukava mies. Ennen sotaa hän oli ollut hyvämaineinen herrasmies Marylandistä ja oli tottunut ylelliseen elämäntapaan; hän eli nyt sotamiehen elämää täysin tyytyväisenä ja täysin piittaamattomana sivistyksestä ja hyvinvoinnista. Vaikka hän voi huonosti, kun saavuin ja vettä satoi kaatamalla, niin hän ehdotti, että meidän tulisi lähteä liikkeelle heti, kello 6 iltapäivällä. Olin samaa mieltä ja niin toimimme. Kummankin meistä hevosilla oli kipeät selät, niitä ei ollut ruokittu kuin heinällä ja omalta hevoseltani puuttui hevosenkenkä. Joka tapauksessa ne kulkivat hyvin ja saavuimme kylään nimeltänsä Woodville, joka oli 24 kilometrin päässä kello 9.30 illalla. Meillä oli suuria vaikeuksia hankkia suojaa yöpymistä varten; mutta lopulta tapasimme paikallisen, joka ei ollut vieraanvarainen, mutta antoi hevosillemme viljaa ja meille huovat lattialle.

Kesäkuun 21. päivä (sunnuntai) Otimme hevosen kengittämisen joidenkin viivytyksien jälkeen ja sen jälkeen, kun eläimet olivat virkistyneet viljan ansiosta ja olimme syöneet pekonia, niin lähdimme liikkeelle käytännössä kello 8.15 aamulla. Kohtasimme huomattavia vaikeuksia kantamieni pienien satulalaukkujen ja säkin takia johtuen hevosiemme selkien kunnosta. Minun hevoseni ei ollut kauhean paha, mutta Norrisin oli todella huonossa kunnossa. Emme olleet matkanneet kovinkaan montaa kilometriä, kun jälkimmäinen hevonen menetti kenkänsä, jolloin meiltä kului tunti sen saamiseksi takaisin kylässä nimeltänsä Sperryville. Maaseutu oli todella mahtavaa, mutta se oli tukenut kahta suurta armeijaa kahden vuoden ajan, joten nyt se oli täysin puhdistettu. Se oli melkein viljelemätöntä ja yksikään eläin ei laiduntanut, kun siellä oli ollut aikaisemmin satoja laiduntavia eläimiä. Kaikki aidat oli tuhottu ja lukematon määrä maatiloja poltettu niin, että niistä oli jäljellä pystyssä vain savupiiput. Oli vaikeata kuvailla ja mahdotonta liioitella kärsimyksiä, joita Virginian tämä alue oli kokenut. Mutta sodan tuhot eivät olleet pystyneet tuhoamaan luonnon kauneutta; kasvit olivat lumoavia, puut mahtavia, maasto kumpuileva ja Blue Ridge-vuoret muodostivat taustan.

Kun oli sunnuntai, niin kohtasimme noin 30 mustaa menossa kirkkoon hienosti pukeutuneina, jotkut (niin miehet kuin naiset) ratsastamassa hevosilla ja toiset vankkureilla; mutta herra Norris kertoi minulle, että kaksi vuotta sitten meidän olisi pitänyt kohdata heitä satamäärin. Pian aloimme saavuttaa sairaita ja loukkaantuneita armeijan miehiä, mutta ei suuressa määrin, suurimmalla osalla heistä oli hyvin kenkiä, vaikka näinkin muutamia ilman kenkiä.

Ylitettyämme solan Blue Ridge-vuorilla, niin saavuimme Front Royaliin kello 5 iltapäivällä ja olimme nyt tulleet hyvin tunnettuun Shenandoah Valleyhin; Jacksonin tunnettujen sotaretkien tapahtumapaikalle. Front Royal oli hyvin kaunis pieni paikka ja oli ollut tapahtumapaikka yhdellä sodan aikaisimmista taisteluista, joka käytiin konfederaation marylandilaisen rykmentin, joka niin kuin herra Norris sanoi, "hyökkäsi suoraan" saman osavaltion liittovaltion rykmenttiä vastaan ja "pieksi sen pahasti." Siitä lähtien kylä on vaihtanut omistajaa jatkuvasti ja siellä kävivät liittovaltion sotilaat vain pari päivää ennen Ewellin nopeaa etenemistä kymmenen päivää sitten.

Valtavien vaikeuksien jälkeen hankimme viljaa hevosille, ja herra Norrisin hämmästykseksi olin riittävän julkea hankkiaksemme ruokaa meille vetoamalla kahteen hyvännäköiseen Front Royalin naiseen, jotka ateriamme aikana viihdyttivät meitä tarinoilla tavoista, joilla he ärsyttivät liittovaltion sotilaita epäsopivin vihjauksin "Stonewall" Jacksoniin.

Lähdimme liikkeelle kello 6.30 ja ylitimme Shenandoah-joen kaksi haaraa, jotka olivat leveitä ja vuolaita virtoja. Niin rautatie- kuin maasillat oli tuhottu, joten jouduimme kahlaamaan niiden ylitse ja kun vesi oli syvää, niin pystyimme juuri suorittamaan sen. Sotilaat, joita oli useita mukanamme, niin riisuivat housunsa ja pitivät kivääreitänsä ja ammuksiansa päidensä päällä. Pian tämän jälkeen hevosemme tulivat hyvin väsyneiksi jaloistansa; vaikka sää oli ollut viileätä, tiet olivat mutaisia ja hankalia kulkea. Kello 8.30 saavuimme Penderin divisioonan leiriin kukkuloiden sivuille, joita valaisivat lukemattomat leiritulet, joka näytti hyvin viehättävältä. Ohitettuamme noin viisi kilometriä leirejä, niin pyysimme suojaa herra Masonin ladosta: veimme hevosemme pellolle ja huomasimme, että latomme oli mitä ylellisin 74 kilometrin ratsastuksen jälkeen, joka oli tehty kävelyvauhtia. **[Suom. Huom.** Penderin divisioona, jota komensi kenraali William Dorsey Pender (1834–1863), oli osa Leen armeijan III armeijakuntaa, jota komensi kenraali Ambrose Powell (tunnetaan myös lyhenteellä A.P.) Hill (1825–1865.)]

Stonewall Jacksonia pidettiin tässä osassa maata puolijumalana.

Kesäkuun 22. päivä (maanantai) Lähdimme liikkeelle ilman ruokaa tai viljaa kello 6.30 ja pian jouduimme Penderin divisioonan marssirivistöjen sekaan, joka viivästytti meitä hyvän aikaa. Minun surkean typerä hevoseni käytti tätä tilaisuuttansa menettääkseen kaksi muuta hevosenkenkää, joiden korvaamisen huomasimme mahdottomaksi, sillä kaikkia sepänpajoja käyttivät sotilaat.

Divisioonan sotilaat olivat huomattavan komeita miehiä ja he näyttivät sangen kokeneilta, sekä valmiilta mihin tahansa työhön. Heidän vaatteensa olivat palvelukseen sopivia niin kuin myös olivat heidän saappaansa; mutta siellä oli tavallinen täysin puutteellinen samanlaisuus vaatteiden väreissä ja muodoissa, sekä hatuissa; harmaan kaikkia sävyjä ja ruskeita vaatteita huopahattuineen, niin ne olivat yleisimpiä. Konfederaation joukot olivat nyt täysin aseistettuja loistavin kiväärein, jotka olivat pääasiassa Enfieldejä. Kun he ensimmäisenä tulivat, niin heillä oli tapana käyttää useita revolvereja ja bowie-veitsiä. Kenraali Leen sanotaan maltillisesti huomauttaneen, "Herrasmiehet, luulen, että tulette huomaamaan, että Enfield, pistin ja kuusikymmentä ammusta ovat niin paljon kuin käytännöllisesti voidaan kantaa käsin." He naurahtivat ja ajattelivat, että he tiesivät paremmin; mutta kuudestilaukeavat ja bowie-veitset asteittain katosivat; ja nyt mitään niistä ei ollut jalkaväen keskuudessa. **[Suom. huom.** On syytä muistaa, että revolverien kantama ja tarkkuus ovat huonoja, kun etäisyyttä on 100 metriä tai enemmän. Tässä mainittu Enfield-kivääri oli luultavasti Pattern 1853 Enfield, joka oli suustaladattava rihlattu musketti, jonka tehokas kantama oli noin 270 metriä. Tätä asetta käytettiin yleisesti 1850- ja 1860-luvuilla maailmalla.]

Tykistön hevoset olivat huonossa kunnossa ja saivat vain noin 1,3 kiloa maissia [51] päivässä. Tykistöä oli kaikenlaista; Parrotteja, Napoleoneja, rihlattuja ja sileäputkisia tykkejä kaikkia kokoja ja muotoja; useimmissa niistä oli kirjaimet U.S. osoittaen, että ne olivat vaihtaneet omistajia.

Rykmenttien liput erosivat kenraali Braggin armeijan sinisistä taistelulipuista, joita olin nähnyt. Nämä liput olivat pääasiassa punaisia ja niissä oli pyhän Andreaksen risti tähtien kanssa. Sanottiin, että tämän kuvion keksi kenraali Joseph Johnston siksi, että sitä ei sekoitettaisi jenkkilippuun. Uusi konfederaation lippu oli ilmeisesti sovellettu tästä lipusta niin kuin sitä kutsuttiin. Useimmissa tämän divisioonan lipuissa oli nimet Manassas, Fredericksburg, Seven Pines, Harper´s Ferry ja Chancellorsville.

En nähnyt harhailijoita sinä aikana, kun olin Penderin divisioonan kanssa; vaikka Virginian armeija kattoikin varmasti suuren alueen maata, niin silti se liikkui hitaasti vetävään tahtiin, ja se ei ollut luonnostaan hyvä marssimaan. Kuten herra Norris huomautti minulle, "Ennen tätä sotaa olimme kuin laiskoja tuholaisia; mustamme tekivät työt puolestamme, ja kukaan meistä ei koskaan haaveillut kävelemisestä, vaikka ratsastimmekin paljon."

Saavuimme Berryvilleen (noin 18 kilometrin päähän) kello 9 aamulla. Kenraali Leen päämaja oli muutaman sadan metrin päässä tästä paikasta eteenpäin. Juuri ennen sinne pääsemistä näin kenraalitason upseerin, joka oli olemukseltansa komea, jonka täytyi olla niin kuin tiedän kuvauksista, ylipäällikkö; mutta hän oli selkeästi työtehtävissään, joten en mennyt tapaamaan häntä, vaikka annoinkin esittelykirjeeni yhdelle hänen esikuntansa jäsenelle. Hieman myöhemmin esittelin itseni herra Lawleylle, josta tuli minulle heti hyvä ystävä. [52] Hän esitteli minut kenraali Chiltonille **[Suom. huom.** kenraali Robert Hall Chilton (1815–1879)]**, armeijan esikuntapäällikölle, eversti Colelle armeijan päämajoitusmestarille, majuri Taylorille, kapteeni Venablesille ja muille kenraali Leen armeijan esikunnan upseereille; ja hän ehdotti, että kun esikunta oli niin kiireinen ja täynnä väkeä, että hän ja minä ratsastaisimme Winchesteriin heti ja myöhemmin pyytäisimme vieraanvaraisuutta vähemmän kiireelliseltä kenraali Longstreetin esikunnalta. Minulle myös esiteltiin kapteeni Schreibert Preussin armeijasta, joka oli joskus kenraali Leen vieraana ja joskus ratsuväenkenraali Stuartin **[Suom. huom.** kenraali James Ewell Brown "Jeb" Stuart (1833–1864)]** vieraana. Hän oli ollut läsnä yhdessä äskettäisistä ratsuväen kahakoista, joita oli tapahtunut jatkuvasti tämän armeijan yllättävän etenemisen takia. Tämä eteneminen oli ollut niin ihailtavasti ajoitettua, että se oli sallinut Winchesterin valloittamisen yhdessä sen jenkkivaruskunnan ja varastojen kanssa ja samaan oli otettu haltuun Blue Ridge-vuoriston solat. Kaikki upseerit puhuivat surullisesti vakavista vammoista, joita tässä taistelussa sai majuri von Borke **[Suom. huom.** Johann Heinrich August Heros von Borcke (1835–1895)]**, toinen preussilainen, mutta nyt konfederaation palveluksessa ja Jeb Stuartin adjutanttina.

Syötyämme jotain aamiaiseksi Lawley ja minä ratsastimme 16 kilometriä Winchesteriin. Hevoseni, pois lukien sen etujalat, näytti merkkejä suuresta väsymisestä, mutta pääsimme Winchesteriin kello 5 iltapäivällä, jossa olin riittävän onnekas hankkimaan kengät hevoselleni ja Lawleyn esittelyn ansiosta ihailtavat majoitustilat meille kahdelle talosta, jonka omisti vieraanvarainen rouva X, jonka luokse hän oli ollut majoittuneena seitsemän kuukautta aikaisemmin ja joka oli hyvin ilahtunut näkemään hänet. Hänen kaksi sisaruksensa **[Suom. huom.** Ei välttämättä sisaren, vaan saattoivat olla myös veljentyttäriä, sillä englanninkielen sana niece ei määrittele, että onko kyse veljen- vai siskon tyttäristä. Sama pätee sanaan nephew, joka tarkoittaa veljenpoikia. Esimerkiksi Aku Ankan veljenpojat olivat tosiasiassa hänen siskonsa poikia.] tytärtä, jotka olivat yhtä sopuisia kuin hyvännäköisiä, niin kertoivat meille synkän kuvan kolmesta vankeudesta, jota he olivat kokeneet liittovaltion komentajien Banks, Shields ja Milroy toimesta.

Epäonninen Winchesterin kaupunki näytti olevan joutunut sulkapalloksi kamppailevien armeijoiden välillä. Stonewall Jackson pelasti sen kerran ja viime viikon sunnuntaina hänen seuraajansa kenraali Ewell ajoi pois Milroyn. Milroyn itsensä nimi aina liitetään Butleriin ja hänen valtansa Winchesterissä näytti olleen jossain määrin samankaltaista kuin hänen tunnetulla kilpailijallansa New Orleansissa. Jos kumpi tahansa näistä kahdesta miehestä joutuisi konfederaation käsiin, niin luulen, että edes Jeff Davis itse ei pystyisi pelastamaan heidän henkiänsä, jos hän päättäisi koettaa sitä.

Ennen lähtöni Richmondista kuulin jokaisen ilmaisseen pettymyksensä, että Milroy pääsi pakoon, sillä Winchesterin takaisinvalloitus oli epätäydellistä ilman sitä. Yli 4000 hänen miestänsä vietiin kahteen linnoitukseen, jotka olivat kaupungin yläpuolella ja jotka oli otettu haltuun louisianalaisen prikaatin hyökkäyksen ansiosta vähäisin menetyksin. Epäonnisten asukkaiden ilon voi helposti ymmärtää tämän yllättävän ja odottamattomaan apuun, joka vapautti heidän vankeudestansa, jota oli kestänyt kuusi kuukautta. Tuona koko aikana ei voinut laillisesti ostaa kauppatavaroita vannomatta uskollisuudenvalaa, jota he suuripiirteisesti kieltäytyivät tekemästä. He eivät olleet kuulleet sanaakaan miespuolisista sukulaisistansa tai ystävistänsä, jotka olivat kaikki etelän armeijassa; heidät oli suljettu taloihinsa kello 8 jälkeen illalla ja joskus heiltä oli evätty valo; osa viihdyttäjämme taloa oli pakolla otettu rahvaanomaiselle, tietämättömälle ja alemman yhteiskuntaluokan taustan omaavalle liittovaltion upseerille, joka oli kadulla ajettavien vaunujen kuljettaja; ja he olivat jatkuvasti kohteina mitä nöyryyttävimmille loukkauksille tai etsinnöille, joilla heidän talostansa etsittiin aseita ja asiakirjoja. Yllätyksekseni kuitenkin nämä naiset puhuivat vihollisesta vähemmän väkivaltaisesti ja kaunamaisesti kuin melkein kukaan nainen, jonka olin kohdannut matkallani koko eteläisen konfederaation läpi. Kun kerroin heille tämän, niin he vastasivat, että he olivat nähneet monia miehiä ammuttavan kaduille silmiensä eteen, jolloin he tiesivät mistä puhuivat, kun taas toiset ja kansankiihottamista esittäneet etelän naiset eivät tietäneet tätä.

Ewellin divisioona **[Suom. huom.** kenraali Richard Stoddert Ewell (1817–1872) komensi tuolloin Leen armeijan II armeijakuntaa.] oli edessä ja Potomacin ylitse; ja ennen kuin lähdin esikunnasta sinä aamuna, niin näin Longstreetin armeijakunnan seuraavan samaan suuntaan.

[51] Maissilla oli myös toinen nimi Fremantlen teoksessa ja se oli Indian corn.

[52] Kunnioitettava F. Lawley, etelävaltioiden ihailtavien kirjeiden kirjoittaja, joita kirjeitä on julkaistu Times-lehdessä. **[Suom. huom.** Francis Charles Lawley (1825–1901)]

Kesäkuun 23. päivä (tiistai) Lawley ja minä tarkastimme herra Masonin (etelän komissaarin Lontoossa) kerran niin kauniin talon, joka oli surullinen näky. Se oli ollut kauniissa paikassa kaupungin laitamilla ja kaikkien kertomuksien mukaan sen on täytynyt olla ihana pieni paikka. Kun Lawley näki sen seitsemän kuukautta sitten, niin se oli vain raunioina; mutta siitä lähtien pohjoisen kosto (jota toteutti kenraali Milroy) niin oli tyydyttänyt itseänsä tuhoamalla melkein perustuksiaan myöten tämän arkkipetturin talon, niin kuin he häntä kutsuivat. Kirjaimellisesti siitä ei ollut jäänyt kiveä toisen päälle ja jäänteet oli nähtävästi viety pois, sillä siellä oli nyt iso kuoppa paikassa, jossa tuo talo oli seissyt. Joukot olivat ilmeisesti leiriytyneet maastoon, jossa oli nyt riekaleita jenkkien vaatteista ja varusteista.

Ymmärsin, että Winchester oli ollut mitä kaunein pikkukaupunki ja sen asukkaat olivat olleet mitä mukavimpia. Monet se taloista olivat nyt tuhoutuneet tai muutettu sairaaloiksi; muut näyttivät surkeilta ja huonokuntoisilta. Sen naisasukkaat (sillä kaikki terveet miehet olivat armeijassa) tunsivat sodan verisen todellisuuden. Niin paljon kuin 5000 haavoittunutta oli majoitettu sinne yhteen aikaan. Kaikki naiset olivat tottuneet räjähtäviin ammuksiin ja taistelujen näkemiseen, ja heistä kaikista oli tullut sairaaloiden hoitajia tai kokkeja.

Oli täysin mahdotonta hankkia viljaa, joten vein hevoset noin puolentoista kilometrin päähän kaupungista laiduntamaan neljäksi tunniksi aamulla ja kahdeksi tunniksi iltapäivällä. Niistä ei saanut menettää katsekontaktia hetkeksikään, joten siihen minulla meni koko päivä, kun Lawley kirjoitti talossa. Illalla menimme tapaamaan kahta haavoittunutta upseeria rouva X:n talossa, jotka olivat majuri ja kapteeni louisianalaisesta prikaatista, joka otti linnoitukset rynnäköllä viime viikon sunnuntaina. Pelkään, että kapteeni tulisi kuolemaan. Kumpaakin heistä oli ammuttu vartalon läpi, mutta he olivat iloisia. He olivat palvelleet Stonewall Jacksonia tämän kuolemaan asti ja he kunnioittivat hänen nimeänsä, vaikka he kumpikin olivat sitä mieltä, että Ewell oli hänen tehokas seuraajansa entisenä aseveljenä; ja he olivat samaa mieltä suuresta osasta asioita, joita kenraali Johnston oli kertonut minulle Jacksonin olleen niin paljossa velkaa Ewellille useista voitoistansa. He antoivat meille elävän kuvan armeijan hengestä ja tuntemuksista. Missään vaiheessa sotaa, he sanoivat, miehet eivät olleet niin hyvin varustettuja, niin hyvin vaatetettuja, niin innokkaita taistelemaan tai niin luottavaisia menestyksen suhteen; tämä oli hyvin toisenlainen asioiden tila kuin oli ollut Marylandin hyökkäyksessä viime vuonna, kun puolet armeijasta oli ollut kengättömiä harhailijoita ja monet muut olivat olleet haluttomia ja vastahakoisia ylittämään Potomac-jokea.

Neiti X kertoi minulle, että episkopaalinen kirkko oli kieltänyt tanssimisen ja ratsastamisen tässä osassa Virginiaa.

Kesäkuun 24. päivä (keskiviikko) Lawley oli huonossa kunnossa ja päätimme viettää vielä päivän hyvin ystäviemme luona Winchesterissä. Otin hevoset taas ulos kuudeksi tunniksi laiduntamaan ja tutustuin kahteen irlantilaismieheen, jotka antoivat minulle jonkin verran katkottua ruohoa ja suolaa hevosille. Toinen näistä miehistä oli palvellut etelän armeijassa ja haavoittunut siellä. Huomautin hänelle, että hänen on täytynyt tappaa useita maamiehiään; johon hän vastasi, "Voi kyllä, mutta heidän on täytynyt ottaa kaikki niin kuin se on tullut." Olen aina huomannut, että etelän irlantilaiset ovat loistavia "kapinallisia" ja heillä ei tunnontuskia tappamisen suhteen niin paljoa kuin heidän pohjoisilla veljillään saattaa mahdollisesti olla.

Tänään näin monia uusia jenkkien hautoja, jotka olivat kuolleet vankien joukossa, joiden määrä oli jatkuvasti kasvussa. Puiset hautakivet oli laitettu jokaiseen hautaan ja niihin oli kirjoitettu "Tuntematon sotilas, U.S.A. Kuollut taistelussa saamiinsa haavoihin, kesäkuun 21., 22, tai 23. päivä 1863."

Vartiomies pysäytti minut tänään, kun olin menossa ulos kaupungista ja näytin hänelle passiani kenraali Chiltonilta, niin hän vastasi suurella tiukkuudella, mutta täydellisellä kohteliaisuudella, "Olen äärimmäisen pahoillani herra, mutta vaikka olisit sotaministeri tai itse Jeff Davis, niin en voisi päästää sinua jatkamaan ilman passia sotapoliisin päälliköltä **[Suom. huom.** englanniksi Provost-Marshal]."

Kesäkuun 29. päivä (torstai) Lähdimme rouvan X:n ja hänen vieraanvaraisen perheensä luota aloittaen matkamme kello 10 aamupäivällä ottaaksemme kiinni kenraalit Lee ja Longstreet, joiden oletettiin olevan ylittämässä Potomac-jokea Williamsportissa. Ennen kuin olimme edenneet enempää kuin muutaman kilometrin, niin kohtasimme hevosia ja härkiä, jotka olivat ensimmäisiä hedelmiä Ewellin etenemisestä

Pennsylvaniaan. Sää oli viileä ja oli kuurottaista sadetta ja kaikki meni loistavasti ensimmäisten 22 kilometrin matkalla, kun saavutimme McLawsin divisioonan **[Suom. huom.** komentajana kenraali Lafaytte McLaws (1821–1897)]**,** joka kuului Longstreetin armeijakuntaan **[Suom. huom.** Kenraali Leen armeijan I armeijakunta]. Kun hevoseni alkoi näyttämään merkkejä väsymyksestä ja Lawleyn hevonen iski maahan, niin veimme ne joksikin aikaa laiduntamaan apilaa, kun katselimme kahden prikaatin menemistä ohitse tietä pitkin. Niitä mielestäni komensivat kenraalit Semmes **[Suom. huom.** kenraali Paul Jones Semmes (1815–1863)] ja kenraali Barksdale **[Suom. huom.** William Barksdale (1821–1863)] [53] ja ne koostuivat georgialaisista, mississippiläisistä ja etelä-carolinalaisista. He marssivat erittäin hyvin ja siellä ei ollut mitään yritystä harhailla; tilanne oli aivan toinen kuin oli ollut Johnstonin miehillä Mississipissä. Kaikilla heistä oli hyvät kengät ja heidät oli tehokkaasti vaatetettu; tilanne oli aikalailla toinen kuin oli ollut Johnstonin miehillä Mississipissä. Jokaisen rykmentin takana oli kahdestakymmenestä kolmeenkymmeneen mustaa orjaa ja tietty määrä aseistamattomia miehiä kantamassa paareja ja pitäen hatuissaan ambulanssijoukkojen punaisia tunnuksia; tämä oli loistava järjestelmä, sillä se estää miehiä, jotka eivät ole haavoittuneita niin jäämästä taakse teeskennellen haavoittuneensa. Miesten kantamissa säkeissä edelleen näkyi nimet Massachusetts, Vermont, New Jersey tai muut rykmentit, joille ne olivat alun perin kuuluneet. Siellä oli suunnilleen kaksikymmentä vankkuria jokaisella prikaatilla, joissa useimmissa oli kirjaimet U.S. ja jokaisessa näistä prikaateissa oli noin 2800 miestä. Siellä oli neljä prikaatia McLawsin divisioonassa. Kaikki miehet näyttivät omaavan mitä parhaimman hengen ja kannustivat, sekä huusivat mitä äänekkäimmin.

Saavuimme Martinsburgiin (noin 35 kilometriä) kello kuusi iltapäivällä, jolloin hevosemme olivat melkein lopen uupuneita ja olin pakotettu laskeutumaan maahan ja kävelemään. Martinsburgin ja tämän Virginian osan oletettiin olevan enemmän unionin kuin etelän puolella; kuitenkin monet naiset tulivat kannustamaan McLawsin divisioonaa, kun se meni ohitse. **[Suom. huom.** Etelävaltioiden viljavat rannikkoseudut ja alangot mahdollistivat orjaplantaasit, jolloin kyseiset alueet suosivat orjuutta ja etelää. Sen sijaan etelävaltioiden ylängöillä ja vuoristoseuduilla oli paljon vähemmän orjuutta, kun siellä ei ollut suuria plantaaseja, jolloin nämä alueet tunsivat enemmän sympatiaa liittovaltion suuntaan.] Uskallan sanoa, että he toimisivat seuraavana päivänä samalla tavalla jenkkien kunniaksi.

Viitisen kilometriä Martinsburgin jälkeen olimme pakotettuja hevostemme tilan takia pyytämään vieraanvaraisuutta hyvin töykeältä paikalliselta, joka oli selkeästi taipumuksiltansa unionin tukija. Olimme pakotettuja viemään hevosemme pellolle laiduntamaan yön ajaksi. Tämä oli mitä vaarallisinta, sillä konfederaation sotilaat huolimatta heidän useista hyveistänsä, niin säännönmukaisesti olivat mitä parantumattomimpia hevosvarkaita maailmassa.

[53] Barksdale kaatui ja Semmes haavoittui kuolettavasti Gettysburgin taistelussa.

Kesäkuun 26. (perjantai) Nousin hieman ennen auringonnousua ja huolimatta rankasta sateesta, niin otin haltuumme hevosemme, jotka suureksi helpotuksekseni olivat siellä. Mutta hevoseni selkä näytti nopeasti pahentuneen ja kummatkin niistä näyttivät "laihoilta" tietyn verran. Lawleyn ollessa sairaana hän kieltäytyi lähtemästä liikkeelle sateessa ja isäntämme tuli yhä enemmän töykeäksi, kun ilmoitimme aikeistamme jäädä hänen luoksensa. Kuitenkin näky todellisesti kullasta konfederaation paperirahan sijaan tai jopa vihreäselkäisiä seteleitä, niin lepytti häntä ihmeellisesti ja hän järjesti meille jonkinlaisen aamiaisen. Kaiken tämän aikaa McLawsin divisioona oli ohittamassa ovea; mutta sen kuri oli niin tiukka, että ainoa mies, joka tuli sisälle, niin hänen kimppuunsa syöksyttiin heti ja hänet vietiin pois vangittuna. Kello 2 iltapäivällä sään selkiinnyttyä hieman, niin lähdimme liikkeelle, mutta hyvin pahaenteisissä olosuhteissa. Lawley oli niin sairas, että hän tuskin pystyi ratsastamaan; hänen hevosensa oli mitä turvattomin ja oli menettänyt hevosenkengän; ratsuni oli niin surkeassa kunnossa, että minulla ei ollut epäinhimillisyyttä ratsastaa siellä; mutta sen hännän avulla kamppailin läpi syvän mudan ja kosteuden. Pian kohtasimme McLawsin divisioonan ja saavuimme Potomac-joelle, joka oli noin 15 kilometrin päässä kello viisi iltapäivällä; joki oli niin leveä kuin syväkin ja ylittääkseni (jota tarkoitusta varten nousin hevoseni selkään) niin en voinut pitää jalkojani poissa vedestä. Williamsportin pikkukaupunki oli joen vastakkaisella rannalla ja olimme nyt Marylandissa. Saimme kuulla järkytykseksemme, että kenraalit Lee ja Longstreet olivat lähteneet Williamsportista kello 11 aamupäivällä ja siksi olimme pakotettuja jatkamaan Hagerstowniin, joka oli kymmenisen kilometriä kauempana. Jälkimmäinen näistä paikoista selvästikään ei missään mielessä omannut kapinallisia tuntemuksia, sillä kaikki talot oli suljettu ja monet selvästikin hylätty. Muutamat paikalliset katsoivat joukkoja vihamielisen välinpitämättömästi.

Mentyämme läpi Hagerstownin emme pystyneet hankkimaan varmaa tietoa kahden kenraalin olinpaikoista emmekä saaneet keneltäkään vieraanvaraisuutta, mutta kello yhdeksän illalla hevostemme ollessa aika poikki, niin jouduimme menemään hollantilaismiehen taloon, josta tuli hieman kohteliaampi nähdessään kultaa, vaikka vakuuttelu, että olimme englantilaisia matkamiehiä, emmekä olleet kapinallisia, niin ei vaikuttanut häneen millään tavalla. Olin kävellyt tänään mudassa ja sateessa 27 kilometriä ja en uskaltanut ottaa pois ainoita saappaitani, sillä tiesin, että en enää koskaan saisi niitä takaisin jalkoihin.

Kesäkuun 27. päivä (lauantai) Lawley oli niin sairas tänä aamuna, että hän ei pystynyt ratsastamaan; siksi nousin hänen hevosensa selkään ennen aamun sarastusta ja aloitin kenraalien etsimisen. Ratsastettuani noin 13 kilometriä kohtasin kenraali Longstreetin kello 6.30 aamulla se oli juuri ajoissa, sillä hän oli lähtemässä liikkeelle. Niin hän kuin hänen esikuntansa olivat mitä ystävällisimpiä kuin esittelin itseni ja kerroin vaikeuksistani; hän järjesti ambulanssivaunut, joiden pitäisi hakea Lawley ja hän heti kutsui minut liittymään mukaansa sotaretken ajaksi; hän kertoi minulle (mitä en silloin tiennyt), että olimme nyt Pennsylvaniassa vihollisen alueella; Maryland oli tästä paikasta vain 16 kilometriä päässä; hän kertoi, että metsäläiset olivat metsissä ampuen odottamatta eksyneitä sotilaita ja siksi olisi turvatonta Lawleylle ja minulle matkustaa yksin. Kenraali Longstreet oli Alabamasta; vanttera päättäväisen näköinen mies, jolla oli ikää 43 vuotta: hän oli ollut jalkaväen majuri vanhassa armeijassa ja komensi nyt I armeijakuntaa tässä armeijassa; hän ei ollut koskaan kaukana kenraali Leestä, joka hyvin paljon luotti hänen arviointikykyynsä. Sotilaat poikkeuksetta puhuivat hänestä "koko armeijan parhaana taistelijana." Puhuessamme saapumisesta vihollisen maaperälle hän sanoi minulle, että vaikka se saattaisi olla reilua kostamista polttaa, niin se voisi heikentää armeijan taisteluhenkeä ja raunioittaa sen nyt loistavan kurin. Yksityistä omaisuutta tultaisiin siksi tiukasti suojelemaan.

Kello seitsemältä aamulla palasin palvelijan (tai kuriirin, niin kuin heitä kutsuttiin) maatilalle, jonne olin jättänyt Lawleyn ja nähtyäni, että kaikki oli tyydyttävästi järjestetty ambulanssivaunussa, niin hitaasti ratsastin liittymään kenraali Longstreetiin lähellä Chambersburgia, joka on pennsylvanialainen pikkukaupunki, josta Hagerstowniin oli noin 35 kilometrin matka. Olin McLawsin divisioonan kanssa ja tarkkailin hetkeä, kun se saapui Pennsylvaniaan, kun joukot avasivat aidat ja laajensivat siten tietä kuin kahdellakymmenellä metrillä kummallakin suunnalla, joka mahdollisti vankkureiden ja heidän itsensä etenemisen yhtä aikaa; tämä oli ainoa vahinko, jonka näin konfederaation sotilaiden tekevän. Tämä osa Pennsylvaniaa oli hyvin kukoistavaa, erittäin viljeltyä ja verrattuna eteläisiin valtioihin tiiviisti asutettua. Mutta kaikki karja ja hevoset olivat joutuneet Ewellin takavarikoimiksi, jolloin peltotyöt olivat nyt täysin pysähtyneet.

Mennessämme Greencastlen välitse huomasimme, että kaikki talot ja ikkunat oli suljettu paikallisten ihmisten seisovan ovillaan sunnuntaivaatteissaan katsoen joukkoja hyvin epäystävällisellä tavalla. En nähnyt yhtään tunkeutumista taloihin, enkä sitä yhtä yhtäkään asukkaista sotilaat olisivat häirinneet tai ärsyttäneet. Vartijoita oli laitettu useiden parhaiden talojen oville estämään ketään upseeria tai sotilasta menemään sillä mihinkään tekosyyhyn vedoten.

Saavuin Chambersburgiin kello 6 iltapäivällä. Tällä kaupungilla oli jonkin verran kokoa ja tärkeyttä; kaikki sen talot oli suljettu; mutta sen asukkaat olivat kaduilla tai ylemmissä ikkunoissa katsoen mulkoillen ja ymmällään konfederaation joukkoja, jotka olivat marssimassa heidän ohitsensa iloisesti Dixien melodian mukaisesti. Naiset (joista monet olivat kauniita ja hyvin pukeutuneita) olivat erityisen happamia ja riidanhaluisia huomautuksissaan. Kuulin yhden heistä sanovan, "Katsokaa faaraon armeijan saapumista Punaisellemerelle." Toiset osoittelivat ja nauroivat Hoodin ryysyisille miehille, jotka olivat juuri silloin menemässä ohitse. Tämä divisioona, joka oli hyvin tunnettu sen taistelutaidoista, koostui teksasilaisista, alabamalaisista ja arkansasilaisista, ja he olivat todella outoa joukkoa katsella. He kantoivat mukanaan vähemmän kuin mitkään muut joukot; monilla heistä oli vain vanhat matonpalat tai matot matkatavaroinaan; monet heistä olivat hylänneet kenkänsä mutaan; kaikki heistä olivat ryysyisiä ja likaisia, mutta heillä oli hyvä henki ja luottamus itseensä ja kenraaliinsa Hoodiin. He vastasivat useisiin loukkauksiin, joita esittivät Chambersburgin naiset kannustavasti ja nauraen. Yksi naisista piti sopivana laittaa suurien rintojensa päälle valtavan jenkkilipun ja seisoi talonsa ovella, jolloin hänen olemuksensa ilmaisi mitä suurinta halveksuntaa paljasjalkaisia kapinallisia kohtaan; useat komppaniat ohittivat hänet osoittamatta mitään huomiota hänelle; mutta lopulta eräs teksasilainen vakavasti huomautti, "Huomio nainen, että Hoodin pojat ovat loistavia

ottamaan rynnäköllä rintavarustukset, kuin niissä on jenkkien
liput." Tämän puheen jälkeen isänmaallinen nainen suoritti
kiireellisen vetäytymisen.

Vartijoita laitettiin kaikkien tärkeimpien talojen
oville ja kaupunki puhdistettiin kaikista paitsi sotilaista, jotka
olivat menossa sen läpi tai suorittivat siellä velvollisuuksiansa.
Jotkut joukot marssivat suoraan kaupungin läpi ja leiriytyivät
Carlislen tielle. Toiset kääntyivät oikealle ja menivät Gettysburgin
tullitielle. Löysin kenraalit Lee ja Longstreet leiriytyneenä
jälkimmäiseltä tieltä noin 1,2 kilometrin päässä kaupungista.

Kenraali Longstreet esikuntineen ottivat minut heti
vastaan ja minulle esiteltiin majuri Fairfax, majuri Latrobe ja
kapteeni Rogers hänen henkilökohtaisesta esikunnastansa;
siellä oli myös majuri Moses, huoltopäällikkö, jonka kanssa
jakaisin telttani. Hän oli mitä hyväntuulisin, huvittavin ja myös
älykkäin juutalainen, joka koskaan minulla on ollut onni tavata.
Muut upseerit Longstreetin esikunnassa olivat eversti Sorrell,
everstiluutnantti Manning (ampumatarvikeupseeri), majuri
Walton, kapteeni Goree ja majuri Clark, jotka kaikki olivat mitä
mukavimpia miehiä ja mitä vieraanvaraisimpia. [54]

Lawley tulisi asumaan esikunnan kolmen lääkärin
kanssa: heidän nimensä olivat Cullen, Barksdale ja Maury, he
muodostivat iloisen kolmikon ja elivät paljon ylellisemmin kuin
kenraalinsa.

Majuri Moses kertoi minulle, että hänen käskynsä
olivat avata Chambersburgin kaupat voimaa käyttäen ja ottaa
haltuunsa kaikki, mistä oli pulaa armeijassa
sääntöjenmukaisella ja virallisella tavalla antaen konfederaation

rahaa kuitteja vastaan. Kauppiaat olivat epäilemättä lähettäneet pois heidän arvokkaimmat hyödykkeensä konfederaation armeijan lähestyessä. Paljon oli saatu haltuun Ewellin toimesta, joka oli mennyt alueen poikki melkein viikko sitten. Mutta Moses oli hyvin iloinen siitä, että löydettiin suuri määrä huopahattuja piilotettuina kellariin, jotka hän "otti haltuunsa" heti.

Minulle kerrottiin tänä iltana lukumäärä, joka oli ylittänyt Potomacin ja myös tykkien määrä. Siellä oli suuri kuormasto ammuksia; sillä jos armeija etenisi yhtään syvemmälle vihollisen alueelle, niin kenraali Lee ei voisi odottaa, että hänen yhteyslinjansa pysyisivät auki selustaan; ja niin kuin esikuntaupseerit sanoivat, "Jokaisessa taistelussa, jossa taistelemme, niin meidän tulee saada sotasaaliiksi niin paljon ammuksia kuin käytämme." Tämä tarve kuitenkaan ei näytä häiritsevän heitä, sillä siitä on tullut heille säännönmukainen tapa hoitaa asioitansa.

Ewell valloitettuaan Winchesterin oli edennyt nopeasti Pennsylvaniaan ja oli jo lähettänyt takaisin suuret määrät hevosia, muuleja, vankkureita, pihviä ja muita tarpeellisia tarvikkeita; hän oli nyt Carlislessä tai sen toisella puolella keräten tarvikkeita ja saadakseen Pennsylvanian tukemaan sotaa köyhän ja kulutetun Virginian sijaan. Kenraalien A. P, Hill ja Longstreet armeijakunnat olivat nyt lähellä tätä paikkaa täydessä itseluottamuksessa ja erittäin hyvässä taisteluhengessä. **[Suom. huom.** Longstreet komensi I armeijakuntaa, Ewell II armeijakuntaa ja Hill III armeijakuntaa.]

[54] Asuttuani kaikkien tärkeimpien konfederaation kenraalien esikunnissa, niin pystyn vahvistamaan, että suhteet

heidän esikuntiensa jäsenten ja heidän välillänsä, sekä tavat,
jolla niitä suoritetaan, niin ovat hyvin samanlaisia kuin
brittiarmeijassa. Kaikki kenraalit; Johnston, Bragg, Polk, Hardee,
Longstreet ja Lee; ovat täysin sotilaita ja heidän esikuntansa
koostuvat herrasmiehistä, jotka yhteiskunnallisen asemansa ja
koulutuksensa ansiosta on koulutettu loistaviksi ja innokkaiksi
esikuntaupseereiksi.

Kesäkuun 28. päivä (sunnuntai) Ketään upseeria
tai sotilasta, jonka arvo oli vähäisempi kuin kenraali, niin ei
päästetty Chambersburgiin ilman erityistä käskyä kenraali
Leeltä, joka oli hyvin nihkeä antamaan sellaisia käskyjä; ja
kuulin, että korkea-arvoisilta upseereilta hylättiin ne luvat.

Moses meni kaupunkiin kello 11 aamupäivällä
virallisesti hankkimaan kolmen päivän ruuat koko armeijalle
tässä ympäristölle. Nämä ruuat hän otti haltuunsa voimalla, jos
niitä ei vapaaehtoisesti annettu.

Minut esiteltiin kenraali Hoodille tänä aamuna; hän
oli pitkä laihannäköinen mies, jolla oli haudanvakavan näköiset
kasvot ja vaaleanvärinen parta, sekä hän oli 33-vuotias ja häntä
pidettiin yhtenä armeijan parhaista ja lupaavimmista
upseereista. Hänen teksasilaiset ja alabamalaiset joukkonsa
palvoivat häntä; hän oli aikaisemmin komentanut Texas-
prikaatia, josta hänet oli nyt ylennetty komentamaan
divisioonaa. Hänen joukkonsa pidettiin villinä joukkona ja
vaikeana hallita; ja oli suuri haaste sen päälliköille pitää asioissa
sen sisäistä halua ryöstellä kaikin mahdollisin keinoin, joita
heillä oli käyttää. **[Suom. huom.** Kenraali John Bell Hoodia
(1831–1879) pidettiin yhtenä etelävaltioiden parhaista prikaatin-

ja divisioonan komentajista. Hän haavoittui Gettysburgin taistelussa vakavasti vasempaan käteensä ja Chickamaugan taistelussa syksyllä 1863 hän haavoittui niin pahasti, että hänen oikea jalkansa amputoitiin. Tästä huolimatta vuonna 1864 hän palveli ensiksi armeijakunnan komentajana ja sitten armeijan komentajana Tennesseen armeijassa. Vuoden 1864 lopussa hän lähti strategiseen vastahyökkäykseen kärsien vakavan tappion Franklinin taistelussa ja hänen armeijansa murskattiin myöhemmin Nashvillen taistelussa. Hood oli kenraalina hyvin hyökkäyshenkinen ollen erittäin hyvä prikaatin ja divisioonaan komentaja, mutta hän oli korkeintaan keskinkertainen armeijakunnan ja armeijan komentajana.]

Menin Chambersburgiin iltapäivällä ja löysin Lawleyn majoittuneena Franklin Hotelliin. Niin hänellä kuin minulla oli ollut suuria vaikeuksia päästä tähän rakennukseen; ovet oli lukittu ja vain avattiin mitä suurimmalla varovaisuudella. Lawleyn matka oli ollut mitä kivuliain ambulanssivaunuissa eilen jaa hän oli hyvin väsynyt. Kukaan hotellissa ei vähänkään vilkaisisi häntä, ja kaikki moittivat minua mitä epämiellyttävimmillä tavoilla. Puolen tusinaa pennsylvanialaista nalkuttavaa naista ympäröi minut ja haukkuivat minua sanallisesti yhdessä kielillään kuurouttavasti vaikuttaen. Eivätkä he halunneet uskoa minua, kun kerroin heille, että olin englantilainen tarkkailija ja taistelutoimien ulkopuolella; he sanoivat, että minun täytyi olla joko kapinallinen tai jenkki, jonka ilmaisun opin ensimmäistä kertaa, että jenkkiä käytettiin yhtä paljon moitteena Pennsylvaniassa kuin etelässä. Kullan näkeminen, jonka vaihdoin heidän vihreisiin seteleihinsä, niin sai aikaan muutoksen ja asteittain heistä tuli aika siedettäviä. He näyttivät olevan hyvin tietämättömiä ja sekoittivat teksasilaiset meksikolaisiin.

Jätettyäni Lawleyn sangen mukaviin oloihin, niin kävelin kaupungilla ja todistin Mosesin ja hänen alaistensa painostavia toimia. Pormestaria eikä paikallisia yrityksiä ollut löydettäväksi, eivätkä tärkeimpien kauppojen avaimet olleet saatavilla ennen kuin Moses alkoi käyttämään kirvestä. Kaupunkilaiset oleskelivat kaduilla väsyneesti, eivätkä he osoittaneet suuria merkkejä tyytymättömyydestä. He olivat jättäneet naisillensa tehtäväksi vastustaa huoltoupseereita; tuon velvollisuuden suorittamiseen he olivat täysin päteviä. Yhtään muuta sotilasta kuin ne, jotka olivat suorittamassa velvollisuuksiaan, ei ollut kaduilla.

Illalla menin taas tapaamaan Lawleytä ja löysin hänen huoneestansa itävaltalaisen upseerin, jolla oli unkarilaisten husaarien täysi univormu. Hän oli vuoden lomalla ja oli juuri onnistunut ylittämään Potomac-joen, vaikka siinä oli ollut hankaluutensa ja vaikeutensa. Kun hän sanoi aikeensa pitää päällään univormuansa, niin selitin hänelle, että oli poikkeamaton tapa konfederaation sotilailla, että he eivät sallineet pienintäkään outoutta vaatteissa tai olemuksessa ilman, että he tekisivät siitä suuren määrän vitsejä, jotka kuitenkin olisivat hyvähenkisiä, vaikka niistä tulisikin aika yksitoikkoisia.

Palasin leiriin kello 6 iltapäivällä. Majuri Moses ei tullut takaisin ennen kuin hyvin myöhään hyvin masentuneena tehtävänsä huonosta menestyksestä. Hän oli etsinyt koko päivän mitä väsymättömimmin ja oli joutunut sietämään paljon pilkkaa unionin naisilta, jotka kutsuivat häntä "varastelevaksi pieneksi kapinallisrosvoksi" ja muilla pilkkaavilla nimittelyllä. Mutta se ei ärsyttänyt häntä niin paljon kuin tapa, jolla kaikki, mitä hän halusi, niin oli joko lähetetty pois tai piilotettu yksityisiin taloihin, joita hän ei voinut kenraali Leen käskyjen mukaan tutkia. Hän oli saanut haltuunsa vain jonkin määrän melassia, sokeria ja viskiä. Mosesin raukka oli täysin väsynyt; mutta hän kesti upseeritoveriensa letkautukset hyvällä hengellä ja he saivat hänet toistamaan jatkuvasti useita pilkkanimiä, joita hänestä oli käytetty. Hän sanoi, että ensiksi naiset kieltäytyivät hänen konfederaationsa "roskasta" suurella halveksunnalla, mutta he päätyivät olemaan hyvin tarkkoja parittomista senteistä.

Kesäkuun 29. päivä (maanantai) Olimme yhä Chambersburgissä. Lee oli antanut erittäin hyvän käskyn olla kostamatta, joka otettiin yleisesti hyvin vastaan; mutta olin kuullut valituksia kiihkoilijoilta, jotka halusivat kostoa kokemistaan vääryyksistä; ja kun ajatellaan upseerien ja sotilaiden lukumäärää tässä armeijassa, joiden elämä on täysin romahtanut pohjoisen joukkojen toimesta, niin siitä tuntemuksesta ei pidä olla kovinkaan yllättynyt.

Menin taas Chambersburgiin ja todistin yksinomaan joukkojen hyvää käyttäytymistä kansalaisia kohtaan. Kuulin sotilaiden sanovan toisillensa, että he eivät halunneet olla kaupungissa, jossa heitä luonnollisesti inhottiin. Kenelle tahansa, joka niin kuin minä olen nähnyt pohjoisen tekemiä tuhoja etelän kaupungeissa, niin tämä kärsivällisyys oli mitä kehuttavinta ja yllättävintä. Silti nämä Pennsylvanian saksalaiset [55] eivät näyttäneet olevan siitä kovinkaan kiitollisia ja he todella näyttivät olevan tietämättömiä siitä, miten heidän omat joukkonsa olivat kahden vuoden ajan kohdelleet etelän kaupunkeja kymmenen kertaa kovemmin. He olivat mitä epäisänmaallisimpia ihmisiä, joita olen koskaan nähnyt ja avoimesti sanoivat, että he eivät välitä siitä kumpi puoli voittaa, kunhan heidät jätetään rauhaan. He pilkkasivat Lincolnia valtavasti. **[Suom. huom.** He myös saattoivat teeskennellä etelävaltiolaisille ja ihmisille, jotka tunsivat sympatiaa etelävaltiolaisia kohtaan, kun paikalla oli useiden divisioonien verran etelävaltiolaisia joukkoja.]

Tietenkin, kun kyseessä on niin suuri armeija kuin tämä, niin siellä täytyy monissa tapauksissa olla huonon luonteen omaavia miehiä, jotka ovat valmiina ryöstelemään ja hävittämään aina silloin, kun he voivat olla varmoja siitä, että he eivät tulee siitä jäämään kiinni: myös eksyneet, jotka ovat jääneet armeijan jälkeen, niin epäilemättä tekevät paljon tuhoa. Sitä on mahdotonta estää; mutta kaikki mikä on tehtävissä yksityisen omaisuuden ja taistelun ulkopuolisten ihmisten suojaamiseksi, niin tehdään ja voin sanoa omien havaintojeni perusteella, että se tehdään suurella menestyksellä. Olen kuullut tapauksista kuitenkin, joissa sotilaat ovat kohdanneet hyvin pukeutuneita kansalaisia ”pakottaen näitä” ja he ovat vaihtaneet hattuja, joka on hyvin paljon suututtanut jälkimmäisiä, jotka ovat olleet vielä ärsyyntyneempiä, kun on ehdotettu saappaiden vaihtamista: heidän äärimmäisen komeat ulkovaatteensa eivät ole koskaan olleet vaarassa.

Kenraali Longstreet on luonnostansa vähäpuheinen mies; mutta tänä iltana hänellä ja minulla oli pitkä keskustelu Teksasista, jonne hän oli sijoitettuna pitkän aikaa. Hän muistaa hyvin useat ihmiset, joita olin tavannut ja oli hyvin huvittunut matkani kuvauksista läpi sen maaston. Kehuin häntä tavasta, jolla konfederaation vartijat tekevät työnsä ja sanoin, että vaikka he olivatkin aika tiukkoja, niin he olivat kymmenen kertaa kohteliaampia kuin tavalliset sotilaat. Hän vastasi naurahtaen, että vartiomies sen jälkeen, kun oli kieltänyt sinua tulemasta leiriin, niin saattoi hyvinkin, jos häneltä kysyttiin asianmukaisesti, näyttää sinulle toisen tavan päästä sisään, jolloin saatoit välttää kohtaamasta vartiomiehiä.

Tapasin kenraali Pendletonin **[Suom. huom.** kenraali William Nelson Pendleton (1809–1883) Sodan jälkeen Pendleton oli yksi etelän "Lost cause" myytin isistä.] ja kenraali Pickettin **[Suom. huom.** kenraali George Edward Pickett (1825–1875) Pickett tunnetaan erityisesti hänen nimeänsä kantavasta konfederaation rynnäköstä Gettysburgin taistelun kolmantena päivänä. Tämä rynnäkkö torjuttiin ja se päätti Gettysburgin taistelun unionin ratkaisevaan voittoon.] tänään. Pendleton on armeijan tykistön komentaja ja hän on käynyt West Pointin; mutta rauhallisempana aikana hän toimii episkopaalisena pappina Lexingtonissa, Virginiassa. Toisin kuin kenraali Polk, hän yhdistää sotilaallisen ja papillisen ammattinsa yhteen, ja jatkaa saarnaamista aina, kun hänelle annetaan siihen mahdollisuus. Niissä tilanteissa hän pitää papin lipereitä univormunsa päällä.

Kenraali Pickett komentaa yhtä divisioonaa Longstreetin armeijakunnassa. [56] Hän pitää tukkaansa pitkinä kiehkuroina ja on aika lailla epätoivoisen näköinen henkilö. Hän on se upseeri, joka kapteeni Pickettinä Yhdysvaltain armeijassa sovitteli vaikean tilanteen Britannian ja Yhdysvaltain välillä San Juan Islandin välikohtauksessa kenraali Harneyn alaisuudessa neljä tai viisi vuotta sitten. **[Suom. huom.** Tässä oli kyse vuoden

1859 ns. "Pig War" välikohtauksesta, jossa kanadalaiselle
Hudson Bayn Companylle kuuluva sika ylitti Kanadan ja
Yhdysvaltain rajan mennen sitten tekemään tuhojaan rajan
läheisyydessä olevalle yhdysvaltalaiselle maatilalle, jolloin
maatilan isäntä ampui tuon sian. Tästä seurasi diplomaattinen
välikohtaus ja aluekiista Yhdysvaltain luoteisosassa lähellä
nykyistä kanadalaista Vancouverin kaupunkia näiden maiden
välillä, joka ratkaistiin rauhanomaisesti.]

[55] Tässä osassa Pennsylvaniaa on paljon ihmisiä,
joilla on saksalaiset sukujuuret ja he puhuvat kieltä, jota ei voi
ymmärtää. **[Suom. huom.** Englanninkielessä näistä ihmisistä
käytetään termiä "Pennsylvania Dutch", vaikka se viittaa
alankomaalaisiin. Sanan "Dutch" sijasta pitäisi käyttää sanaa
"Deutsch", kun viitataan saksalaisuuteen.]

[56] McLaws, Hood ja Pickett ovat kolme
divisioonan komentajaa tai kenraalimajuria Longstreetin
armeijakunnassa.

Kesäkuun 30. päivä (tiistai) Tänä aamuna ennen
marssia pois Chambersburgista kenraali Longstreet esitteli
minut ylipäällikölle. Kenraali Lee oli melkein ilman poikkeusta
komein aikansa mies, jota olen koskaan nähnyt. Hän oli 56-
vuotias, pitkä, leveähartiainen, erittäin hyvin kasvanut, erittäin
hyvin kasvatettu; olemukseltansa täysin sotilas; ja tavoiltansa
mitä kohteliain ja täynnä arvokkuutta. Hän oli täydellinen
herrasmies kaikin tavoin. Kuvittelen, että kenelläkään miehellä ei
ole niin vähän vihollisia tai häntä arvostetaan niin yleisesti. Läpi
etelän kaikki olivat yhtä mieltä hänestä melkein täydellisyytenä
niin kuin mies vain voi olla. Hänellä ei ollut mitään pieniä

paheita, kuten tupakointia, juomista, mällin pureskelua tai kiroilemista, eikä hänen katkerimmatkaan vihollisensa ikinä syyttäneet häntä suuremmista paheista. Hänellä oli yleensä päällään hyvin kulunut pitkä harmaa takki, korkea musta huopahattu ja siniset housut, jotka oli laitettu hänen wellingtonsaappaisiinsa. En koskaan nähnyt hänen kantavan aseita; [57] ja ainoa merkki hänen sotilasarvostansa olivat kolme tähteä hänen kauluksessaan. Hän ratsasti komealla hevosella, joka oli erittäin hyvin kasvatettu. Hän itse oli hyvin komea vaatteissaan ja sellainen henkilö, joka työläimmissäkin marsseissa aina näytti komealta ja puhtaalta. [58]

Vanhassa armeijassa häntä aina pidettiin yhtenä sen parhaista upseereista; ja näiden vaikeiden aikojen alkaessa hän oli everstiluutnantti Yhdysvaltain 2. ratsuväkirykmentissä. Hän oli rikas mies, mutta hänen hienot tiluksensa olivat ensimmäisiä, jotka joutuivat vihollisen käsiin. **[Suom. huom.** Sisällissodan aikana unioni takavarikoi kenraali Leen tilukset Arlingtonissa Washington D.C.:n kupeessa ja perusti sinne kansallisen hautumaan nimeltänsä Arlington National Cemetary.] Uskon, että hän ei koskaan nukkunut siinä talossa sen jälkeen, kun hänestä tuli Virginian armeijan komentaja ja poikkeuksetta kieltäytyi kaikista vieraanvaraisuuden tarjouksista siinä pelossa, että henkilö, joka sitä tarjoaisi, niin saattaisi myöhemmin joutua vaikeuksiin majoittaessaan kapinallista kenraalia. Suhde hänen ja Longstreetin välillä oli aika liikuttava; he olivat melkein aina yhdessä. Longstreetin armeijakunta valitti tästä joskus, sillä he sanoivat, että heillä oli harvoin mahdollisuuksia erilliseen palvelukseen, jota tuli paljon kenraali Ewellin osaksi. On mahdotonta miellyttää Longstreetiä enemmän kuin ylistämällä Leetä. Uskon, että nämä kaksi kenraalia omaavat vain vähän kunnianhimoa ja ovat niin täysin epäitsekkäitä kuin kukaan mies voi olla maailmassa. Kumpikin heistä haluaa sodan onnistunutta päätöstä, jotta he voisivat palata tuntemattomuuteen. Stonewall Jackson (joka oli kuolemaansa asti kolmas armeijan komentojärjestyksessä) oli juuri myös yksinkertainen maansa palvelija. On ymmärrettävä, että kenraali Lee on uskonnollinen mies, vaikka se ei näykään samalla tavalla kuin se näkyi Jacksonista; ja toisin kuin hänen edesmennyt asetoverinsa niin hän oli Englannin kirkon jäsen. Hänen ainoa vikansa, kuten olen tähän asti saanut selville, tulee hänen ylenpalttisesta ystävällisyydestänsä.

Jotkut teksasilaiset sotilaat lähetettiin tänä aamuna Chambersburgiin tuhoamaan useita tynnyreitä loistavaa viskiä, jota ei voitu viedä pois. Se oli aika hyvä koe heidän kurinalaisuudellensa, ja he suorittivat sen aika tiukasti, kun se oli ainoa kerta, jolloin heidät päästettiin vihollisen kaupunkiin tarkoituksenaan tuhota rakastamaansa viskiä. Kuitenkin he tekivät velvollisuutensa niin kuin hyvät sotilaat sen tekevät.

Marssimme kymmenisen kilometriä tietä pitkin kohti Gettysburgia ja leiriydyimme kylään nimeltänsä (uskoakseni) Greenwood. Ratsastin Lawleyn vanhalla hevosella, kun taas hän ja itävaltalainen käyttivät lääkärin ambulanssivaunua. Illalla kenraali Longstreet kertoi minulle, että hän oli juuri saanut tietoa, että Hooker [Suom. huom. Joseph Hooker (1814–1879)] oli pistetty syrjään ja Meade [Suom. huom. George Gordon Meade (1815–1872)] oli nimitetty hänen sijallensa. Tietenkin hän tunsi nämä kummatkin miehet vanhasta armeijasta ja hän sanoi, että Meade oli kunniallinen ja kunnioitettu mies, vaikkakaan hän tuskin oli yhtä rohkea kuin Hooker.

Puhuin pitkän aikaa useiden upseerien kanssa lähestyvästä taistelusta, jota selkeästikään ei voida kauaa viivytellä ja joka tulee tapahtumaan tällä tiellä Harrisburgin suunnan sijaan niin kuin olimme olettaneet. Ewell, joka oli mennyt Yorkiin sekä Carlisleen käskyjensä mukaisesti, niin oli kutsuttu liittymään takaisin. Kaikki tietysti puhuivat luottavaisina. Huomautin, että olisi heille hyvä asia, jos tässä tilanteessa heidän ratsuväkensä ajaisi takaa pakenevaa jalkaväkeä siinä tilanteessa, että se on lyöty taistelussa. Mutta yllätyksekseni he kaikki sanoivat, että heidän ratsuväkensä ei ollut tehokasta siihen tarkoitukseen. Tosiasiassa Stuartin miehet, vaikka he tekivätkin loistavia hävitysiskuja kaapaten vankkureita ja huoltoa, sekä katkoen viestiyhteyksiä, niin heillä ei näyttänyt olevan ajatusta hyökätä jalkaväkeä vastaan missään olosuhteissa. Toisin kuin Braggin armeijan ratsuväki, niin heillä oli mukanaan miekat, mutta vain vähän ajatuksia miten käyttää niitä; he ottivat ne käyttöönsä karbiinien ja pistoolien jälkeen. He jatkuvasti ratsastivat miekat mukanaan vasempien jalkojensa ja satulan välissä, joka näytti hyvin hassulta, mutta heidän hevosensa olivat pääasiassa hyviä ja he ratsastivat hyvin. Jalkaväki ja tykistö tässä armeijassa ei näytä kunnioittavan ratsuväkeä kovinkaan paljon, ja he usein pilkkaavat näitä.

Olin pakotettu hylkäämään hevoseni tässä vaiheessa, kun se ontui kolmella jalalla, jonka lisäksi sillä oli hyvin kipeä selkä.

[57] En nähnyt koskaan Leen tai Longstreetin kantavan aseita. A. P. Hill yleensä kantoi miekkaa.

[58] Huomasin tämän kolmen päivän taistelussa Gettysburgissa ja myöhemmin sieltä perääntyessä, kun kaikki muu näytti olevan ja oli äärimmäisen likaista.

Heinäkuun 1. päivä (keskiviikko) Emme lähteneet leiristämme ennen iltapäivää, sillä lähes koko kenraali Hillin armeijakunta marssi majoituspaikkamme ohitse kohti Gettysburgia. Yksi divisioona kenraali Ewellin armeijakunnasta oli myös liittynyt taisteluun hieman Greenwoodin toisella puolella ja Longstreetin armeijakunta oli tulossa takaa. Aamun aikana tutustuin eversti Waltoniin, joka oli komentanut hyvin tunnettua Washington Artillery-yksikköä, mutta hän oli nyt Longstreetin armeijakunnan tykistön komentaja; hän oli iso mies, aikaisemmin toiminut huutokaupan pitäjänä New Orleansissa ja ymmärsin, että hän kaipasi takaisin vasaransa ääreen.

Pian liikkeelle lähtemisen jälkeen tulimme South Mountainin solaan, jonka uskon olevan Blue Ridge-vuoriston jatke, jonka Potomac-joki katkaisee Harper´s Ferryn luona. Maisema oli solan ympäristössä hyvin kaunista. Ensimmäiset joukot, joiden kanssa ratsastimme, kuuluivat Johnsonin divisioonaan Ewellin armeijakunnassa. Heidän keskuudessaan näin ensimmäistä kertaa tunnetun ”Stonewall”-prikaatin, jota oli aikaisemmin komentanut Jackson. Ulkoiselta olemukseltansa miehet erosivat vain vähän muista konfederaation sotilaista, paitsi kenties siinä mielessä, että prikaati koostui enemmän vanhemmista miehistä ja vähemmän pojista. Kaikki (paitsi

luulen, että yksi rykmentti) olivat virginialaisia. **[Suom. huom.**
Oman käsitykseni mukaan kaikki Stonewall-prikaatin rykmentit
olivat Virginiasta. Ne olivat käsitykseni mukaan 2., 4., 5., 27., ja
33. Virginian jalkaväkirykmentti.] Kun he olivat melkein aina
olleet erillisessä palveluksessa, niin vain harva heistä tunsi
kenraali Longstreetin paitsi maineeltansa. Useat heistä kysyivät
minulta, että oliko edessä oleva kenraali Longstreet; ja vastasin
heille myöntävästi, jolloin monet juoksivat satoja metrejä
nähdäkseen hänet hyvin. Pidän tätä valtavana kohteliaisuutena
keneltä tahansa sotilaalta pitkällä marssilla.

Kello 2 iltapäivällä tulituksen ääni tuli kuultavaksi
edessämme, mutta vaikka se asteittain koveni, kun etenimme,
niin se ei vaikuttanut kovinkaan kiivaalta. Vakooja, joka oli
kanssamme, niin väitti, että "siellä oli aika sievä joukko
sinitakkeja Gettysburgissa tai sen ympäristössä," ja hän sanoi,
että oli ollut näiden seurassa kolme päivää sitten. **[Suom. huom.**
Tämä vakooja oli luultavasti, vaikka Fremantle ei sitä sanokaan,
Henry Thomas Harrison (1832–1923).]

Ohitettuamme Johnsonin divisioonan kohtasimme
Florida prikaatin, joka oli nyt Hillin armeijakunnassa; mutta se oli
aikaisemmin palvellut Longstreetin alaisuudessa, joten miehet
tunsivat hänet hyvin. Jotkut heistä (sen jälkeen, kun kenraali oli
ohittanut heidät) kutsuivat tovereitansa, "Katsokaa nyt töitänne
pojat, sillä vanha bulldoggi on taas täällä."

Kello kolme iltapäivällä aloimme kohtaamaan
haavoittuneita miehiä matkalla selustaan ja heidän määränsä
kasvoi nopeasti, kun osa heistä hoippui yksistään ja toimia
kannettiin ambulanssijoukkojen kantopaareilla, sekä muut olivat

ambulanssivaunuissa; monet jälkimmäisistä oli riisuttu alastomiksi ja heillä näytti olevan erittäin pahat haavat. Tämä näky, joka oli niin kuvottava ihmiselle, joka ei ole tottunut sellaiseen, niin ei tehnyt mitään vaikutusta eteneviin joukkoihin, jotka varmasti menisivät tulituksen kohteiksi mukisematta: he eivät osoittaneet mitään innostusta tai jännitystä, mutta vain täydellistä välinpitämättömyyttä. Tämän oli saanut aikaan kahden vuoden melkein keskeytymätön taisteleminen.

Aloimme nyt kohtaamaan jenkkivankeja tulossa selustaan huomattavissa määrin: monet heistä olivat haavoittuneita, mutta heillä näytti jo olevan loistavat välit vangitsijoihinsa, joiden kanssa he olivat alkaneet vaihtamaan kenttäpulloja, tupakkaa ja muuta vastaavaa. Heidän joukossaan oli pennsylvanialainen eversti, joka oli surkeannäköinen omaten haavan kasvoissaan. Vastauksena kysymykseen kuulin yhden heistä huomauttavan naureskellen, "Meidät lyötiin jo nyt aika pahasti." Seuraavaksi kohtasimme konfederaation sotilaan kantaen jenkkien lippua, joka mielestäni kuului pennsylvanialaiselle rykmentille, jonka hän oli juuri ottanut sotasaaliiksi. **[Suom. huom.** Tuo lippu oli luultavasti I tai XI armeijakunnasta taikka sitten 1. ratsuväkidivisioonasta, sillä vain nämä unionin yksiköt olivat taistelleet etelän joukkoja vastaan Gettysburgin taistelun 1. päivänä intensiivisesti.]

Kello 4.30 iltapäivällä saimme näkyviin Gettysburgin ja liityimme kenraali Leehen ja kenraali Hilliin, jotka olivat yhden niiden harjujen huipulla, jotka muodostavat oudon maaston Gettysburgin ympärille. Voimme nähdä vihollisen pakenevan yhdelle vastakkaisista harjuista konfederaation sotilaiden ajaessa heitä takaa kovaäänisesti huutaen. Asema, josta vihollinen ajettiin, oli selvästikin vahva. Sen oikealla puolella näytti olevan hautuumaa korkean harjunhuipulla suoraan oikealle Gettysburgista niin kuin katsoimme sitä.

Kenraali Hill tuli nyt luokseni ja kertoi minulle, että hän oli voinut huonosti koko päivän ja tosiasiassa hän näytti hyvin heikolta. Hän sanoi, että kaksi hänen divisioonaansa olivat taistelleet ja ajaneet vihollista pois yli 6 kilometrin matkan nykyisiin asemiinsa ottaen suuren määrän vankeja, joitakin tykkejä ja joitakin rykmenttien lippuja; hän sanoi, että jenkit kuitenkin olivat taistelleet heille epätyypillisellä päättäväisyydellä. Hän osoitti rautatien kallioleikkausta, jossa he olivat taistelleet hyvin; myös kenttä keskellä, jossa hän oli nähnyt miehen asettavan sinne rykmentin lipun, jonka ympärillä se rykmentti oli taistellut jonkin aikaa suurella itsepäisyydellä ja lopulta se oli pakotettu vetäytymään, jolloin lipunkantaja oli vetäytynyt heistä viimeisenä kääntyen ympäri aina silloin tällöin ja puinut nyrkkiä eteneville kapinallisille. Kenraali Hill sanoi olleensa aikaa pahoillaan, kun hän näki tämän urhean jenkin kohdanneen kuolonsa.

Kenraali Ewell oli saapunut kello 3.30 vihollisen oikealla siivelle (mukanaan osa armeijakuntaansa) ja suorittanut epämukavan liikkeensä. Kenraali Reynolds, yksi jenkkien parhaista kenraaleista, oli raporttien mukaan tapettu. **[Suom. huom.** Kenraali John Fulton Reynolds (1820–1863), unionin I armeijakunnan komentaja Gettysburgin taistelussa.] Kun olimme keskustelemassa, niin viesti tuli kenraali Ewelliltä pyytäen Hilliä hyökkäämään vihollisen kimppuun edessään, kun hän samaan aikaan tekisi niin heidän oikealla siivellänsä. Painetta sen mukaisesti käytettiin vähäisesti, mutta vihollisen asemat olivat liian vahvoja ja oli liian myöhäinen ilta tavanomaiseen hyökkäykseen. Gettysburgin kaupunki oli nyt Ewellin käsissä ja se oli täynnä kuolleita ja haavoittuneita jenkkejä. Kiipesin puuhun korkeimmassa paikassa mitä löysin ja pystyin muodostamaan aika hyvän yleiskuvan vihollisen asemista, vaikkakin harjujen huippuja peittivät männyt, niin oli hyvin vaikeata nähdä mitään joukoista, joita ne kätkivät. Tulitus loppui pimeän saapuessa, jolloin ratsastin takaisin Longstreetin ja tämän esikunnan kanssa päämajaansa, joka oli Cashtownissa ollen noin 13 kilometrin päässä Gettysburgista. Silloin joukot olivat tulossa tietä pitkin ja marssivat kohti asemia, jotka ne tulisivat miehittämään huomenna.

Tämän päivän taistelussa otettiin melkein 6000 vankia, ja 10 tykkiä. Noin 20000 miehen on täytynyt osallistua taisteluun konfederaation puolella. Taistelu käytiin kahta vihollisen armeijakuntaa vastaan. Kaikki vangit kuuluivat luullakseni I:n ja XI:n armeijakuntaan. Sen päivän työtä kutsuttiin "reippaaksi pieneksi häärimiseksi" ja kaikki odottivat "suurta taistelua" huomiseksi. **[Suom. huom.** Etelävaltiolaiset tiesivät I ja XI armeijakuntien sijainnit, mutta pohjoisen Potomacin armeijassa oli myös tuolloin viisi muuta armeijakuntaa, joka olivat II, III, V, VI ja XII armeijakunta. Etelävaltiolaiset eivät tienneet näiden yksiköiden tarkkoja sijainteja. Näiden viiden armeijakunnan kokonaisvahvuus oli luultavasti oli 50000 miestä.]

Huomasin, että tykkimiehet, joiden vastuulla olivat hevoset, niin kaivoivat itsellensä pieniä koloja kuin hautoja heittäen pois maan niiden yläosista. He painautuivat näihin koloihin, kun he joutuivat tulituksen kohdepäähän.

Illallisella kenraali Longstreet sanoi vihollisen aseman olevan "erittäin vaikuttava." Hän myös sanoi, että nämä epäilemättä koettaisivat kaivautua vahvasti yön aikana. [59] Esikuntaupseerit puhuivat taistelusta varmana ja yleinen tuntemus armeijassa oli yhtä syvällisen halveksunnan kanssa vihollista kohtaan, jonka he olivat pystyneet lyömään jatkuvasti ja huolimatta niin monista epäedullisista asioista.

[59] Minulla on parhaat syyt olettaa, että taistelu alkoi ennenaikaisesti ja että Leellä eikä Longstreetillä ollut aikeita aloittaa sitä tänään. Uskon myös, että heidän suunnitelmansa menivät raiteiltansa päivän tapahtumien vuoksi.

Heinäkuun 2. päivä (torstai) Nousimme ylös kello 3.30 aamulla ja söimme aamiaisen hieman ennen päivän sarastamista. Lawley vaati saada ratsastaa huolimatta sairaudestansa, kapteeni X ja minä olimme hankaluuksissa hevosten kanssa; mutta minut oli majoittanut majuri Clark (esikunnasta), kun taas tukevan itävaltalaisen oli majoittanut majuri Walton. Itävaltalainen huolimatta aikaisista tunneista oli ajanut partansa ja huolitellut viiksensä niin kauniisti kuin hän olisi Wienissä paraatissa.

Eversti Sorrell, itävaltalainen ja minä saavuimme kello 5 samaan komentopaikkaan, jossa olimme olleet eilen ja kiipesin puuhun Preussin armeijan kapteeni Schreibertin kanssa. Juuri meidän allemme olivat istuneet alas kenraalit Lee, Hill, Longstreet ja Hood keskustelemaan; kaksi jälkimmäistä heistä käyttivät harkintojensa apuna amerikkalaista tapaa käyttää puisia keppejä. Kenraali Heth oli myös paikalla; hän oli haavoittunut päähän eilen ja vaikka hänen ei sallittu johtaa

prikaatiansa, niin hän oli vaatinut päästä taistelukentälle.
[**Suom. huom.** Kenraali Harry Heth (1825–1889) oli
divisioonankomentaja kenraali A. P. Hillin armeijakunnassa
Gettysburgin taistelussa. Kyseinen taistelu alkoi, kun kenraal
Hethin divisioona oli saanut käskyn marssia Gettysburgiin, jonne
marssiessaan se kohtasi kenraali John Buford jr. (1826–1863)
komentaman unionin 1. ratsuväkidivisioonan. Taistelu eskaloitui
siksi, että pohjoisvaltiolaiset halusivat pitää hallussaan
Gettysburgin kaupungin eteläpuolella olevia kukkuloita ja
harjuja, sekä siksi, että kummaltakin puolelta taisteluun liittyi
useita divisioonia joukkoja.]

Kello seitsemältä aamulla ratsastin osan matkasta
kenraali Longstreetin kanssa ja näin hänen sijoittavan McLawsin
divisioonan päivän taistelua varten. Vihollinen piti hallussaan
korkeita harjuja, joiden huiput olivat puiden peitossa, välissä
olevat laaksot heidän harjujensa ja meidän välissämme olivat
pääasiassa avointa maastoa ja osittain viljeltyä. Hautuumaa oli
heidän oikealla puolellansa ja heidän vasemmalla puolellansa
oli kivinen iso kukkula. Vihollisen voimat, joiden odotettiin
koostuvan melkein koko Potomacin armeijasta, niin oli keskitetty
tilaan, joka ilmeisestikään ei ollut leveydeltänsä kuin muutaman
kilometrin levyinen. Konfederaatio oli asettunut eräänlaiseen
puoliympyrään ja asemamme äärimmäisten laitojen täytyi olla
vähintään 8 tai 10 kilometrin päässä toisistansa. Ewell oli
vasemmalla puolellamme; hänen päämajansa oli kirkossa (jossa
oli korkea kupoli) Gettysburgissa [**Suom. huom.** Kyseessä voisi
kuvauksen perusteella olla Gettysburgin Lutheran Seminary, jota
taistelun 1. päivänä kenraali Buford, unionin 1.
ratsuväkidivisioonan komentaja, käytti tähystyspaikkana.]; Hill
oli keskustassa; ja Longstreet oikeassa laidassa. Harjujamme

peittivät myös huipuilla männyt, ja yleensä myös takarinteillä. Kummankin puolen tykistöt kohtasivat toisensa näiden puuvyöhykkeiden laidoilla joukkojen ollessa täysin piilossa. Vihollinen selvästikin kaivautunut, mutta etelävaltiolaiset eivät olleet rikkoneet maastoa yhtään. Kuollut hiljaisuus vallitsi aina kello 4.45 iltapäivällä ja kukaan ei voinut ajatella, että sellaisia määriä miehiä ja niin voimakas tykistö aloittaisi tuhotyönsä siihen aikaan.

Vain kaksi Longstreetin divisioonaa olivat paikalla sinä päivänä. Ne olivat McLawsin ja Hoodin divisioonat, sillä Pickettin divisioona oli edelleen selustassa. Kun koko aamun oli selvää, että miehittävät joukot tulisivat hyökkäämään, niin ratsastin äärimmäiseen oikeaan laitaan eversti Manningin ja majuri Waltonin kanssa, jossa söimme suuren määrän marjoja ja saimme viljaa hevosillemme. Myös kylvimme pienessä purossa, mutta emme ilman jonkinasteista huolta, sillä olimme melkein linjojemme ulkopuolella ja olimme alttiina vihollisen ratsuväelle.

Kello 1 iltapäivällä kohtasimme jonkin verran jenkkivankeja, jotka oli vangittu jouduttuaan eroon yksiköistänsä. He kertoivat meille, että he olivat Sicklesin armeijakunnasta (luulen, että kyseessä oli 3. armeijakunta) ja se oli saapunut Emmetsburgistä yön aikana. Suunnilleen siihen aikaan alkoi kahakointi tässä osassa linjaa, mutta se ei ollut raskasta.

Kello 2 iltapäivällä kenraali Longstreet neuvoi minua, että jos halusin hyvän näkymän taisteluun, niin palaisin eiliseen puuhuni. Tein niin ja jäin sinne Lawleyn ja kapteeni Schreibertin kanssa koko iltapäiväksi. Mutta aina kello 4.45 iltapäivällä asti kaikki oli hiljaista ja aloimme epäilemään, että tultaisiinko tänään taistelemaan ollenkaan. Siihen aikaan kuitenkin Longstreet yllättäen komensi raskaan tykistökeskityksen oikealla laidalla. Ewell aloitti toimensa vasemmalla laidalla. Vihollinen vastasi vähintään yhtä suurella raivolla, ja muutamassa hetkessä tulitus koko linjan mitalta oli niin raskasta kuin saattoi kuvitella. Tiheä savu nousi kymmenen kilometrin matkalta; sillä siellä oli vain vähän tuulta, joka veisi sen pois ja ilma näytti olevan täynnä ammuksia; joista jokaisella näytti olevan eri tyyli mennä ja pitivät erilaista ääntä kuin muut ammukset. Kummankin puolen tykistöt olivat kuvaukseltansa hyvin vaihtelevia. Aina silloin tällöin ammusvaunu räjähtäisi; jos se oli liittovaltion ammusvaunu, niin siitä seuraisi heti konfederaation sotahuutoa. Etelän joukot, kun ne hyökkäsivät tai ilmaisivat iloa, niin ne aina huusivat oudolla tavalla, joka oli niille tyypillistä. Jenkkien sotahuudot olivat paljon enemmän samanlaisia kuin meidän sotahuutomme, mutta konfederaation upseerit kertoivat, että kapinallisten sotahuudolla oli tietty ansio ja se toimi aina tervehdyksenä ja sillä oli hyödyllinen vaikutus heidän vihollisiinsa. Armeijakuntaa joskus kutsuttiin "hyväksi huutavaksi rykmentiksi."

Niin pian kuin tulitus alkoi, niin kenraali Lee liittyi meihin juuri puumme alle ja jäimme sinne melkein koko ajaksi tarkkailen läpi kaukoputkillamme; joskus puhuen Hillille ja joskus eversti Longille esikunnastansa. Mutta yleensä hän istui aika yksin puun kannolla. Mitä etenkin huomautin, niin oli se, että koko ajan, kun tulitus oli käynnissä, niin hän lähetti vain yhden viestin ja otti vastaan vain yhden raportin. On selvää, että hänen järjestelmänsä oli järjestetty suunnitelman mukaisesti kolmelle armeijakunnan komentajalle ja jätetty heille velvollisuus muuttaa ja toteuttaa suunnitelmat heidän parhaiden kykyjensä mukaisesti.

Kun tykistökeskitys oli huipussaan, niin konfederaation soittokunta hautuumaan ja meidän välissämme alkoi soittamaan polkkaa ja valsseja, joka kuulosti hyvin omituiselta ammusten viheltämisen ja räjähdysten keskuudessa.

Kello 5.45 tuli sangen hiljaista vasemmalle puolellemme ja hautuumaalle, mutta muskettitulitus oikealle kertoi meille, että Longstreetin jalkaväki oli etenemässä ja savun eteneminen kertoi, että hän menossa eteenpäin suotuisasti; mutta suunnilleen kello 6.30 iltapäivällä näytti siltä, että joukot pysäytettiin ja niitä jopa tungettiin takaisin hieman. Pian kello 7 jälkeen iltapäivällä kenraali Lee sai raportin viestillä Longstreetiltä sanoen "meillä menee hyvin." Hieman ennen pimeän tuloa tulitus heikkeni joka suunnalla ja pian loppui kokonaan. Sitten saimme tietoa, että Longstreet oli ottanut haltuunsa kaiken edessään joksikin aikaa ottaen haltuunsa useita tykkipattereita ja ajaen vihollisen asemistansa; mutta kun Hillin Florida-prikaati ja muut joukot antoivat tilaa, niin hänen oli pakko hylätä pieni siivu maata, jonka hän oli voittanut yhdessä kaikkien kaapattujen tykkien, paitsi kolmen kanssa. Hänen joukkonsa kuitenkin leiriytyivät maastoon, joka oli ollut vihollisen hallussa tänä aamuna. **[Suom. huom.** Longstreetin hyökkäyksen pääkohde oli unionin III armeijakunta, jota komensi kenraali Dan Sickles (1819–1914) ja joka oli sijoitettu liian eteen hieman ylempään maastoon. Vaikka tuo armeijakunta kärsi vakavia tappioita ja se ajettiin takaisin, niin Potomacin armeijan komentaja kenraali George Gordon Meade (1815–1872) lähetti huomattavia apuvoimia muista armeijakunnista pysäyttämään Longstreetin etenemisen.]

Kukaan ei pitänyt siitä, että Longstreet altisti itsensä niin uhkarohkealla tavalla. Tänään hän johti georgialaista rykmenttiä rynnäkössä tykkipatteria vastaan hattu kädessään ja kaikkien edessä. Kenraali Barksdale **[Suom. huom.** kenraali William Barksdale (1821–1863] oli kaatunut ja Semmes **[Suom. huom.** kenraali Paul Jones Semmes (1815–1863) oli haavoittunut kuolettavasti; mutta vakavin menetys oli kenraali Hood **[Suom. huom.** kenraali John Bell Hood (1831–1879)], joka oli vakavasti haavoittunut käteensä aikaisin päivällä. **[Suom. huom.** Hood oli divisioonankomentaja ja hänen haavoittumisensa vaikeutti hänen divisioonansa toimintaa, kun ilmeisesti kenraali Evander McIver Law (1836–1920), hänen varakomentajansa, ei saanut jostain syystä tietoa hänen haavoittumisestansa.] Kuulin, että hänen teksasilaisensa olivat epätoivoisia. Lawley ja minä ratsastimme takaisin kenraalin leiriin, jota oli siirretty puolentoista kilometrin verran taistelun suuntaan. Longstreet kuitenkin suurimman osan esikuntaansa kanssa leiriytyivät taistelukentällä.

Majuri Fairfax saapui kello 10 illalla ollen hyvin huonolla tuulella. Hänellä oli vastuullaan noin tuhannesta tuhanteen ja viiteensataan jenkkivankia, jotka oli otettu tänään; heidän joukossaan oli kenraali, josta kuulin, että yksi hänen miehistänsä syytti "hänen olleen niin pahasti juovuksissa, että hän oli kääntänyt tykkinsä omia miehiänsä kohti." Mutta toisaalta syyttävä henkilö oli niin tulisieluinen konna ja oli vannonut lukuisia kertoja pyrkien pääsemään pakoon Yhdysvaltain armeijasta, että hän ei ollut kovinkaan suuren luottamuksen arvoinen. Suuri määrä hevosia ja muuleja saapui tänään kenraali Stuartilta **[Suom. huom.** kenraali James Ewell Brown Stuart (1833–1864)].** jotka hän oli saanut sotasaaliiksi, kuten silloin ymmärrettiin, että hän oli päässyt ratsuväellänsä noin kymmenen kilometrin päähän Washingtonista.

Heinäkuun 3. päivä (perjantai) Kello 6 aamulla ratsastin eversti Manningin kanssa kentälle ja ohitimme osan maastoa, joka kiivaan taistelun jälkeen oli voitettu viholliselta eilen. Kuolleita oltiin hautaamassa, mutta suuri määrä heitä makasi yhä siellä; siellä oli myös useita kuolettavasti haavoittuneita sotilaita, joiden hyväksi ei voitu tehdä mitään. Näiden jälkimmäisten joukossa oli suuri määrä jenkkejä, jotka olivat pukeutuneet univormuihin, jotka huonosti matkivat zouaveiden univormuja. **[Suom. huom.** Zouavet olivat ranskalaista kevyttä jalkaväkeä, jolla oli omintakeinen ja komea univormu, jossa on pohjoisafrikkalaisia vaikutteita. Yhdysvaltain sisällissodassa pohjoisen puolelle zouave-univormuja käyttäneet vapaaehtoisrykmentit tulivat pääasiassa New Yorkin ja Pennsylvanian osavaltioista.] He avasivat lasittuneet silmänsä, kun ratsastin heidän ohitsensa ilmaisten kokemaansa kipua tällä tavalla.

Liityimme kenraalien Lee ja Longstreet esikuntiin; he olivat olleet tiedustelemassa ja tekemässä valmisteluja hyökkäyksien uusimista varten. Kun muodostimme sangen suuren joukon, niin usein vedimme itseemme vihamielisten tarkka-ampujien huomion ja kaksi tai kolme kertaa meitä kohti ammuttiin tykillä. Yksi näistä ammuksista sytytti tiilestä rakennetun talon, joka sijaitsi linjojen välissä, palamaan. Tämä rakennus oli täynnä haavoittuneita, pääasiassa jenkkejä, joiden

pelkään kuolleen kurjasti liekkeihin. Eversti Sorrell oli
haavoittunut lievästi eilen, mutta silti teki velvollisuutensa.
Majuri Waltonin hevonen oli tapettu, mutta siellä ei ollut
enempää menetyksiä juuri ystävieni keskuudessa.

Suunnitelma eilisen hyökkäyksestä näytti olevan
hyvin yksinkertainen; ensimmäiseksi tulisi tykistökeskitys koko
linjan mitalta, jota seurasi kahden Longstreetin divisioonan ja
osan Hillin armeijakunnan eteneminen. Sen seuraus oli, että
vihollista oli ajettu takaisin jonkin matkaa. Longstreetin
armeijakunta (osa sitä) oli paljon edempänä kuin se oli ollut
eilen. Mutta kukkulat, jotka piti valloittaa, olivat mitä
pelottavimpia ja ilmeisen vahvasti linnoitettuja.

Matka konfederaation tykeistä jenkkien asemiin,
toisin sanoen metsiin, jotka olivat vastapuolen harjun huipulla,
oli ainakin puolisentoista kilometriä, joka oli aika avointa ja
hieman kumpuilevaa maastoa paljastaen tykistön koko
etäisyydeltä. Tämä oli maasto, joka tulisi ylittää tämän päivän
hyökkäyksessä. Pickettin divisioona, joka oli juuri saapunut, tulisi
ottamaan iskut vastaan Longstreetin hyökkäyksessä yhdessä
Hethin ja Pettigrewin divisioonien kanssa Hillin armeijakunnasta.
[Suom. huom. Fremantle on väärässä Pickettin rynnäkön
divisioonien komentajista. Kyseiseen hyökkäykseen osallistui
kolme divisioonaa ja niitä komensivat Pickett, James Johnston
Pettigrew (1828–1863), joka komensi Hethin divisioonaa ja Isaac
Ridgeway Trimble (1802–1888), joka komensi William Dorsey
Penderin (1834–1863) tämän haavoituttua kuolettavasti.]
Pickettin divisioona oli heikko (sen vahvuus oli alle 5000 miestä)
johtuen siitä, että siitä puuttui kaksi sen prikaatia. **[Suom.
huom.** Luultavasti näille kahdelle poissa olevalle prikaatille

Pickettin divisioonasta oli annettu tehtäväksi vahtia kuormastoja ja huoltolinjoja Virginiaan.]

Puoleen päivään mennessä Longstreetin joukkojen sijoitukset oli tehty; hänen joukkonsa hyökkäystä varten oli sijoitettu linjaan, ja ne olivat makaamassa metsien suojissa; hänen tykistönsä olivat valmiina avaamaan tulen. Kenraali sitten laskeutui ratsailta ja meni nukkumaan vähäksi aikaa. Itävaltalainen upseeri ja minä ratsastimme nyt pois, päästäksemme, jos mahdollista, jollekin korkealle paikalle, josta voisimme nähdä koko tapahtuman ilman, että joutuisimme alttiiksi valtavalle tulitukselle, joka tulisi alkamaan. Ratsastettuamme puolisen tuntia ilman, että löysimme niin haluttavaa asemaa, niin päätimme mennä kupoliin lähelle Gettysburgia, joka toimi Ewellin päämajana. Juuri ennen kuin pääsimme kaupungin sisääntuloväylälle, niin tykistö aloitti tulituksensa raivokkuudella, joka ylitti jopa eilisen päivän vastaavan. **[Suom. huom.** Tulivalmisteluun ennen Pickettin rynnäkköä sanotaan osallistuneen 150–170 tykkiä ja sen sanotaan olleen kiivain tulivalmistelu Yhdysvaltain sisällissodassa. Oletetaan, että tuon tulituksen ääni oli vuoteen 1863 mennessä kovin ihmisen tuottama ääni Pohjois-Amerikassa.]

Pian sen jälkeen, kun olimme ohittaneet tulliportin Gettysburgin sisäänkäynnin luona, niin huomasimme, että olimme joutuneet raskaaseen ristituleen; niin liittovaltion kuin konfederaation ammukset lensivät päidemme ylitse jatkuvasti. Kaksi kertaa sirpaleammus räjähti aika lähellä meitä ja sirpale yhdestä niistä osui upseeriin, joka oli kanssamme. Sitten käännyimme ympäri ja muutimme mielemme kupolin suhteen;

tulitus yhdeltä puolelta oli riittävän paha, mutta parempi kuin kummaltakin puolelta. Pieni poika, jonka ikä oli 12 vuotta, oli ratsastamassa kanssamme silloin, tällä pojannaskalilla oli paholaismainen kiinnostus räjähtäviin ammuksiin ja hän huusi ilosta, kun hän näki niiden vaikutuksia. En koskaan uudestaan nähnyt tätä poikaa tai saanut selville kuka hän oli. Tien vieressä Gettysburgiin oli kaatuneita jenkkejä ja he olivat kuolleet 1. päivä, joten nämä kurjat raukat olivat alkaneet mätänemään. Palasimme kukkulalle, jolla olin ollut eilen. Mutta huomatessamme, että nähdäksemme todellista taistelua, niin oli aivan välttämätöntä mennä asioiden keskelle, niin päätin matkata kenraali Longstreetin luokse. Kello oli suunnilleen 2.30 iltapäivällä. Ohitettuani kenraali Leen esikuntineen ratsastin metsän poikki suuntaan, johon Longstreet oli jäänyt. Pian aloin tapaamaan monia haavoittuneita miehiä, jotka palasivat rintamalta; monet heistä pyysivät säälittävillä äänensävyillä tietä lääkärin luokse tai ambulanssivaunuihin. Mitä pidemmälle menin, niin sitä enemmän kohtasin haavoittuneita. Lopulta kohtasin heitä täyden virran pyrkien niin suurella määrällä metsiin kuin on väkeä Oxford Streetillä keskellä päivää. Jotkut heistä kävelivät yksin tukikeppiensä kanssa, jotka oli tehty kahdesta kivääristä, toisia tukivat miehet, jotka olivat vähemmän haavoittuneita kuin he itse, ja toisia kannettiin paareilla ambulanssijoukkojen miesten toimesta; mutta missään en nähnyt tervettä miestä auttamassa haavoittuneita selustaan, ellei hänellä ollut ambulanssijoukkojen merkkiä. He olivat yhä kiivaan tulituksen kohteina; ammuksia tuli jatkuvasti pudottaen suuria puiden oksia ja saaden aikaan lisää tuhoa tähän surulliseen kulkueeseen. Näin kaiken tämän paljon lyhyemmässä ajassa kuin tämän kirjoittaminen vaatii, ja vaikka oli hämmästyttävää kohdata niin suuri määrä haavoittuneita, niin en ollut nähnyt tarpeeksi, että minulla oli mitään todellista kuvaa tämän vahingon laajuudesta.

Kun pääsin lähelle kenraali Longstreetiä, niin näin yhden hänen rykmenteistänsä etenevän metsän läpi hyvässä järjestyksessä; jolloin ajattelin, että olin tullut juuri ajoissa nähdäkseni hyökkäyksen, josta huomautin kenraalille sanoen, että "en jäisi tästä pois mistään hinnasta." Longstreet istui peltoaidan päällä metsän reunassa ja oli täysin rauhallinen ja häiriintymätön. Hän vastasi naurahtaen, "Totta hemmetissä et jäisi! Olin jäänyt tästä kaikesta paitsi hyvin mieluusti; hyökkäsimme ja meidät torjuttiin: katso tuonne!"

Silloin ensimmäistä kertaa katsoin avointa tilaa kahden linjan välissä ja huomasin, että sitä peittivät konfederaation sotilaat, jotka hitaasti ontuen olivat tulossa meitä kohti pienissä ryhmissä kovan tykistökeskityksen kohteina. Mutta tulitus siellä, missä olimme, niin ei ollut selustassa niin pahaa; vaikka ilma tuntui olevan täynnä ammuksia, niin suurempi osa niistä räjähti takanamme.

Kenraali kertoi minulle, että Pickettin divisioona oli onnistunut pääsemään vihollisen asemiin ja oli kaapannut heidän tykkinsä, mutta oltuaan siellä 20 minuuttia, niin heidät oli pakotettu vetäytymään siksi, että Heth ja Pettigrew heidän vasemmalla puolellansa vetäytyivät. Kukaan henkilö ei voinut olla rauhallisempi tai itsetietoisempi kuin kenraali Longstreet niissä olosuhteissa, kun heitä ärsyttivät vihollisen liikkeet, jotka alkoivat näyttämään vahvoja viittauksia etenemisestä. Pystyin nyt täysin arvostamaan hänen kutsumanimeään "bulldog", jolla olin kuullut sotilaiden kutsuvan häntä. Vaikeuksilla näyttänyt olevan muuta vaikutusta häneen kuin se, että ne tekivät hänestä hieman julmemman.

Majuri Walton oli ainoa upseeri hänen kanssaan, kun tulin paikalle; kaikki muut oli laitettu mukaan rynnäkköön. Muutamassa minuutissa majuri Latrobe tuli jalkaisin kantaen satulaansa, sillä hänen hevosensa oli tapettu hänen altansa. Eversti Sorrelilla oli sama ongelma, ja kapteeni Goreen hevonen oli haavoittunut suuhunsa.

Kenraali oli tekemässä parhaita järjestelyjänsä vastustaakseen vihollisen uhkaavaa etenemistä laittamalla asemiin joitakin tykkejä, kokoamalla harhailevia sotilaita ja muistan nähneeni erään kenraalin (luulen, että kyseessä oli Pettigrew) [60] tullen hänen luoksensa ja ilmoittavan hänelle, että "hän ei pysty kokoamaan miehiänsä taas." Longstreet kääntyi hänen puoleensa ja huomautti hieman sarkastisesti, "Hyvä on; älä välitä sitten kenraali; anna heidän olla siellä, missä he ovat: vihollinen tulee etenemään ja säästää sinulta sen vaivan."

Hän pyysi jotain juotavaa; annoin hänellä hopeisen taskumattini rommin kanssa, josta pyysin, että hän muistaisi sen tilanteen; hän hymyili ja suureksi tyytyväisyydelläni hän hyväksyi sen muistoesineeksi. Sitten hän meni antamaan joitakin käskyjä McLawsin divisioonalle. Pian sen jälkeen liityin kenraali Leehen, joka oli samaan aikaan tullut taistelukentän osalle, jossa onnettomuus oli tapahtunut. Jos Longstreetin käytös oli ihailtavaa, niin kenraali Leen käytös oli täysin ylivertaista. Hän osallistui joukkojen kokoamiseen ja kannusti hajaantuneita sotilaita ja ratsasti hieman eteen metsässä aivan yksin; koko

hänen esikuntansa toimi samalla tavalla kauempana selustassa.
Hän kasvonsa, jotka olivat aina leppoisat ja iloiset, niin eivät
näyttäneet vähäisintäkään merkkiä pettymyksestä, huolista tai
ärsyyntyneisyydestä; ja hän puhui jokaiselle sotilaalle
muutaman kannustuksen sanan niin kuin ”Kaikki tämä tulee
olemaan oikein lopuksi; puhumme tästä myöhemmin; mutta
ennen sitä hyvien miesten täytyy kokoontua yhteen. Me kaikki
haluamme olle hyviä ja aitoja miehiä nyt.” Hän puhui kaikille
haavoittuneille, jotka ohittivat hänet ja lievästi haavoittuneita
hän kannusti ”sitomaan haavansa ja ottamaan muskettinsa”
tässä hätätilanteessa. Hyvin harvat eivät vastanneet hänen
vetoomuksiinsa ja näin monien pahasti haavoittuneiden miesten
ottaneen pois hattunsa päästänsä ja kannustaneen häntä. Hän
sanoi minulle, ”Tämä on ollut surullinen päivä meille, eversti;
surullinen päivä; mutta emme voi odottaa aina saavamme
voittoja.” Hän oli myös riittävän ystävällinen kehottaakseen
minua menemään johonkin suojaiseen paikkaan, kun ammuksia
räjähteli ympärillämme huomattavan jatkuvasti.

Huolimatta tästä epäonnesta, joka oli tullut hänen
osaksensa, niin kenraali Lee näytti huolehtivan kaikesta, oli
kyseessä jopa kaikista vähäpätöisin asia. Kun ratsailla oleva
upseeri alkoi kouluttamaan hevostansa siksi, että se arasteli
räjähteleviä ammuksia, niin hän sanoi tälle, ”Älä piiskaa sitä
kapteeni; älä piiskaa sitä. Minulla on toinen vastaava hölmö
hevonen itselläni ja siinä ei piiskaaminen auta.”

Satuin näkemään miehen makaavan ojassa
mahallaan ja huomautin, että en usko hänen näyttävän
kuolleelta; tämä kiinni kenraali Leen huomion mieheen, joka
alkoi valittamaan surkeasti. Huomatessaan, että vetoomukset

hänen isänmaallisuuteensa eivät toimineet, niin kenraali Lee
käski nostaa hänen pystyyn joidenkin viereisten tykkimiesten
toimesta.

Näin kenraali Willcox **[Suom. huom.**kenraali
Cadmus Marcellus Wilcox (1824-1890)] (upseerin, jolla oli lyhyt
pyöreä takkia ja vahingoittunut olkihattu) tulevan hänen
luoksensa ja selittävän melkein itkien prikaatinsa tilaa. Kenraali
Lee heti heilautti kättänsä hänelle ja sanoi iloisesti, "Älä välitä
kenraali, tämä kaikki on ollut minun syytäni; se, että olemme
hävinneet tämän taistelun ja sinun täytyy auttaa meitä parhaiden
kykyjesi mukaan." Tällä tavalla näin kenraali Leen kannustavan ja
saavan liikkeelle joitakin hänen lannistuneista joukoistansa ja
suuripiirteisesti ottavan olkapäillensä koko taakan hyökkäyksen
torjumisesta. Oli mahdotonta katso häntä ja kuunnella häntä
ilman tunnetta mitä voimakkaimmasta ihailusta ja koskaan en
nähnyt kenenkään miehen tuottavan hänelle pettymystä, paitsi
sen miehen ojassa.

On vaikeata liioitella asioiden kriittistä tilaa silloin.
Jos vihollisella tai heidän kenraalillansa oli ollut yhtään
yritteliäisyyttä näyttää, niin olisi ollut sanomattakin selvää, mitä
olisi voinut tapahtua. Kenraali Lee ja hänen upseerinsa olivat
ilmeisesti täysin tietoisia tilanteesta; silti siellä ei ollut
paljoakaan meteliä, hämminkiä tai sekaannusta käskyissä
kentällä sinä päivänä; miehet, kun heidät oli koottu metsiin, niin
tuotiin yksiköihin ja he asettuivat hiljaa ja viileästi maahan heillä
määrättyihin asemiinsa.

Kuulin, että kenraalit Garnett **[Suom. huom.**
kenraali Richard Brooke Garnett (1817–1863)] ja Armistead

[Suom. huom. kenraali Lewis Addison Armistead (1817–1863) Garnett oli kaatunut ja Armistead oli vakavasti haavoittuneena jäänyt unionin vangiksi kuollen kenttäsairaalassa.] olivat kaatuneet ja kenraali Kemper **[Suom. huom.** kenraali James Lawson Kemper (1823–1895) haavoittui taistelussa vakavasti ja jäi unionin sotavangiksi toipuen vammoistansa. Sodan jälkeen hän toimi Virginian osavaltion kuvernöörinä.] oli kuolettavasti haavoittunut; tiedettiin myös, että Pickettin divisioonan kenttäupseereista vain yksi oli vahingoittumaton. **[Suom. huom.** Pickettin divisioonassa oli tässä taistelussa 15 rykmenttiä, joista 14 menetti komentajansa haavoittuneina, kaatuneina tai joutuen vangeiksi. Tämä osoittaa, että prikaatien ja rykmenttien komentajat olivat rohkeita miehiä, jotka johtivat edestä ja joutuivat maksamaan siitä kovan hinnan. Myös näiden rykmenttien muu päällystö kärsi vakavia miestappioita.] Lähes koko tämä teurastus tapahtui noin puolentoista kilometrin matkalla ja yhden tunnin aikana.

Kello kuusi iltapäivällä kuulimme pitkää ja jatkuvaa jenkkien hurraamista, josta meille tuli ensiksi mieleen, että se olisi viittaus heidän etenemiseensä; osoittautui, että se oli heidän vastaanottonsa kenraalille, jonka näimme ratsastavan pitkin linjaa ja jota seurasi noin 30 ratsumiestä. Pian myöhemmin ratsastin linjan ääripäähän, jossa oli neljä rihlattua tykkiä, jotka olivat melkein ilman jalkaväen tukea. Se, että näitä tykkejä ei ollut vedetty pois, niin johtui muuten yllättävästä vihollisen passiivisuudesta. Minut heti ympäröi kersantti ja puolentusinaa tykkimiehiä, joilla näytti olevan loistava henki ja he olivat täynnä itseluottamusta siitä huolimatta, että he olivat vaaroille alttiina. Kersantti ilmaisi hartaan toiveensa, että jenkeillä saattaisi olla tarpeeksi taistelutahtoa edetä ja ottaa vastaan heiltä annos valmiutta. He puhuivat ihaillen Pickettin divisioonan etenemisestä ja tavasta, jolla Pickett itse johti sitä. Kun he huomasivat kenraali Leen, niin he sanoivat, "Emme ole menettäneet luottamustamme vanhaan mieheen; tämän päivän tapahtumat eivät häntä vahingoita. 'Setä Robert' tulee vielä viemään meidät Washingtoniin; luuletko sinä, että hän tekee niin?" Kun olimme puhumassa, niin vihollisen kahakoitsijat olivat alkaneet edetä hitaasti ja useat pahaenteiset äänet kertoivat meille, että olimme houkuttelemassa heidän huomiotansa, ja että oli tarpeen lopettaa kokoontuminen. Siksi käännyin ympäri ja jätin nämä iloiset ja pulskat tykkimiehet.

Kello seitsemältä kenraali Lee sai raportin, että Johnsonin [**Suom. huom.** kenraali Edward "Allegheny Johnson (1816–1873)] oli ollut menestyksekäs vasemmalla siivellä ja saavuttanut tärkeätä menestystä siellä. Tulitus loppu kokonaan rintamallamme siihen aikaan; mutta kuulimme jonkin verran kiivasta muskettien tulitusta oikealta puoleltamme, jonka jälkeen saimme selville, että Hoodin teksasilaisilta, että he olivat onnistuneet piirittämään jonkin verran yritteliästä jenkkien ratsuväkeä ja olivat teurastamassa näitä suurella tyytyväisyydellä. Vain kahdeksantoista neljästäsadasta sanotaan päässeen sieltä pakoon. [**Suom. huom.** Tässä oli ilmeisesti kyse kenraali Hugh Judson Kilpatrickin (1836–1881) määräämästä ratsuväen hyökkäyksestä, jota johti kenraali Elon John Farnsworth (1837–1863). Kenraali Farnsworth kaatui tuossa hyökkäyksessä.)]

Kello 7.30 kaikki ajatukset jenkkien hyökkäyksestä haudattiin, joten ratsastin takaisin Mosesin telttaan ja tapasin arvokkaan huoltoupseerin hyvin lannistuneena, kun kaikenlaiset liioittelevat huhut olivat saavuttaneet hänet. Matkallani tapasin suuren määrän haavoittuneita miehiä, jotka kysyivät Longstreetin perään, joka oli raportin mukaan kaatunut; kun vakuutin heille, että hän oli hyvässä kunnossa, niin he näyttivät unohtavan kipunsa tästä selvästi ilonaiheesta, jota he tunsivat päällikkönsä turvallisuutta kohtaan. Mitkään sanat, joita käytän, niin eivät riitä ilmaisemaan äärimmäistä kärsivällisyyttä ja kestävyyttä, jolla haavoittuneet konfederaation sotilaat kantoivat kärsimyksensä.

[Suom. huom. Mieleeni tulee neljä syytä, miksi kenraali George Gordon Meade (1815–1872) ei tehnyt vastahyökkäystä Leetä vastaan Gettysburgin taistelun kolmantena päivänä. Ensimmäiseksi myös hänen armeijansa oli kärsinyt vakavia komentajatappioita; kenraali John Fulton Reynolds (1820–1863), ensimmäisen armeijakunnan komentaja oli kaatunut, kenraali Winfield Scott Hancock (1824–1886), toisen armeijakunnan komentaja oli vakavasti haavoittunut ja kenraali Daniel (1819–1914), kolmannen armeijakunnan komentaja oli myös vakavasti haavoittunut. Toisin sanoen Meaden armeijan seitsemästä armeijakunnasta kolme oli menettänyt komentajansa. Toiseksi Meaden armeija oli taistellut kiivaasti kolmena kuumana heinäkuun päivänä ja se oli varmasti väsynyt. Kolmanneksi Meade oli nähnyt, miten suora rintamahyökkäys oli torjuttu niin, että hyökkääjälle oli tullut suuret miestappiot, jolloin hän pelkäsi hänen tappioitansa, jos osat olisivat päinvastoin. Neljänneksi Meade oli ollut armeijansa komentajana vain alle viikon verran, jolloin hänellä ei vielä luultavastikaan ollut riittävää kokemusta johtaa väsynyttä armeijaa hyökkäykseen tilanteessa, jossa hänen armeijansa oli jo kovalla hinnalla lyönyt vihollisarmeijan. Hyökkäys Leen armeijaa vastaan olisi ollut hyvin riskialtista tuossa tilanteessa.]

Söin jotain kello 10 illalla lääkärien kanssa, joka oli ensimmäinen ateriani viiteentoista tuntiin.

Annoin pois hevoseni sen omistajalle, sillä kuoleman ja väsymyksen takia esikunta oli melkein ilman hevosia.

[60] Tämä upseeri kaatui myöhemmin suojatessaan Potomacin ylitystä.

Heinäkuun 4. päivä (lauantai) Moses herätti minut päivän valjetessa valittaen, että hänen arvokas arkkunsa, jossa oli paljon valtion raha, oli varastettu teltastamme, kun olimme nukkumassa. Etsinnän jälkeen se löydettiin metsästä rikottuna auki ja ilman rahoja. Tohtori Barksdale oli joutunut ryöstön kohteeksi tismalleen samalla tavalla. Tämä oli selvästi rosvomaisten harhailijoiden työtä, jotka karttoivat joutumista tulituksen kohteiksi ryöstellen paikallisia, ja sen jälkeen kerskaillen ollen Gettysburgin sankareita.

Lawley, itävaltalainen ja minä kävelimme rintamalle kello kahdeksalta ja matkallamme kohtasimme kenraali Longstreetin, joka oli hyvin huvittuneessa ja hyväntuulisessa tilassa. Tulitaukolipunkantaja oli juuri tullut eteen viholliselta ja sen kantaja oli muiden asioiden lisäksi julistanut, että "kenraali Longstreet oli haavoittunut ja vankina, mutta hänestä pidettäisiin hyvää huolta." Kenraali Longstreet lähetti takaisin sanan, että hän oli äärimmäisen kiitollinen, mutta kun hän ei ollut haavoittunut eikä vankina, niin hän oli aika kyvykäs huolehtimaan itsestänsä. Kenraali Longstreetin rautainen kestävyys oli mitä äärimmäisintä; hän ei näyttänyt vaativan ruokaa tai unta. Suurin osa hänen esikunnastansa nyt oli vajonnut nopeasti uneen, kun he olivat laskeutuneet ratsailta, sillä he olivat niin poikki viimeisten kolmen päivän työstä.

Samaan aikaan kun Lawley meni esikuntaan asioillensa, niin istuin alas ja minulla oli pitkä keskustelu kenraali Pendletonin (pastori), tykistön päällikön kanssa. Hän kertoi minulle tarkat lukumäärät tykistötaistelusta eilen. Hän sanoi, että yleinen mielipide suosi 12-paunan Napoleon-tykkejä parhaimpina ja yksinkertaisimpina käyttää taistelukentällä. [61] Lähes koko tykistö tällä armeijalla oli otettu viholliselta sotasaaliina tai se oli sulatettu sodan alussa otetuista 6-paunan tykeistä.

Kello kymmeneltä Lawley palasi esikunnasta tuoden mukanaan uutisia, että armeija aloittaisi liikkeen Virginian suuntaan tänä iltana. Tämä liike oli välttämätöntä ammuspulan takia. Mutta toivottiin, että vihollinen saattaisi hyökätä päivällä, etenkin kun kyseessä oli heinäkuun 4. päivä, ja laskettiin, että vielä oli olemassa ammuksia yhden päivän taisteluun. Ammuskuormasto oli jo aloittanut liikkeensä kohti Cashtownia ja Ewellin valtava sotasaaliskuormasto oli edennyt kohti Hagerstownia Fairfield Roadia pitkin jo tämän aamun aikaisista tunneista lähtien.

Johnsonin divisioona oli vetäytynyt yön aikana asemista, jotka se oli saavuttanut eilen. Näytti siltä, että se tosiasiassa oli pitänyt hallussaan hautuumaata, mutta se oli joutunut vetäytymään sieltä siksi, että se ei saanut tukea Penderin divisioonalta, jota esti upseerin haavoittuminen. Koko vasenta sivustamme oli siksi heitetty huomattavasti taaksepäin. **[Suom. huom.** Penderin divisioona osallistui kenraali William

Dorsey Penderin (1834–1863) haavoittumisen jälkeen Pickettin rynnäkköön kenraali Isaac Ridgeway Trimblen komennossa ja tämä divisioona oli Leen armeijan kolmannesta armeijakunnasta, jota komensi kenraali A. P. Hill (1825–1865) Gettysburgin taistelussa. Kenraali Edward "Allegheny" Johnsonin (1816–1873) divisoona oli Leen armeijan II armeija, jota komensi kenraali Richard Stoddert Ewell (1817–1872). Kahta muuta tämän armeijakunnan divisioona komensivat kenraalit Jubal Anderson Early (1816–1894) ja Robert Emmet Rodes (1829–1864). Oletan, että tosiasiassa kenraal Johnsonin divisioonan olisi pitänyt saada tukea toiselta näistä kahdesta divisioonasta sen sijaan, että sen olisi esitetty saavan tukea divisioonalta, joka myös osallistui Pickettin rynnäkköön.]

Kello yksi iltapäivällä sade alkoi alas voimakkaana kaatosateena ja haimme turvaa tietämättömän pennsylvanialaisen maalaisen hökkelistä. Mökki oli täynnä sotilaita, joilla ei ollut mitään tietoa suunnitellusta vetäytymisestä ja jotka kaikki puhuivat Washingtonista ja Baltimoresta mitä suurimmalla itseluottamuksella.

Kello kaksi iltapäivällä kävelimme kenraali Longstreetin leiriin, joka oli siirretty paikkaan kolmen viitisen kilometrin päähän Fairfield Roadille. Kenraali Longstreet puhui minulle pitkän aikaa taistelusta. Hän sanoi, että virhe, jonka he olivat tehneet, oli se, että he eivät olleet keskittäneet armeijaa enemmän ja tehneet eilistä hyökkäystä 30000 miehellä 15000 miehen sijaan. Eteneminen oli tehty kolmessa linjassa ja joukot kenraali Hillin armeijakunnasta, jotka antoivat tilaa, olivat nuoria sotilaita, jotka eivät olleet koskaan kokeneet tulituksen kohteiksi joutumista. Hän ajatteli, että vihollinen olisi hyökännyt, jos tykit olisi viety pois. Jos näin olisi tehty tällä erityisellä liikkeellä heti hyökkäyksen torjumisen jälkeen, niin se olisi ollut kömpelöä; mutta siltä varalta oli annettu käskyt Hoodin ja McLawsin divisioonille oikealla edetä. Ajattelen, että lopulta kenraali Meade oli oikeassa, että hän ei lähtenyt etenemään: hänen miehensä eivät koskaan olisi kestäneet tykistön valtavaa tulitusta, jolle he olisivat altistuneet. Enemmänkin 7000 jenkkiä otettiin sotavangeiksi kolmen päivän aikana; 3500 näistä päästettiin vapaiksi, loput olivat nyt marssimassa Richmondiin heidän saattajinaan toimiessa Pickettin divisioonan jäänteet. Oli mahdotonta välttää nähdä, että tämä konfederaation pysäyttäminen johtui täysin halveksunnasta, jota he tunsivat kaikissa arvoasteissaan vihollista kohtaan.

Vankkurit, hevoset, muulit ja karja, joka oli saatu sotasaaliiksi Pennsylvaniassa, joka oli tämän sotaretken tuntuva hyöty, niin oli edennyt hitaasti tätä tietä (Fairfield) pitkin koko päivän; ne, jotka oli otettu Ewellin toimesta, niin niitä oli etenkin ihailtu. Niin loppumaton oli tämä kuormasto, että pian tuli selväksi, että emme pääsisi lähtemään liikkeelle ennen kuin myöhään illalla. Niin pian, kun tuli pimeä, niin kaikkialla ympärillä oli suuria tulia ja kuulin ilmoituksia tulevan eri kenraaleilta, että vihollinen oli vetäytymässä ja oli tehnyt niin koko päivän. Kenraali McLaws ei ilmoittanut mitään muuta rintamaltansa kuin ratsuväen tiedustelijoita. Mutta tämä ei tietenkään muuttanut kenraali Leen suunnitelmia: hänen täytyi saada ammuksia; hän ei ollut onnistunut saamaan niitä sotasaaliiksi viholliselta (toisin kuin aikaisemmin) ja hänen huoltolinjansa Virginiaan oli katkaistu, niin hän oli pakotettu vetäytymään takaisin kohti Winchesteriä ja hakemaan huoltonsa sieltä. Kenraali Milroy oli ystävällisesti jättänyt suuren määrän sitä kaupunkiin, kun hän oli ennenaikaisesti lähtenyt sieltä noin viikko sitten. Armeijaa myös haittasi suunnaton kuormasto, jossa oli sotasaalista Pennsylvaniasta, joka suuresti haluttiin saada turvaan Potomacin toiselle puolelle. **[Suom. huom.** Kuormastossa oli myös paljon vakavasti haavoittuneita sotilaita, joiden katsottiin olevan niin hyvässä kunnossa, että heidät voitiin siirtää turvaan. Myös nämä miehet piti saada Virginiaan toipumaan vammoistansa.]

Pian kello 9 jälkeen illalla sadetta alkoi tulla kaatamalla. Lawleylla ja minulla oli onnea päästä tohtorien katettuun vaunuun ja lähteä hitaasti liikkeelle hieman keskiyön jälkeen.

[61] Napoleon 12-paunaiset tykit olivat sileäputkisia pronssitykkejä ammuskammioiden kanssa, jotka olivat hyvin kevyitä ja niillä oli pitkä kantama. Ne keksi, tai niitä suositteli Louis Napoleon vuosia sitten. Suurta määrää niitä oltiin valamassa Augustassa ja muualla. **[Suom. huom.** 12-paunainen Napoleon-tykki oli vuodelta 1857 ja se oli luotettava, helppo valmistaa ja kestävä. Louis Napoleon (1808–1873) tunnetaan historiassa paremmin nimellä Ranskan keisari Napoleon III. Loppuhuomio heinäkuun 4. päivään 1863 on se, että juuri sinä päivänä Vicksburgin kaupunki antautui kenraali Grantille. Tämän antautumisen seurauksena etelä oli leikattu kahtia itä-länsisuunnassa ja unioni oli saamassa haltuunsa Mississippi-joen vesiväylää etelästä pohjoiseen.]

Heinäkuun 5. päivä (sunnuntai) Yö oli hyvin paha; ukkosta ja salamointia, kaatosadetta; tiellä oli polviin asti mutaa ja vettä ja usein se esti vankkureita "pääsemästä liikkeelle."

Säälin näitä kurjia onnettomia ahdingossa olevia sotilaita, jotka tulisivat seuraamaan meitä. Etenemisemme oli luonnollisesti hyvin hidasta ja meiltä kului kahdeksan tuntia noin 13 kilometrin matkaamiseen.

Kello 8 aamulla pysähdyimme pieneen kylään Fairfieldin toisella puolella lähellä pääsypaikkaa vuoristosolaan. Heti, kun olimme päässeet sinne ja sytyttäneet nuotion, niin annettiin varoitus, että jenkkien ratsuväki oli kimpussamme. Useita laukauksia ammuttiin päidemme ylitse, mutta emme milloinkaan saaneet selville mistä ne tulivat. Uutiset myös kertoivat, että koko Ewellin komea kuormasto olisi menetetty viholliselle. [62] Nämä raportit saivat säännönmukaisen kaaoksen vankkurien ajajien keskuudessa ja Longstreetin vankkurien kuljettajat lähtivät liikkeelle niin nopeasti kuin pystyivät. Meidän lääkärikolmikkomme kuitenkin tiukasti kieltäytyivät taipumasta ja se tulisi olemaan viisas päätös osittain sitä pyytäen nälän aiheuttama kipu ja osittain ottaen huomioon, että jos jenkkien ratsuväki tulisi paikalle, niin tukossa oleva tie takanamme estäisi meitä pakenemassa. Pian tämän jälkeen jonkin verran konfederaation ratsuväkeä tuli eteen, joka avasi solan pienen kahakan jälkeen.

Puolelta päivin kenraalit Lee ja Longstreet saapuivat ja pysähtyivät lähelle meitä. Pian tämän jälkeen Ewell tuli paikalle. Tämä oli ensimmäinen kerta, kun näin hänet. Hän oli aika huomattavan näköinen sotilas, jolla oli kalju pää, huomattava nenä ja aika kalvakat sairaalloiset kasvot; hän oli äskettäin menettänyt jalkansa polvesta alaspäin, joten hän oli täysin rampa ja hän putosi satunnaisesti hevosensa selästä. Kun hän laskeutuu hevosensa selästä, niin hänelle on annettava kävelykepit. Hän oli Stonewall Jacksonin apulainen tämän tunnetuilla sotaretkillä Shenandoah Valleyssa ja hän oli ollut tunnettu kiroilija; tosiasia, sillä hänen oli sanottu, että ainoa henkilö, joka Jacksonin edessä ei pystynyt hillitsemään tuota tapaa, mutta hänen aikaisempi (sangen romanttinen) avioliitto, niin hän oli (käyttäen amerikkalaista ilmaisua) "liittynyt kirkkoon." Kun näin hänet, niin hän oli suuressa suuttumuksen tilassa oletetun vankkuriensa menetyksen seurauksena ja kieltäytyi kenraali Leen lohdutuksesta.

Liityin taas kenraali Longstreetin kanssa ja nousin Lawleyn arvokkaan hevosen selkään lähtien liikkeelle kello 3 iltapäivällä ratsastaen solan läpi. Kello 4 pysähdyimme paikkaan, jossa tie haarautui yhden tien vievän Emmetsburgiin ja toisen Hagerstowniin. Majuri Moses ja minä menimme maatilalle, josta löysimme useita naisia, kaksi haavoittunutta jenkkiä ja yhden kuolleen aamuisen kahakan tuloksena. Yksi kärsivistä oli pelottavasti haavoittunut päähän; toinen oli haavoittunut polveen: jälkimmäinen kertoi minulle, että hän oli irlantilainen ja oli palvellut Bengalin eurooppalaisia Intian kapinassa [**Suom. huom.** vuoden 1857 Sepoy-kapina]. Hän kuului nyt Michiganin ratsuväkirykmenttiin ja oli jo omaksunut amerikkalaisia ajatuksia Irlantia kohdanneista vääryyksistä ja kaikkea muuta sellaista roskaa. Hän kertoi minulle, että hänen upseerinsa olivat hyvin huonoja ja ajatus armeijassa oli, että McClellan oli ottanut ylipäällikkyyden. [**Suom. huom.** Michiganilaiset ratsumiehet luultavasti kuuluivat Michiganin ratsuväkiprikaatin, jota komensi tuolloin George Armstrong Custer (1839–1876), joka myöhemmin kaatui Little Big Hornin taistelussa. George Brinton McClellan (1826–1885) oli loistava organisaattori ja huoltoupseeri, mutta aivan liian varovainen johtamaan armeijaa taistelukentällä, jonka takia Abraham Lincoln vapautti hänet komentajan tehtävistä.]

Talon naiset olivat orjien vapauttamisen suuria kannattajia. Kun majuri Fairfax ratsasti paikalle, niin hän kysyi yhdeltä heistä, että oliko kuollut mies konfederaation tai unionin puolelta (ruumis oli verannalla, jossa sitä peitti valkoinen lakana). Nainen teki eleen jalallaan ja vastasi, "Jos hän olisi kapinallinen, niin luuletko, että hän olisi täällä pitkän aikaa? Fairfax sanoi sitten, "Onko kyseessä nainen, joka puhuu kuolleesta ruumiista tuolla tavalla, kun se ei pysty enää vahingoittamaan ketään?" Nainen sitten punastui ja sanoi, että hän ei ollut vakavissaan.

Kello kuusi iltapäivällä ratsastimme taas (Hagerstownin tietä pitkin) ja kohtasimme kenraali Longstreetin kello 7.30. Tie oli täynnä sotilaita, jotka marssivat silmiin nähtävän eloisalla tavalla; kosteus ja muta eivät näyttäneet vaikuttavan heidän taisteluhenkeensä millään tavalla, sillä se oli aivan yhtä äänekäs kuin aikaisemmin. Heillä oli mukanaan väritettyjä kuvia herra Lincolnista joita ohittaessaan he komppania toisensa jälkeen sanoivat monia huomautuksia Setä Aben henkilökohtaisesta kauneudesta. Samoja vanhoja asioita oli tulossa, kuten "Ota pois tuo hattu; tiedän, että olet sen sisällä; näen jalkojesi taipuvan alas", etc. Kun pysähdyimme yöksi, niin kahakointia tapahtui edessämme ja takanamme; Stuart oli edessä ja Ewell takana. Leirimme oli lähellä suurta tavernaa, josta kenraali Longstreet oli määrännyt jotain illallista itsellensä ja esikunnallensa; mutta kun menimme syömään sitä, niin huomasimme, että kenraali McLaws ja hänen upseerinsa olivat nopeasti syöneet sen pois. Me kuitenkin saimme nopeasti

lisää, sillä pennsylvanialaiset omistajat olivat erittäin innokkaita
tyydyttämään kenraalia toivoessaan, että hän säästäisi heidän
karjansa, jonka oli tuominnut kuolemaan armoton Moses.

Illallisen aikana naiset ryntäsivät väliajoin paikalle
sanoen, "Voi hyvä taivas, nyt he aikovat tappaa lihavat sikamme.
Kuka on kenraali? Kuka on korkein upseeri? Meidän
maitokarjamme on lähdössä." Kaikkiin näihin ilmaisuihin kenraali
Longstreet vastasi ravistelemalla päätänsä surullisesti, "Kyllä
rouva, se on hyvin surullista, hyvin surullista ja tällaisia asioita on
tapahtunut Virginiassa yli kahden vuoden ajan; hyvin surullista."

Nukuimme avoimessa maastossa ja rankalla
sateella ei ollut vaikutusta uneemme.

Ymmärrän, että on mahdotonta ylittää linjoja
tulitaukolipun kanssa. Siksi näen, että minulla on ongelma
lomani päättymisen suhteen.

[62] Lopulta osoittautui, että niistä kaikki paitsi 38,
pääsivät pakenemaan.

Heinäkuun 6. päivä (maanantai) Useita hevosia
varastettiin viime yönä, jolloin myös melkein minun hevoseni
kuului niiden joukkoon. Oli tarpeellista olla hyvin huolellinen
estääksemme sellaisen epäonnen kohtaamisen. Lähdimme
liikkeelle 6.30 aamulla, mutta liikuimme hyvin hitaasti, kun
vankkurit tukkivat tiemme, joista jotkut oli kaapattu ja poltettu
vihollisen toimesta eilen. Nyt oli osoittautunut, että kaikki
Ewellin vankkurit paitsi 38, pääsivät pakoon, vaikka aikaisemmin
näytti siltä, että ne kaikki olisivat joutuneet vihollisen käsiin.

Kello 8.30 aamulla pysähdyimme muutamaksi tunniksi ja kenraalit Lee, Longstreet, Hill ja Wilcox pitivät neuvonpidon. Puhuin herralle X vaikeuksistani päästä kotiin ja tarpeesta toimia niin johtuen siitä, että lomani oli loppumassa. Hän sanoi minulle, että armeijalla ei ollut mitään aikeita nyt paeta pysyvästi ja neuvoi minua pysymään niiden kanssa ja katsomaan mitä tulisi tapahtumaan; hän myös sanoi, että joitakin vihollisen viestejä oli saatu haltuun, joissa oli seuraavat sanat: "Ylväs, mutta epäonninen Potomacin armeija oli taas pakotettu vetäytymään ylivoimaisen vihollisen edessä." Etenkin tarkkailin tänään 21. Mississippin jalkaväkirykmentin marssi, joka oli epätavallisen hyvää. Tässä rykmentissä kaikilla oli lyhyet pyöreät takit, joka oli mitä epätavallisinta olosuhteissa, sillä ne olivat yleensä epäsuosittuja etelässä.

Kello 12 pysähdyimme taas ja kaikki söivät marjoja, joka oli ainoata ruokaa, jota meillä oli ollut saatavilla kello viidestä aamulla kello yhteentoista illalla.

Näin mitä naurettavimman näytelmän tänä iltana, jossa musta pukeutuneena täyteen jenkkiunivormuun piti täysin ladattua kivääriä käsissään johtaen eteenpäin valkoihoista paljasjalkaista miestä, jonka kanssa hän oli selvästi vaihtanut vaatteita. Kenraali Longstreet pysäytti parin ja kysyi mustalta mieheltä, että mitä tämä tarkoitti. Hän vastasi, "Kaksi sotilasta, jotka täällä olivat vastuussa tästä jenkistä, alkoivat juopottelemaan, jolloin johtuen pelosta, että hän karkaisi, niin otin hänet huostaan ja toin hänet tuon pienen kaupungin läpi." Johtuen mustien tavasta ja suuresta halveksunnasta, jolla hän puhui vangista, niin useimmat pitivät sitä mitä huvittavimpana. Tämä pieni tapahtuma etelän orjan johtaessa valkoista jenkkisotilasta läpi pohjoisen kylän yksin ja omatoimisesti, niin siitä eivät abolitionistit, orjuuden vastustajat, olla tyytyväisiä. Eivätkä heille sympatiaa tuntevat ihmiset Englannissa ja pohjoisessa tunne kannustusta, jos he kuulisivat sellaista inhon ja halveksunnan kieltä, jolla useat mustat etelän armeijoissa puhuivat vapauttajistansa. [63]

Näin kenraali Hoodin vaunuissaan; hän näytti aika pahalta ja oli kärsimässä suuresti; lääkärit näyttivät epäilevän, että pystyvätkö he pelastamaan hänen kätensä. Näin myös kenraali Hamptonin **[Suom. huom**. kenraali Wade Hampton III (1818–1902)] ratsuväestä, joka oli saanut osumaan lantioonsa ja kaksi sapeliniskua päähänsä, mutta hän oli erittäin hyvällä tuulella.

Vähän ajan päästä pääsimme Hagerstowniin, jossa oli jotain tulitusta edessä yhdessä huolen kanssa, että jenkkien ratsuväki kävisi kimppuumme. Ambulanssivaunut lähetettiin takaisin; mutta jotkut haavoittuneista hyppäsivät ulos ja toivat kiväärinsä, joista he eivät olleet eronneet valmistautuen taisteluun. Sen jälkeen, kun oli käyty hyvä määrä epätoivoista kahakointia, niin asetuimme kukkulalle Hagerstownin viereen ja näimme vihollisen ratsuväen ajettavan pois takaa-ajajinaan kiljuvia konfederaation sotilaita. Useita hyviä jenkkivankeja meni nyt ohitsemme; yksi heistä, joka poltti tupakkaa, oli ratsuväen luutnantti, joka oli pukeutunut hyvin tyylikkäästi ja hänen hiuksensa oli harjattu mitä huolellisimmin; hän oli aika selvä vastakohta hänen rähjääntyneelle saattajallensa jaa meille, jotka eivät olleet peseytyneet tai ajaneet partojansa pitkiin aikoihin.

Kello 7 aikaan iltapäivällä ratsastimme Hagerstownin läpi, jonka kaduilla oli monia kuolleita hevosia ja muutamia kuolleita miehiä. Kuljettuamme eteenpäin puolisentoista kilometriä pysähdyimme ja kenraali Longstreet lähetti neljä ratsumiestä tiellä eteenpäin mukanaan käskyt ilmoittamaan kaikesta, mitä he tulisivat näkemään. Sitten laskeuduimme ratsailta ja asetuimme maaten. Noin 10 minuuttia myöhemmin (jolloin oli jo melkein pimeä) kuulimme yllättävän ryntäyksen, paniikin ja sitä seurasi tavanomainen vauhkoontuminen, jonka keskellä kuulin, että neljä sankariamme ratsuin ylittivät peltoa niin nopeasti kuin he pystyivät laukkaamaan. Nyt oli täysi sekasorto; upseerit nousivat ratsaille ja ajoivat takaa niitä hevosia, jotka olivat päässeet vapaiksi ja sotilaat kiipesivät aitojen ylitse hakemaan suojaa oletettua jenkkien etenemistä vastaan. Metakan keskellä kuulin tykistöupseerin huutavan "tykkimiehillensä", että pysyvät hänen luonaan ja asettavat tykit asianmukaiseen asemaan tiensuuntaisesti. Erotin myös Longstreetin kävelevän ja rauhoittelevan jännittynyttä väkijoukkoa ja tehden huomautuksia vihaiseen äänensävyyn, jota tuskin saattoi kuulla ja johon ei kiinnitetty huomiota, "Nyt, kun et tiedä mistä on kyse, niin et tiedä mistä on kyse." Kun rivistöjen keskuudessa sekasorto oli huipussaan, niin tähän huolen kohde tuli esille pimeältä tien puolelta kotitekoisen nelipyöräisen vaunun muodossa, jossa matkustajina harmittomia naisia. Pakokauhu oli kuitenkin levinnyt kasvaen taaksepäin ja aiheuttanut paljon harmia ja viivästymistä.

Ratsuväen kahakointi jatkui, kunnes oli aika pimeää, jolloin vihollinen teki päättäväisen hyökkäyksen pyrkien parhaansa mukaan estämään kuormastoa ylittämästä Potomac-jokea Williamsportin luona. Tämä seuraus oli konfederaation voitto; mutta jokainen puolueeton mies tunnustaa, että tällaiset ratsuväkitaistelut ovat surkeita toimia. Kummallakaan puolella ei ole mitään ajatusta vakavista rynnäköistä sapelien kanssa. He lähestyvät toisiansa huomattavalla rohkeudella, kunnes he ovat noin 35 metrin päässä ja sitten juuri kun ryntäys olisi tarpeen ja miekkaa vain pitäisi käyttää, niin he epäröivät, pysähtyvät ja aloittavat epätoivoisen tulituksen karbiineillansa ja pistooleillansa. **[Suom. huom.** Mielestäni Fremantle ei ota tässä huomioon tulivoiman ja tarkkuuden kasvua siksi, että ampuma-aseteknologia oli kehittynyt rihlattujen ja takaaladattavien kiväärien kehityksen takia. Ratsuväkirynnäkkö saattaisi aiheuttaa siten hyökkäävälle osapuolelle turhia menetyksiä, jos hyökkäys torjuttaisiin tulivoimaa käyttäen. Suosittelen tästä aiheesta hakua esim. hakusanoilla ”Spencer repeating rifle” tai ”Spencer carbine.”]

 Englantilaismies nimeltänsä Winthrop oli kapteenina konfederaation armeijassa ja hän oli entinen upseeri Hänen Majesteettinsä 22. jalkaväkirykmentissä, vaikka hän ei ollutkaan ratsuväkeä, niin hän oli ottanut haltuunsa yhden rykmentin sotalipun ja ratsastanut suoraan jenkkejä kohti mitä urheimmalla tavalla huutaen miehet seuraamaan häntä. Hän jatkoi kunnostautuen johtamalla rynnäköitä, kunnes hänen hevosensa valitettavasti ammuttiin hänen altansa. Kuulin hänen toimistansa tässä tilanteessa kaikkien puhuvan hyvin arvostavasti. Stuartin ratsuväkeä tuskin voidaan kutsua ratsuväeksi sen sanan eurooppalaisessa merkityksessä; mutta toisaalta maastossa, jossa he ovat tottuneet toimimaan, niin se ei sovi ratsuväelle.

X oli pakotettu lopulta luopumaan käyttämästä itävaltalaista sotilaslakkiaan; viimeisten kahden päivän ajan sotilaat, jotka marssivat jonossa, niin olivat vierailleet hänen ambulanssivaunussaan suurissa määrin siinä vaikutelmassa (jota kuljettaja kannusti), että hän oli jenkkikenraali. Ajatus oli nyt, että armeija tulisi jäämään joiksikin päiviksi sen nykyiseen asemaan tai lähelle sitä, kunnes ammuksia saataisiin Winchesteristä.

[63] Mitä olen nähnyt etelän mustista, niin mielipiteeni on se, että konfederaation sotilaat voivat, jos niin tahtovat, tehdä suuresta määrästä heitä sotilaita ja kiintymyksestä, jota on epäilemättä olemassa pääsääntöisesti orjien ja heidän isäntiensä välillä, niin luulen, että se tulisi olemaan tehokkaampaa kuin mustat joukot missään muissa olosuhteissa. Mutta en kuvittele, että sellaisia kokeita tehtäisiin paitsi aivan viimeisinä keinoina osittain johtuen mustien suuresta arvosta ja osittain siksi, että etelävaltiolaiset pitävät epäsopivana käyttää sellaisia osia suuressa mittakaavassa sivistyneessä sodankäynnissä. Kuka tahansa henkilö, jossa nähdään mustan piirteitä, niin suuttuu, jolloin siitä voidaan saada aikaan lievä arvio siitä mitä saattaisi tapahtua, jos suuri joukko mustia kiihottaisi intohimojaan ja sitten heidän sallittaisiin toimia täysin vapaasti. **[Suom. huom.** Pohjoisvaltiot sen sijaan käyttivät sen sijaan paljon mustia sotilaita sisällissodassa, sillä pohjoisvaltioiden armeijassa ja laivastossa oli yhteensä yli 200000 mustaa sotilasta. Tunnetuin mustien sotilaiden uroteko sisällissodassa oli luultavasti Massachusettsin 54. jalkaväkirykmentin osallistuminen Fort Wagnerin valloitusyritykseen rynnäköllä Charlestonin edustalla Etelä-Carolinassa 18. heinäkuuta 1863. Kyseinen linnoitus

kukistui vasta syyskuun 7. päivä 1863 kiivaiden taisteluiden
jälkeen.]

Heinäkuun 7. päivä (tiistai) Lawley, itävaltalainen
ja minä ajoimme Hagerstowniin tänä aamuna, ja kenraali
Longstreet siirtyi uusiin asemiin Williamsportin tiellä, jota hän oli
nyt miehittänyt. Meillä oli loistava huone Washington Hotellilla,
jonka olimme hankkineet vihreillä liittovaltion seteleillä. Yleinen
mielipide Hagerstownissa näytti olevan aika lailla tasaisesti
jakautunut pohjoisen ja etelän välillä ja luultavasti itse
muokkautui olosuhteiden mukaan. Sillä eilen naiset heiluttivat
nenäliinojansa, kun jenkkien ratsuväki ajettiin kaupungin läpi ja
tänään he antoivat samat kunnialliset kohteliaisuuden
osoitukset 3500 jenkkisotavangille (Gettysburgista), joiden näin
marssivan sitä kautta Richmondiin. Kuulin joidenkin
konfederaation sotilaiden keskustelua näistä vangeista. Yksi
huomautti koskien zouaveja, joita oli muutama "Nämä
punakoristeissa takeissa olevat kaverit näyttävät siltä, että he
pystyisivät taistelemaan, mutta he eivät pysty, vaikkakin; ei, eivät
niin hyvin kuin sinitakit."

Lawley esitteli minut kenraali Stuartille tänään
Hagerstownin kaduilla. Häntä yleisesti kutsuttiin nimellä Jeb
Stuart hänen nimensä etukirjaimien perusteella; hän oli
hyvännäköinen, hyväntuulinen henkilö, juuri sellainen kuin
valokuvissa **[Suom. huom**. Kenraali James Ewell Brown Stuart
(1833–1864)]. Hän oli varmasti saanut aikaan ihmeitä ja palvellut
erinomaisesti omalla oudolla sodankäynnin tyylillänsä. Hän oli
hyvä ja urhea sotilas, vaikka hän joskus sai aikaan naureskelua
omalla harmittomalla teeskentelyllänsä ja outouksillaan.
Toisena päivänä hän ratsasti virginialaisen kaupungin läpi, niin

hänen hevosensa peittyi ruususeppeleisiin. Hän myös poikkeaa huomattavasti muiden konfederaation kenraalien pukeutumisen ankarasta yksinkertaisuudesta; mutta kukaan ei voi kieltää, että hän ei olisi oikea mies oikeassa paikassa. Sotaretkellä hän näytti vaeltavan maan poikki oman harkintansa mukaisesti ja aina antaen hyvän kuvan itsestänsä kääntyen oikealla hetkellä; ja siten hän ei ole koskaan joutunut mihinkään pahoihin vaikeuksiin.

Ratsastin kenraali Longstreetin leiriin, joka oli noin kolmen kilometrin päässä Williamsportin suuntaan ja keskustelin hänen kanssaan vaikeuksistani koskien lomaani. Hän oli mitä hyväntuulisin siitä ja neuvoi minua olosuhteissani matkaamaan Hancockin suuntaan ja jos minua kohdeltaisiin matkallani huonosti, niin vaatimaan päästä lähimmän korkea-arvoisen Yhdysvaltain upseerin luokse, joka luultavasti suojelisi minua. Päätin noudattaa hänen neuvoansa heti; joten lähdin hänen ja hänen upseeriensa luota. Longstreet oli yleensä hyvin vähäpuheinen ja ilmeetön mies, mutta hän oli aika tunteellinen hyvästeissään. Hänen viimeiset sanansa olivat sydämellisen toiveikkaita sodan nopean loppumisen suhteen. Kaikki hänen upseerinsa olivat yhtä lailla ystävällisiä ilmaisuissaan lähtiessäni, vaikka viimeinen lause, jonka Latrobe sanoi, ei ollutkaan täysin vakuuttava, "Voit vaikka vannoa, että hänet tullaan ottamaan kiinni vakoojana."

Sitten ratsastin kenraali Leen leiriin ja kysyin häneltä passia päästä hänen linjojensa lävitse. Meillä oli yhdessä pitkä keskustelu ja hän kertoi minulle vihollisen hävitysretkestä, jonka erityinen tarkoitus oli vangita hänen pahasti haavoittunut poikansa (konfederaation prikaatikenraali), joka oli toipumassa sukulaisen talossa Virginiassa **[Suom. huom.** Kyseessä oli luultavasti William Henry Fitzhugh Lee (1837–1891)]. He vaativat kantavansa hänet pois paareissa, vaikka hän ei ollut koskaan ollut pois vuoteestansa ja häntä oli aika äskettäin ammuttu läpi reidestä. Tämä vangitseminen tehtiin selvästikin kostotarkoituksessa. Hänen henkenänsä oli siitä lähtien uhattu siinä tapauksessa, että etelä kostaisi Burnsiden väitetyt sotilasmurhat Kentuckyssä. Mutta harvat upseerit puhuivat pohjoisvaltiolaisista niin maltillisesti kuin kenraali Lee; hänen äärimmäinen ystävällisyytensä näytti estävän häntä puhumasta vahvasti ketään vastaan. Tunsin olevan todella pahoillani, kun sanoin hyvästit niin monelle herrasmiehelle, joilta olin saanut niin paljon epäitsekästä ystävällisyyttä.

Nyt tulisin lähtemään etelävaltioista, joiden lävitse matkaaminen niiden koko pituudeltansa ja leveydeltänsä mukaan lukien Teksas ja Missisippin tuonpuoleiset maat kesti melkein kolme ja puoli kuukautta, jona aikana olin tekemisissä ihmisten kanssa kaikista yhteiskuntaluokista; korkeimmista, matalimmista ja laittomimmista. Vaikka monet olivatkin hyvin tuohtuneita Englannin toimista, niin en koskaan saanut pahoja sanoja keneltäkään, vaan päinvastoin minua kohdeltiin kaikkien ihmisten toimesta mitä ystävällisimmin. [64] En koskaan tavannut ketään, joka ei ollut innokas lopettamaan sotaa; ja en koskaan miestä, naista tai lasta, joka ei ajatellut sen päättymisen olevan mahdollista muuten kuin pääsemällä täysin eroon nyt halveksituista jenkeistä. En koskaan pyytänyt almuja tai palkkioita keneltäkään mieheltä tai naiselta, mustalta tai valkoiselta. Kaikki tiesivät kuka olin ja puhuivat minulle mitä suurimmalla luottamuksella. Olin harvoin kuullut kenenkään henkilön valittavan melkein täydestä tuhosta, joka oli kohdannut niin monia. Kaikki olivat valmiina yhä tekemään suurempia uhrauksia; he ajattelivat ja valmistautuivat ottamaan vastaan suurempia takaiskuja, joita olisi mahdotonta välttää. He pitivät sodan onnistuvaa päättymistä niin varmana, että vaikka muutamat olisivatkin riittävän toiveikkaita sen nopeaan päättymiseen ja melkein kaikki olettivat sen kestävän koko Lincolnin presidenttikauden. Vaikka olen aina ollutkin konfederaatiolaisten kanssa heidän epäonnessaan, niin en oli silti koskaan kuullut kenenkään henkilön sanovan epätoivon sanoja kamppailun seurauksena. Kun olin Teksasissa ja Louisianassa, niin Banks näytti ottavan kaiken edestänsä. Grant oli tekemässä samaa Mississippissä ja enkä varmasti tuonut onnea ystävilleni Gettysburgissa. Olen elänyt leireissä kaikissa etelän armeijoissa, jotka ovat olleet niin kaukana toisistansa kuin britit ovat itävaltalaisista ja en ole kertaakaan nähnyt yhtäkään niskurointitapausta.

Kun pääsin takaisin Hagerstowniin, niin tein järjestelyjä hankkiakseni hevosen ja vaunut ajaakseni linjojen lävitse. Suurella vaikeudella sain palvelukseeni herra X:n, joka veisi minut Hancockiin ja paljon kauemmaksi, jos päätin mennä hintaan dollari 1,6 kilometriltä (liittovaltion vihreitä seteleitä). Maksaisin hänelle myös hänen hevosensa ja vaunujensa arvon siinä tapauksessa, jos toinen sodan osapuoli takavarikoisi ne. Hän oli selvästi erittäin huolissaan ja jouduin vakuuttamaan hänelle, että hänen hevosensa väistämättä takavarikoitaisiin konfederaation sotilaiden toimesta, ellei sitä suojelisi kenraali Leen antama passi, joka oli hallussani.

[64] Ainoa tapaus, jossa minua kohdeltiin kaltoin, oli kun minulla oli epäonnea mennä Jacksonin kaupunkiin

Mississipissä juuri, kun liittovaltion joukot olivat tyhjentäneet sen. En valita sitä tapausta, joka ei ollut mitenkään ihmeteltävä niissä olosuhteissa.

Heinäkuun 8. päivä (keskiviikko) Kuljettajani kertoi minulle, että hän ei voinut lähteä tänään liikkeelle hautajaisten vuoksi, mutta hän lupasi uskollisesti lähteä liikkeelle huomenna. Kaikki olivat täynnä pahaenteisyyttä koskien luultavaa kohtaloani, kun joutuisin jenkkien käsiin. Viitaten heidän neuvoihinsa otin pois harmaan takkini, sillä jos minut olisi vangittu se päällä, niin minua olisi varmasti pidetty kapinallisena ja puin päälle mustan takin; mutta tarkastelin hyvää tarkoittavia neuvoja pyrkimyksenä naamioida minut "Amerikan kansalaiseksi" tai piilottaa tarkka totuus millään tavalla. Olin tietoinen, että paljon riippui siitä, että joutuisin herrasmiehen käsiin ja en uskonut, että nämä olisivat niin harvinaisia pohjoisen armeijassa kuin etelävaltiolaiset minulle uskottelivat.

Heinäkuun 9. päivä (torstai) Lähdin Hagerstownista kello kahdeksalta aamulla kuljettajani hyvillä vaunuilla sanottuani hyvästit Lawleylle, itävaltalaiselle ja useille konfederaation upseereille, jotka tulivat tapaamaan minua ja toivottivat minulle hyvää onnea. Ohitimme konfederaation etuvartion noin 3 kilometrin päässä Hagerstownista ja meidän sallittiin jatkaa passin perusteella, joka perustui kenraali Leen käskyvaltaan. Olin nyt tullut aika kauas konfederaation linjoista ensimmäistä kertaa siitä, kun oli tullut Amerikkaan. Heti tämän jälkeen meiltä alettiin kysyä kaikenlaisia utelevia kysymyksiä kapinallisista, jotka jätin kuljettajan vastattavaksi. Tuli täysin selväksi, että tämä kapea siivu Marylandia oli täysin unionin puolella.

Noin kello 12 saavuimme korkean kukkulan huipulle ja pysähdyimme lepuuttelemaan hevosta tavernan luona, jonka nimi oli Fairview. Heti, kun olimme laskeutuneet kärryistä, niin noin 20 riidanhaluista unionin tukijaa ilmestyivät paikalle kertoen meille, että he olivat tulleet saamaan hyvät näkymät suuren taisteluun, jossa Jumalan kiroamat kapinalliset kaikki otettaisiin vangeiksi tai hukutettaisiin Potomac-jokeen.

Olemukseni ei selvästikään miellyttänyt heitä aivan alusta lähtien. Huolestuneena tarkkailin heidän puhuvan toisillensa ja osoittelevan minua. Lopulta aivan tyytymättömän näköinen yksilö, jolla oli valtavat viikset, niin lähestyi minua ja kiinnitti silmänsä pitkään ja vakaasti housuihini, jolloin hän huomautti mitä pahantuulisimmalla mahdollisella äänensävyllä, "Nuo housut ovat hemmetin huonon väriset." Tämän hän sanoi viittauksena, ei johtuen niiden likaisuudesta, mutta siksi, että ne olivat harmaat, joka oli kapinallisten väri. Vastasin tähän hyvin riitaisaan huomautukseen niin sovinnolliseen tapaan kuin pystyin; ja vastaus hänen kysymykseensä, että kuka olin, niin sanoin olevani englantilainen matkaaja. Hän sanoi sitten, että hänen vaimonsa oli englantilainen nainen Prestonista. Seuraavaksi ilmaisin, että puolisoni oli hänen vaimonsa maanainen. Sitten hän kertoi minulle äänensävyllä, joka ei ilmaissut mitään vastakkainasettelua, että Preston oli vain noin 72 kilometrin päässä itään Lontoosta; ja hän myöhemmin ilmaisi sarjan loukkauksia kapinallisia kohtaan, jotka olivat ajaneet hänet pois Virginiasta; ja hän ilmaisi, että hänen aikeensa oli tappaa heitä suuri määrä tyydyttääkseen suuttumuksensa.

Joidenkin vaikeuksien jälkeen pystyin tarjoamaan hänelle ja hänen taistelunhaluisille kavereillensa juotavaa, joka rauhoitti heitä hieman silloin; mutta kun hevosta tuotiin valjaisiin, niin tuli selväksi, että en pystyisi lähtemään ilman välikohtauksia. Siksi puhuin väkijoukolle ja kysyin heiltä hiljaa, että oliko heidän keskuudessaan ihmisiä, jotka tahtoivat pidättää minut; ja kerroin heille samaan aikaan, että en vastaisi mihinkään kysymykseen, jonka minulle esittäisi henkilö, jolla ei olisi virallista käskyvaltaa, mutta olisin mitä iloisin selittämään itseni kenelle tahansa Yhdysvaltain armeijan upseerille. Lopulta he sallivat minun jatkaa ymmärtäen, että kuljettajani veisi minut kenraali Kellyn luokse Hancockiin **[Suom. huom.** Kyseessä on luultavasti kenraali Benjamin Franklin Kelley (1807–1891)]. Kuljettajallani annettiin kirje kenraalille, josta sain selville myöhemmin, että siinä minua väitettiin vakoojaksi ja "luovuttamaan kenraali niin kuin toimiemme oikeudenmukaisuus sitä vaati." Sitten meidän sallittiin lähteä sen jälkeen, kun kuljettajaa oli uhattu kovalla kostolla, jos hän päästäisi minut pakenemaan.

Sen jälkeen, kun olimme kulkeneen noin 10 kilometriä, niin kohtasimme jonkin verran jenkkien ratsuväkeä, jotka heti vangitsivat meidät ja vastuu minusta otettiin pois kuljettajaltani. Ratsuväen sotilas, joka laitettu vartioimaan meitä ja kuljimme useiden jenkkien etuvartioasemien lävitse "vankeina".

Kukkulat lähellä Hancockia olivat valkoisenaan jenkkien teltoista ja uskon, että siellä oli 8000–10000 liittovaltion sotilasta. En ajattele kovinkaan paljoa liittovaltion sotilaiden olemuksesta; he olivat varmasti puettu asianmukaisiin univormuihin, mutta heidän vaatteensa sopivat heille huonosti ja ne olivat yleensä pyöreä olkapäisiä, likaisia ja epäsiistejä ulkoisesti; tosiasiassa he olivat sotilaiden huonoja kopioita. Silloin konfederaatiolla ei ollut mitään halua alkaa matkimaan yhtään vakituisia sotilaita; he näyttivät aidoilta kapinallisilta; mutta huolimatta heidän paljaista jaloistansa, heidän rääsyisistä vaatteistansa, heidän vanhoista makuualustoistansa ja heidän hammasharjoistansa, jotka pistivät esiin kuin ruusut nappien rei'istä, [65] niin he olivat sellaisia ihmisiä, jotka eivät välittäneet näyttäen uhkarohkeilta ja itsevarmoilta, jonka näki selvästi.

Kello viisi meidät vietiin kenraali Kellyn majoituspaikan eteen ja suunnattomaksi helpotuksekseni huomasin, että hän oli herrasmies. Sitten selitin hänelle koko totuuden piilottelematta mitään. Sanoin, että olin brittiläinen upseeri lomallaan matkustaen omin nokkineni; että olin tullut koko matkan Meksikosta ja tullut etelävaltioihin Rio Granden ylitse ilmoittaen, että tarkoituksenani ei ollut murtaa mitään laillisesti määrättyä saartoa. Kerroin hänelle, että olin vieraillut kaikissa etelän armeijoissa Mississippissä, Tennesseessä, Charlestonissa ja Virginiassa ja ollut äskettäisellä sotaretkellä kenraali Longstreetin vieraana, mutta en ollut liittynyt millään tavalla konfederaation palvelukseen. Annoin hänelle myös sanani, että minulla ei ollut hallussani mitään kirjeitä, julkiselta tai yksityiseltä taholta, keneltäkään henkilöltä etelästä kenellekään henkilölle minnekään. Näytin hänelle myös brittiläisen passini ja kenraali Leen passin brittiläiselle upseerille; ja selitin, että ainoa tavoitteeni tulla pohjoiseen oli paluumatkani Englantiin, sillä lomani oli päättymässä; ja lopulta ilmaisin toiveeni siitä, että hän tekisi vankeudestani niin lyhyen kuin oli mahdollista.

Harkittuaan vähän aikaa hän sanoi, että hän varmasti antaisi minun mennä, mutta hän ei voisi päästää kuljettajaani takaisin. Tunsin suunnatonta huojennusta päätöksestä, mutta matkakumppanini ilme synkkeni huomattavasti. Silloin kuitenkin päätettiin, että hänen pitäisi viedä minut Cumberlandiin ja kenraali Kelly ystävällisesti tekisi mitä voisi hänen paluunsa puolesta.

Kenraali Kelly kysyi sitten minulta sivumennen, että oliko koko Leen armeija Hagerstownissa; mutta vastasin naurahtaen, "Sinun täytyy ymmärtää kenraali, että kun minulla on kenraali Leen passi, niin olen kaikkien kunnian periaatteiden mukaisesti sidottu olla antamatta sinulle mitään tietoa, josta on sinulle hyötyä." Hän naurahti ja lupasi olla kysymättä mitään muita sellaisia kysymyksiä. Sitten hän lähetti adjutanttinsa kanssani sotapoliisin päällikön luokse, joka heti antoi minulle passin Cumberlandiin. Palatessani kenraalin luokse huomasin, että kavala kuljettajani (joka oli ollut innokas etelävaltiolainen pari tuntia aikaisemmin) niin oli kertomassa kenraali Kellylle kaiken, mitä hän tiesi ja paljon muutakin sen lisäksi, mutta mitä kuulin, niin en usko, että hänen tietonsa olivat kovinkaan arvokkaita.

Kenraali Kelly ja kaikki hänen upseerinsa kohtelivat minua ystävällisesti ja herrasmiesmäisesti, vaikkakin olinkin niissä olosuhteissa vähintäänkin mielestäni epäilyttävä. Olin aika pahoillani, että heidän piti olla etelävaltiolaisia ystäviäni vastaan ja olin vielä enemmän pahoillani, että he joutuisivat palvelemaan sellaisten miesten kanssa tai alaisina kuin Butler, Milroy tai jopa Hooker **[Suom. huom.** Yksi selitys yhdysvaltalaisessa kielitieteessä sanalle *hooker*, joka tarkoittaa

huoraa, niin viittaa kenraali Joseph Hookerin (1814–1879)
väitettyyn maineeseen juovana naistenmiehenä.]. Lähdin heidän
luotansa kello kuusi ja voin sanoa, että kaikki liittovaltion
upseerit, joita koskaan silloin kohtasin, niin olivat herrasmiehiä.

Olimme menneet kuutisen kilometriä Hancockin
ohitse, kun yksi vaunumme pyörä irtosi ja jouduimme
pysähtymään yöksi maalaistaloon. Sain illallisen maanviljelijältä
ja hänen työntekijöiltänsä, jotka olivat juuri tulleet pelloilta ja
illallinen oli paljon parempi kuin se, mitä saattoi hankkia
ensimmäisessä hotellissa Richmondissa. He olivat kaikki kiivaita
liittovaltion puolustajia ja kokonaan niissä ajatuksissa, että
kapinalliset oli täysin lannistettu ja olisivat antamassa pois
aseensa. Tietenkin pidin kieleni kurissa ja en antanut yhtään
syytä epäillä, että olisin koskaan ollut kapinallisten keskuudessa.

[65] Tämä hammasharja napinreiässä on hyvin
yleinen tapa ja se on mitä tehokkain.

Heinäkuun 10. päivä (perjantai) Matka
Hancockista Cumberlandiin oli hyvin vuoristoinen ja etäisyyttä
oli 72 kilometriä; koko etäisyys Hagerstownista oli noin 105
kilometriä. Emme kohdanneet uusia seikkailuja tiellä, vaikka
ihmiset olivatkin hyvin uteliaan kyseliäitä, mutta en koskaan
avannut suutani. Yksi nainen etenkin, joka piti tullipuomia, niin
työnsi ruman päänsä ulos ylemmästä ikkunasta ja huusi,
"Ovatko he käymässä siellä toista taistelua?" kääntäen päätänsä
Hagerstownin suuntaan. Kuljettaja vastasi, että vaikka
kapinallisten joukkio oli aika suuri, niin silti hän ei voinut antaa
vastausta heidän kiinteistä järjestelyistänsä, jonka hän
myöhemmin selitti minulle tarkoittavan linnoitteiden kaivamista.

Saavuimme Cumberlandiin kello 7 iltapäivällä.
Tämä oli suuri hiilikaivospaikka ja muutama viikko sitten se oli
kokenut "Imbodenin" **[Suom. huom.** kenraali John Daniel
Imboden (1823–1895)] kosketuksen, joka oli polttanut useita
hiililauttoja, joka oli saanut paikalliset ihmiset kiihkomielisiksi
kapinallisten vastustajiksi. Jatkoin hankkimalla vaunut
Johnstowniin kello 8.30 illalla.

Heinäkuun 11. päivä (lauantai) Toivon, että syntini
eivät enää tuomitsisi minua matkaamaan 30 tuntia
amerikkalaisilla hevoskärryillä kulutettua lankuista tehtyä tietä
pitkin. Vaihdoimme kärryjä Somersetissä. Kaikki matkatoverini
olivat tietysti vankkoja unionin kannattajia ja poikkeuksetta
kutsuivat aikaisempia ystäviäni kapinallisiksi (eng. Rebels or
Rebs). He olivat saaneet tietoonsa, että heidän Potomacin
armeijansa, jota ei ollut täysin lyöty niin kuin oli tapahtunut aina
aikaisemmin, niin oli saavuttanut valtaisan voiton; ja että sen
uusi päällikkö, kenraali Meade, joka oli tosiasiassa ajettu
vahvoihin asemiin, niin hänellä oli ollut riittävästi järkeä pysyä
niissä, että hän oli erinomainen strategi **[Suom. huom.**
Fremantle unohtaa Antietamin taistelun (syyskuun 17. päivä
1862), jonka unioni voitti ajaen Leen armeijan takaisin Virginiaan.
Antietamin taistelu myös mahdollisti presidentti Lincolnin
toteuttamaan Emancipation Proclamation-julistuksen, jonka
mukaisesti kaikki orjat kapinallisissa osavaltioissa olivat vapaita.
Tämän seuraus oli se, että orjuuden vastustajat niin Britanniassa
kuin Ranskassa yhä voimakkaammin vastustivat maidensa
sekaantumista Yhdysvaltain sisällissotaan.] He kaikki toivoivat,
että Leen armeijan jäänteiden ei annettaisi paeta yli Potomac-
joen; kun taas lähtiessäni kaksi päivää sitten sen armeijan luota
niin kukaan mies ei ajatellut pakenemista yli Potomac-joen ja

varmastikaan kenraali Meade ei ollut paikassa estää ylitystä, jos se tulisi tarpeelliseksi.

Saavuin Johnstowniin, joka on Pennsylvania Railwayn varrella kello kuusi iltapäivällä ja näin, että kaupunki oli suuren jännityksen vallassa siksi, että siellä pitivät paraatia kaksi komppaniaa nostoväkeä, jotka saivat seppeleitä Johnstownin kauniilta naisilta kiitollisuudesta heidän rohkeassa toiminnassaan vastustaa Leen hyökkäystä. Useimmat miehet näyttivät olevan kunnioitettavia mekaanikkoja, jotka eivät olleet kaikki sopeutuneet aikaiseen kohtaamiseen kapinallisten kanssa. Seppeleet, joita annettiin, olivat isoja ja ilmeisesti yhtä kattavia kuin laivojen pelastuspoijut, ja niiden saajat näyttivät olevan erityisen avuttomia, kun he saivat ne. Taivas auttakoon noita Pennsylvanian urhoja, jos parikymmentä Hoodin teksasilaista saa heidät näkyviinsä!

Lähdin Johnstownista junalla kello 7.30 iltapäivällä ja maksettuani puoli taalaa, niin hankin itselleni makuupaikan nukkumiseen tarkoitetusta vaunusta; joka oli mitä ihailtavin ja nerokkain jenkkien keksintö.

Heinäkuun 12. päivä (sunnuntai) Pittsburg and Philadelphia Railroad on, uskoisin näin, yksi parhaista Amerikassa, joka ei kuitenkaan estänyt minua viettämästä kahdeksaa tuntia viime yönä sen kyydissä; mutta olin silloin unessa, joten olin tietämätön olosuhteista. Philadelphiaan meidän piti saapua kello 6 aamulla, mutta emme päässeet sinne ennen kuin kello 3 iltapäivällä. Ohitimme Harrisburgin kello 9 aamulla. Se oli täynnä jenkkisotilaita ja ilmeisestikään se ei ollut toipunut jännityksestä, joka oli seurausta äskettäisestä hyökkäyksestä, jonka yksi vaikutus oli ollut estää satojen hoitaminen siksi, että nostoväki oli kutsuttu aseisiin.

Philadelphiassa näin junan, jossa oli 150 konfederaation sotilasta vankeina, joita tuijotti suuri määrä Philadelphian kermaa. Liityin väkijoukkoon, joka vinoili heille. Suurin osa ihmisistä oli hyvänluonteisia, mutta kuulin yhden ehdotuksen, jonka mukaan heidät tulisi viedä joelle "ja jokainen heistä tulisi hukuttaa siihen."

Saavuin New Yorkiin kello 10 illalla ja ajoin Fifth Avenue Hotelliin.

Heinäkuun 13. päivä (maanantai) Ylellisyys ja viihtyisyys New Yorkissa ja Philadelphiassa iskee silmiin yhtä poikkeuksellisesti kuin se, joka oli aiemmin Charlestonissa ja Richmondissa. Vihreät setelit ovat melkein yhtä käypää kuin kulta. Kadut ovat niin täynnä kuin mahdollista hyvin pukeutuneita ihmisiä ja siellä on laumoittain hyväkuntoisia siviileitä, jotka pystyisivät kantamaan aseita, mutta joilla ei ole mitään aikeita toimia sillä tavalla. He ilmeisestikään eivät tunne sotaa täällä yhtään; ja ennen kuin se osuu suuresti heidän rahoihinsa tai jokin muu katastrofi saa heidät tuntemaan sen. niin uskon helposti, että heillä ei ole mitään huolta tehdä rauhaa.

Kävelin koko matkan Broadwayta konsulin talolle, ja mikään ei voi ylittää sitä ilmeistä kukoistusta; kadut ovat täynnä sotalippuja ja kylttejä, jotka kutsuvat ihmisiä värväytymään erilaisiin hyvältä kuulostaviin rykmentteihin. Palkkioksi tarjotaan 550 taalaa ja suuria kuvia roikkui tien poikki, joissa oli liuta ryysyisiä harmaaselkiä [66], pelkoa kuvaten heidän piirteitänsä, kun heitä ajoivat takaa liittovaltion joukot.

Palatessani Fifth Avenuelle huomasin, että kauppiaat olivat alkamassa sulkea liikkeitänsä ja huomasin myös asteittain, että siellä oli suuri huoli vastustuksesta värväystä kohtaan, jota tapahtui tänä aamuna. Päästessäni hotellille huomasin, että kokonainen kortteli rakennuksia oli liekeissä lähistöllä; palokunnan laitteet olivat läsnä, mutta niiden ei sallittu toimia väkijoukon takia. Hotelli itse, yleisen huolen vallitessa ja väkijoukon hyökätessä oli uhattuna. Kävelin naapurustossa ja näin komppanian sotilaita marssimassa, joita pilkkasivat ja joille vihelsivät pikkupojat, ja näin mustan, jota väkijoukko ajoi takaa pyrkien hakemaan turvaa sotilaista; he seurasivat häntä huutaen "Alas hemmetin mustat! Tappakaa kaikki mustat!" En ole koskaan aikaisemmin ollut New Yorkissa ja siten olen täysin tietämätön täällä tuntemuksista mustia kohtaan, jolloin kysyin katsojalta, mitä mustat ovat tehneet, että heidät halutaan tappaa? Hän vastasi riittävän kohteliaasti, "Oi hyvä herra, heitä vihataan täällä; he ovat syyttömiä kaikkiin näihin ongelmiin." Pian tämän jälkeen näin joukon kansalaisten ratsuväkeä tulevan paikalle; sotilaat olivat hyvin komeasti pukeutuneita, mutta selvästi kokivat paljon vaikeuksia istuessaan hevostensa selissä, sillä heitä luultavasti paljon enemmän jännitti nauru kuin mitkään muut tunteet.

[66] Pohjoisvaltiolaiset kutsuvat etelävaltiolaisia "harmaaseliksi" juuri niin kuin nämä kutsuvat heitä "sinitakeiksi" johtuen heidän asetakkiensa väreistä. **[Suom. huom.** Englanniksi nämä termit ovat "greybacks" ja "bluebellies".]

Heinäkuun 14. päivä [tiistai] Aamiaisella tänä aamuna kaksi irlantilaista tarjoilijaa nähdessään, että olin britti, niin tulivat luokseni yksi toisensa jälkeen ja kuiskasivat väliajoin

karkealla irlantilaisella aksentilla, "Se on häpeällistä, herra.
Meidän on värvätty. Olen britti ja rakastan maatani. Rakastan
Union Jackia, herra." **[Suom. huom.** Union Jack on Britannian
lipun virallinen nimi.] Ehdotin tapaamista herra Archibaldin
kanssa, mutta kumpikaan heistä ei näyttänyt välittävän neuvosta
vielä. Nämä hulttiot olivat luultavasti työskennelleet vuosia
pyrkien vapaiksi ja valistuneiksi Amerikan kansalaisiksi ja
herjaten Englantia sydämensä kyllyydestä.

Kuulin kaikkien puhuvan kapinallisten moraalin
täydestä murtumisesta varmana tosiasiana ja kaikki näyttivät
odottavan heidän lähestyvää tuhoansa. Tämä kaikki tuntui hyvin
naurettavalta minusta, joka oli jättänyt Leen armeijan neljä
päivää aikaisemmin, jolloin se oli aivan yhtä taistelunhaluinen
kuin aikaisemmin; paljon vahvempi lukumäärällisesti ja
kymmenen kertaa tehokkaampi jokaisesta sotilaallisesta
näkökulmasta kuin se oli ollut ylittäessään Potomac-joen vuosi
sitten hyökätessään Marylandiin. Oma mielipiteeni on se, että
Leen armeija ei menettänyt yhtään arvovaltaansa
Gettysburgissa, jossa se mitä rohkeimmin rynnäköi
voimakkaisiin linnoitteisiin, joita puolusti koko Potomacin
armeija, joka ei koskaan tullut ulos niistä linnoitteista tai
lähestynyt voimalla 800 metrin päähän konfederaation
tykistöstä.

Gettysburgin taistelun lopputulos yhdessä
Vickburgin ja Port Hudsonin valloituksien kanssa näyttää
kääntäneen kaikkien päät täysin, ja he huijaavat itseänsä
ajatuksella nopeasta ja täydellisestä etelän alistamisesta. Minua
hämmästyttää kuulla ihmisten puhuvan tästä luottavaisella
tavalla, kun yksi kukoistavimmista osavaltioista joutui äskettäin

tekemään uhrauksia niin pitkälle kuin Harrisburgiin ja Washingtoniin asti ja kun heidän oman pääkaupunkinsa pelasti onnekas käänne. Neljä viidesosaa Pennsylvanian sotasaaliista ylitti turvallisesti Potomac-joen ennen kuin lähdin Hagerstownista.

Jännitys kaduilla näytti kasvavan; tulipaloja oli joka suunnalla, ja kaduilla partioi suuria joukkoja poliiseita, joista seurasivat erityiset virkamiehet, joista jälkimmäiset kantoivat mukanaan pamppuja, mutta eivät näyttäneet kovinkaan iloisilta.

Kuulin brittiläisen kapteenin tekevän vetoomuksen konsulin edessä tarkoituksenaan vaikuttaa väkijoukkoon, joka oli tullut hänen alukseensa ja julmasti piiskannut hänen värillisiä miehistönsä jäseniä. Kun yhtään brittiläistä sotalaivaa ei ollut satamassaa, niin ranskalaiseen amiraaliin vedottiin, joka sitten heti pyysi kaikkia brittiläisiä aluksia, joissa oli värillinen miehistö, niin ankkuroitumaan hänen fregattinsa tykkien suojaan.

Ilmoitukset ilkivallasta, hirttämisistä ja murhista olivat mitä huolestuttavimpia ja pelko, sekä huoli olivat yleisiä. Kaikki kaupat oli suljettu; kaikki kärryt ja vaunut olivat lopettaneet liikkumisensa. Yksikään värillinen mies tai nainen ei ollut näkyvissä tai turvassa kaduilla tai edes omassa asunnossaan. Lennätinlinjat oli katkaistu ja rautatiekiskot oli revitty. Värvääminen oli keskeytetty ja väkijoukolla oli selvästikin yliote.

Ihmiset, jotka eivät voineet maksaa 300 taalaa, niin heidät luonnollisesti pakotettiin taistelemaan sen rodun vapauttamisen puolesta, jonka heidän mielestänsä tulisi olla orjia. Oli heidän suorien etujensa mukaista, että ei pelkästään kaikkien orjien tulisi pysyä orjina, vaan että myös vapaat mustat pohjoisessa, jotka kilpailivat heidän kanssaan töistä, niin myös lähetettäisiin etelään.

Heinäkuun 15. päivä (keskiviikko) Hotelli oli tänään sotilaiden käytössä tai paremminkin olentojen, joilla oli päällään univormut. Yksi vartijoista pysäytti minut; ja vetoamiseni hänen upseeriinsa sai aikaan sen, että jälkimmäinen suutahti vartijalle ja sanoi, "Sinun pitää pysäyttää vain henkilöitä, joilla on sotilasunivormu; etkö sinä tiedä mikä on sotilasunivormu?" "En", vastasi tämä tehokas vartija; ja jätin tämän parin keskustelemaan sotilaan määritelmästä. Minulla oli mitä suurinta vaikeutta siirtyä takaisin veteen. Näin kivisen barrikadin etäällä ja kuulin tulitusta tapahtuvan; ja en ollut yhtään pahoillani, kun löysin itseni alukselta, jonka nimi oli China. **[Suom. huom.** Näitä New Yorkin tapahtumia kutsutaan englanniksi sanoilla "New York City draft riots" ja ne tapahtuivat 13–16 heinäkuuta 1863.]

JÄLKISANAT

Matkani aikana takaisin China-laivalla minulla oli mahdollisuus keskustella monien älykkäiden pohjoisen herrasmiesten kanssa kaikesta, jota olin nähnyt matkoillani etelässä. Teimme sen erittäin hyvässä hengessä ja uskon, että tekivät oikeutta toiveilleni selittää heillä ilman liioittelua tuntemukset heidän vihollistensa keskuudessa. Vaikka nämä pohjoisvaltiolaiset kuuluivatkin ylempiin yhteiskuntaluokkiin ja todennäköisesti eivät olleet sokeasti johdateltavissa New Yorkin sensaatiolehdistön toimesta, niin silti heidän tietämättömyytensä asioiden tilasta etelässä oli hyvin suurta.

Äskettäinen menestys oli antanut heille vaikutelman, että etelä oli pelannut viimeiset korttinsa. Charleston olisi sortumassa; Mobile, Savannah, ja Wilmington seuraisivat sitä nopeasti; Leen armeija, he ajattelivat, oli lannistettua ja organisoimatonta roskaväkeä; Braggin armeija oli vielä pahemmassa tilassa paetessaan Rosecransin edeltä, joka voittaisi kaiken edessään. He tunsivat luottamusta, että Missisippin linnoitusten sortuminen estäisi yhteydet sen yhdeltä rannalta toiselle ja, että suuri joki olisi pian avoin rauhanomaiselle kaupankäynnille.

Kaikki nämä illuusiot ovat sen päivän jälkeen kadonneet, mutta he luultavasti silti tarttuvat ajatukseen suuresta väsymyksestä etelän henkilöstön keskuudessa.

Mutta tämä vaikeus värvätä etelän armeijoihin ei ole niin vaikeata kuin yleensä oletetaan. Kuten olen jo sanonut, niin yhdellekään konfederaation sotilaalle ei anneta vapautusta armeijasta, oli hän sitten, kuinka pahasti tahansa haavoittunut; vaan häntä käytetään sellaiseen julkiseen työhön, jota hän pystyy tekemään ja hänen paikkansa rivistössä ottaa terve mies, joka on ollut vapautettu tähän mennessä. Lievästi haavoittuneet parannetaan niin nopeasti kuin on mahdollista ja lähetetään takaisin rykmentteihinsä. Naiset huolehtivat tästä. Todellinen määrä kaatuneista tai niistä, jotka ovat kuolleet haavoihinsa, niin ovat ainoa totaalinen määrä osavaltioille ja nämä muodostavat vain pienen osan kokonaismenetyksistä, jotka ensisilmäyksellä vaikuttavat hyvin pöyristyttäviltä.

Muistan itse kenraali Polkin armeijakunnan kanssa, että komealta näyttävä mies, joka oli menettänyt molemmat kätensä ranteista taitamattoman tykistön käyttämisen takia yhdessä aikaisemmista taisteluista. Hevossuka ja harja olivat laitettu hänen käsiensä tynkiin, ja hän oli innokas sukimaan tykistön hevosia huomattavan taitavasti. Tätä miestä kutsuttiin hoitajaksi ja sodan jatkuessa näiden kädettömien hoitajien lukumäärä tulee kasvamaan. Koskien virkailijoita toimistoissa, sotilaspalvelijoita, rautateiden ja postitoimistojen virkailijoita, ja vaunujen ajajia, niin ne koostuvat vammautuneista ja silpoutuneista sotilaista. Lukumäärä palveluksesta vapautetuista sotilaista on edelleen kaikkialla etelässä hyvin suuri ja heidät voidaan helposti vaihtaa väsyneisiin veteraaneihin. Tämän rahoittamisen lisäksi tehtiin laskelma poikien lukumäärästä, jotka joka vuosi saavuttavat taistelukelpoisen iän. Nämä ovat kaikki "haluamassa kivääreitä", mutta näiltä jälkimmäisiltä on viisaasti kielletty liittymästä rivistöihin ennen kuin he omaavat riittävän kunnon kestää sotilaselämän vaikeuksia. Näillä keinoilla on konfederaation mielipide, että he pystyvät pitämään armeijansa värvättyinä nykyisissä vahvuuksissaan useiden vuosien ajan; ja jos pahin tulee tapahtumaan, niin he voivat aina käyttää mustia viimeisenä voimavarana, mutta en usko, että he pitävät sellaista niin tarpeellisena, että siihen tulisi turvautua pitkään aikaan.

Huoltoa koskien aseiden, tykkien, ruudin ja sotatarvikkeiden suhteen konfederaation sotilailla ei ole mitään huolta. Augusta valmistaa enemmän kuin tarpeeksi ruutia; Atlanta valmistaa kuparitulppia. Tredegarin tehdas Virginiassa ja muut valimot valmistavat enemmän tykkejä kuin tarvitaan; ja liittovaltion kenraalit ovat aina siihen mennessä halunneet todistaa olevansa mitä väsymättömimpiä tykistön käyttäjiä konfederaation hallitukselle jopa taisteluissa, joita he väittävät tasapeleiksi tai voitoissa, kuten Corinthissa, Murfreesboroughissa ja Gettysburgissa, niin he eivät koskaan epäonnistuneet tykkiensä käyttämisessä etelävaltiolaisiin saamatta mitään takaisin.

Pohjoiset ystäväni China-laivalla puhuivat paljon ja vakaasti pohjoisen päättäväisyydestä murskata kapina hintaan mihin hyvänsä. Mutta he eivät itse näyttäneet mitään asennetta taistella tämän asian puolesta, vaikka monet heistä olisivatkin mitä sopivimpia värvättyinä; ja he olisivat etelävaltiolaisia, niin heidän naissukulaisensa olisivat pakottaneet heidät liittymään armeijaan, oli heillä siihen haluja tai ei.

En mainitse tätä eroa hengessä tehdä mitään vastenmielisiä vertauksia pohjoisen ja etelän välissä tässä suhteessa, sillä olen varma, että pohjoisen herrasmiehet matkisivat vihollistensa esimerkkejä, jos he näkisivät mitään vaaraa, että etelän Butler käyttäisi omia huonomaineisia keinojaan Philadelphiaan tai konfederaation Milroy hallitsisi sietämättömän itsevaltaisesti Bostonissa pitäen poissa elämän välttämättömyyksiä avuttomilta naisilta yhtäällä, kun taas toisaalta pakottaisi heidät vihattuun ja naurettavaan valaan halveksitulle hallitukselle.

Mutta suuri määrä kunnioitettavia pohjoisvaltiolaisia, vaikka he ovatkin halukkaita maksamaan, niin he eivät luonnollisesti tunne itse halua antaa verta tässä hyökkäyssodassa kunnianhimolle ja valloittamiselle; sillä tämä sota on tosiasiassa valloitussotaa. Jos mikään valtio käy sellaista sotaa kuin pohjoinen käy nyt, niin päättäväisyyden arvo on enemmän kuin toiveikas syy sen pyrkimyksessä valloittaa etelä;

mutta mitä enemmän ajattelen mitä olen nähnyt konfederaation osavaltioissa vakaumuksena koko väestöltä, niin sitä enemmän olen taipuvainen uskomaan mitä kenraali Polk sanoi, "Kuinka voidaan sellaista kansaa alistaa?" ja jopa olettaen, että heidän tappamisensa olisi uskottava suunnitelma, niin kuin jotkut pohjoisvaltiolaiset ovat ehdottaneet, niin en koskaan usko, että 1800-luvun sivistynyt maailma tulisi olemaan tuomittu todistamaan sellaisen urhoollisen rodun tuhoa.